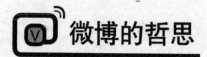
微博的哲思

尼采的快乐之道

NICAIDEKUAILEZHIDAO

编著　张小梅

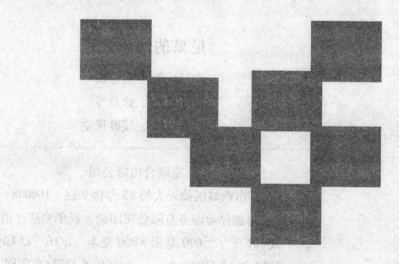

北京联合出版公司

图书在版编目(CIP)数据

尼采的快乐之道 / 张小梅编著. -- 北京：北京联合
出版公司，2014.12
　(微博的哲思)
　ISBN 978 - 7 - 5502 - 4286 - 9

　Ⅰ.①尼…　Ⅱ.①张…　Ⅲ.①尼采,F.W.(1844~1900) - 哲学
思想 - 通俗读物　Ⅳ.①B516.47 - 49

　中国版本图书馆 CIP 数据核字(2014)第 294817 号

尼采的快乐之道

编　　著：张小梅
责任编辑：徐秀琴
封面设计：揽胜视觉

北京联合出版公司
(北京市西城区德外大街 83 号楼 9 层　100088)
北京海德伟业印务有限公司印刷　新华书店经销
字数 201 千字　690 毫米×960 毫米　1/16　13 印张
2014 年 12 月第 1 版　2015 年 5 月第 1 次印刷
ISBN 978 - 7 - 5502 - 4286 - 9
定价:26.80 元

前　言

在我们的生活中，很多时候人们常常认为：一个人只要拥有更多的财富，或者功成名就，他就是幸福的。为此，我们每天含辛茹苦，拼命挣扎，过着尘埃喧嚣、世态炎凉的生活。从没想过哪怕透过一扇小小的窗，去望望宁静的星空，倾听心灵的细小声音。就这样欲望总在膨胀，可目标总在前面……我们也因此在世俗的漩涡中越陷越深。心灵被欲望占据久了，有太多的负累，从而感到有些麻木。因为一个贪婪的灵魂，也就失去了满足的喜悦。

谈到快乐，德国哲学家尼采的人生快乐理论经过时间的沉淀与实践的证明，得到了社会广泛的推崇与赞誉。作为伟大的哲学家、诗人，尼采在揭露和批判非神圣、非道德、非人性的世界时，处处表现出惊世骇俗的狂狷、放任和尖刻，往往言人之未言，言人之未敢言。显示出了他的哲理深邃、思辨明晰。

尼采认为，快乐就是要最大限度地发挥自己的潜能，创造自己的人生，即使道路充满荆棘也要不断战胜自我，实现自我价值。

本书紧随时代潮流，采用互联网微博经典形式，展开对尼采快乐之路的探讨。本书从六大方面29个点，并附以通俗易懂的社会案例，将真正的快乐物语一一道来。书中采用了尼采的经典名言，加以适当的解析，文章的最后更有广大网友对生活的见解之语，使读者对人生的概念以及获得快乐的方法有更加深刻的认识。

每个人对快乐都有不同的理解，也有不同的标准。金盆银匙、锦衣美食的人，未见得幸福；粗衣布履、粗茶淡饭的人，未见得不幸。快乐是一种感觉，你感觉到了，便是拥有。珍惜全部的拥有，就是最幸福的人。只要你不贪得无厌，知足常乐，就会从内心感觉到快乐。因为快乐与金钱、权力、地位不一定成正比。

人生虽然有无穷无尽的苦难，可是我们的心灵不能仅仅只感受苦难，不能让苦难把我们的心灵严严实实地包裹起来。我们应该用自己的心灵去包裹苦难，在包裹和消化苦难中体验活着的尊严与幸福。

　　很多人在追逐人生的路上迷茫过，更渴望能有一剂心灵之药医好已经被生活腐蚀得伤痕累累的心。毫无疑问，当你静下心来，端茶品茗，安心阅读这样一本奔走在尼采心上的书籍，你一定会突然发现，快乐原来如此简单。

目　录

提升自我

我不伟大，可是我寻求伟大。

——尼采《查拉图斯特拉如是说》

你有没有因为人生中很多的确定因素而曾经犹豫不前呢？那么请读一读下面这则故事，你或许会有所领悟。

一家公司欲招聘一名销售员，广告登出以后，前来应聘的人很多。人事部经过认真筛选从中选出30名条件较好的应聘者进入面试。有一个人很幸运，名字被列入了面试名单，唯一不足的是，他的名字排在最后。那天面试开始了，人们按照名单的顺序到办公室里面试。时间一分一秒地过去，排在前边的人不断地进去，出来。从办公室里出来的人，有的表情安详，有的满面春风。那个人心里不禁打起鼓来："万一不等我面试，考官就……"想到这里，他灵机一动，从随身带的笔记本上撕下一页，飞快地写了两行字，折好，恳请一位秘书模样的女孩，把纸条亲自送到主考官手中。主考官将纸条打开，上面写着："尊敬的考官：我排在第30号，在未对我进行面试之前，请你千万不要作出最后的决定。一个不会让你浪费宝贵时间的人。"主考官不动声色地将纸条仍旧折好，放在一边。面试继续进行。终于轮到那个写字条的人了，他充满自信地走进办公室……几天后，他接到了录用通知。事后，主考官对他说，其实，他的个人条件并非十分突出，但是他写的纸条，确实表现出了一种机敏，而这正是从事营销工作十分可贵的品质。因此，他们决定录用他。

有一天，罗斯福在加勒比海游泳时突然感到腿部麻痹，动弹不得。幸好被好心人救起。经过医生的诊断，罗斯福被证实患上了小儿麻痹症。医生对他说，他可能会丧失行走能力。听了医生的话罗斯福则肯定地回答："我还要走路，我要走进白宫。"第一次竞选总统时，他对助选员说："你们布置一个大讲台，我要让所有的选民看到这个得小儿麻痹症的人，可以'走到'前面演讲，不需要任何拐杖。"那天，他穿着笔挺的西装，充满信心地从后台走上讲台。他的每次迈步声，都让每个美国人深深感受到他的意念和十足的信心。后来，罗斯福成为美国历史上唯一一位连任四届的伟大的总统。

人生中的很多事情，在开始的时候往往并无定数，这个时候，千万别犹豫，更不要后退。给自己架起一座桥，它会帮助你叩开成功之门，找到真正的自我。

不要因为暂时成功或不如意而让自己停滞不前，你要做的就是不断认识自己，改造自己。

有一个推销员因为囊中羞涩买不起新衣服，当他出去见客的时候，身上穿的仍然是那件皱巴巴的旧西装，老板忍不住提醒他，应该添一件新西装以便出去见客，否则衣着随随便便的，客人肯定会不满意，生意也会受到影响的。那个推销员满不在乎地说：穿件旧衣服也不要紧的，毕竟客人都不认识他。只半年后，那个推销员已经成为公司的金牌销售明星，可是唯一不变的是，他身上还是穿着那件旧西装，而他赚回来的钱都用去相亲或者征婚了，虽然花了不少钱，可是却没有一个女孩愿意成为他的女朋友。有一天，老板又忍不住劝告他："你怎么还是穿着这件旧衣服啊？客户看着多不高兴啊，影响公司形象，对你的发展不利啊！"不想那个推销员还是一副满不在乎的表情：没关系的，反正客户都已经认识他了。没错，客户都认识那位推销员了。可是推销员真正认识自己吗？认识别人眼中的他吗？裹足不前，只会让自己最终招致被淘汰的命运。

还有一位保险推销员，一开始他的事业很不如意。有时候，他穷得连中餐都吃不起，甚至露宿公园。有一天，他向一位老和尚推销保险，等他详细地说明之后，老和尚平静地说："听完你的介绍之后，丝毫引不起我投保的意愿。"老和尚接着又说："人与人之间，像这样相对而坐的时候，一定要具备一种强烈吸引对方的魅力，如果你做不到这一点，将来就没什么前途可言了。"老和尚又说，"年轻人，先努力改造自己吧！要改造自己首先必须认识自己，你知不知道自己是一个什么样的人呢？"老和尚又说，"你在替别人考虑保险之前，必须先考虑自己，认识自己。赤裸裸地注视自己，毫无保留地彻底反省，然后才能认识自己。"那位推销员对老和尚的话，思考良久，终于有所领悟。从此，他认识自己，不断改造自己，终于成为一代推销大师。

认识你自己，改造你自己，这是我们每个人一生中要努力实现的目标。在这个自我实现的过程中，我们将会得到无穷的乐趣，享受到真正的人生。

《塔木德》上记载：超越别人，不能算真正的超越；超越从前的自己，才是真正的超越。在犹太人看来，人有两个生命，一是父母给的，二是自己赋予自己生命的实质。赋予自己生命的实质，只能依靠创造力，而旧有习性却束缚创造力。要获取创造力只能自己凭意志和毅力超越这种旧习性。

犹太人有一则故事教导人们要去超越自己。

有一对父子俩都是拉比。父亲性格温和，考虑周到；而儿子却孤僻、傲慢，所以他一直没有成功。

有一天，儿子对父亲抱怨。老拉比说：

"我的孩子，作为拉比我们之间的区别是：当有人向我请教律法上的问题时，我给他回答。他提的问题以及我的回答，我的提问人和我都满意。但是若有人问你问题，则双方都不满意——你的提问人不满意是因为你说他的问题不是问题；你不满意是因为你不能给他一个答案。所以，你不能怪别人而必须放下架子鼓励自己，才能成功。"

"父亲，你是说我必须超越自己？"

"是的，"父亲回答，"超越从前自我的人，才是真正成功的人。"

道理很简单，如果勤劳自勉，借以超越自己，那么总有一天，就会自然而然地超越别人。人一定要把握住自己的内在动力，超越自己，才能不断地鞭策自己前进。

若想超越自我，就要打破现有的状态，敢于向未知的领域挺进，具有冒险精神，正如犹太科学家爱因斯坦所说："人必经常思考新事物，否则和机器没什么两样。"

犹太人认为，超越自己的事情一天都不能放松，尽量地学不同的事物，将它们组合起来，才会有新的智慧和洞察力，这些不同的事物产生相互影响之后，往往会有许多新的创见。每个人都有与生俱来的创造力，只是有些人通过坚持不懈地学习，把它发挥了出来，更多的人则因为懒怠让这种才能荒废掉了。

美国著名影星保罗·纽曼是一位犹太人。因为善于适应环境，活用自己身上的天赋，不断超越自我，在演员和商人两重身份间出入自如，从而"财""艺"双收。

保罗·纽曼有杰出的演艺才能和先天的强健体魄，在银幕上成为男性美的化身。他拍摄了许多影片，如1956年的《上帝喜欢我》，1958年的《漫长炎热的夏季》、《热锌皮屋顶上的猫》，1960年的《阳台上》、《成功》等，其中有不少影片获得好评，他曾先后5次被提名为奥斯卡金像奖最佳男主角。在他60岁那年第六次被提名时，终于摘取了奥斯卡金像奖最佳男主角的桂冠。保罗·纽曼除了有高超的演技外，还是一个出色的导演，他曾导演拍摄过5部电影，也执导过电视剧。他导演的《雷切尔》获得了很大的成功。

这位出生于美国俄亥俄州克利夫兰的犹太人，父亲是一家体育用品商店的小老板，小时候喜欢运动，故长得一副好身材。他的母亲是位音乐戏剧爱好者，小保罗受母亲的影响，也喜欢音乐戏剧。当他上大学时，常参加学生的娱乐活动，有时还登台演出自编自演的小剧目。这样，无形中练就了他的表演技能。

1982年，保罗·纽曼向一位作家朋友提出自己想开发一种拌面条用的酱汁，这种酱汁是保罗自己在厨房做菜时调配的。

两人一谈即合，同意各出资50万美元开发这种产品，取名为"保罗·纽曼面汁"，生产这种面汁的企业亦取名为"保罗·纽曼公司"。公司创办之初，使用最便宜的家具和工具，但他们却使用最好的原料和最佳的配方，以确保面汁质量。产品推向市场后，各地超级市场不断要求补充货源，他们不得不雇请工人扩大生产，仅仅经营了一个月，就纯赚4万美元。

第一炮打响以后，"保罗·纽曼面汁"的销量开始月月增加，合伙投资的100万美元本金，在开业的几个月就收回了。到开业一周年时，公司的纯利润达1200万美元，到第六年，该公司已成为一个大企业，被喻为"食品王国"。

保罗·纽曼无论在台前演戏，还是在幕后经商，都显示出了超凡的能力。不断超越自己使他在演艺界和商界齐头并进，成为了一个名利双收的富豪明星。

保罗·纽曼从商人到演员直到天皇巨星，再从天皇巨星到企业家，再到食品大王，他的人生之路告诉人们，只有不断超越自我，不断让自己在新的生活和环境中去迎接挑战，才能保持住不灭的创造力，才能最大限度地发掘自己的潜力。

> 人的价值在于不断提升，不断追求。成功并不是别人的恭维，而往往是自我提升后的满足。

——搜狐网友微光倾城

保持自尊

高贵的灵魂，是自己尊敬自己。

——尼采《查拉图斯特拉如是说》

人都有自尊心，自尊心强就好面子，特别是中国人，对自己的面子都是十分在意的。因此与人相交，必须时刻顾及对方的面子，这样才能让别人喜欢你。

美国成人教育专家戴尔·卡耐基是处理人际关系的"老手"，然而早年时，他也曾犯过小错误。

有一天晚上卡耐基参加一个宴会，宴席中，坐在他右边的一位朋友讲了一段幽默故事，并引用了一句话，意思是"谋事在人，成事在天"。那位健谈的朋友提到，他所引用的那句话出自《圣经》。但卡耐基知道这位朋友错了，他很肯定地知道出处，一点儿疑问也没有。

为了表现优越感，卡耐基忍不住纠正他。对方立刻反唇相讥："什么？出自莎士比亚？不可能！绝对不可能！"那位朋友一时下不了台，不禁有些恼怒。

当时卡耐基的老朋友法兰克·葛孟坐在他左边。他研究莎士比亚的著作多年，于是卡耐基就向他求证。葛孟在桌下踢了他一脚，然后说："戴尔，你错了，他是对的，这句话的确出自《圣经》。"

那晚回家的路上，卡耐基对葛孟说："法兰克，你明明知道那句话出自莎士比亚。"

"是的，当然。"他回答，"《哈姆雷特》第五幕第二场。可是亲爱的戴尔，我们是宴会上的客人，为什么要证明他错了？那样会使他喜欢你吗？他并没征求你的意见，为什么不保留他的脸面？"

法兰克·葛孟对戴尔·卡耐基的人生告诫是：一些无关紧要的小错误，放过去也无伤大局，那就没有必要去纠正。这样不但能保全朋友的面子，维持正常的谈话气氛，还能使你有意外的收获——在朋友和在场的人心目中建立良好的印象，这无疑有利于自身人气的提高。

　　无论你采取什么方式指出朋友的错误：一个蔑视的眼神，一种不满的腔调，一个不耐烦的手势，都有可能带来难堪的后果。你以为他会同意你所指出错误的吗？绝对不会。因为你否定了朋友的智慧和判断力，打击了朋友的荣耀和自尊心，同时还伤害了朋友的感情。对方非但不会改变自己的看法，还要进行反击。人是有自尊心的，很多时候，我们无意中的一句话就可能使朋友之情完全破裂。

　　孙涛有个知己叫林羽，林羽是个很出色的年轻人，可就是家境太贫寒，他上大学拿的是助学贷款，平时还要打工赚取生活费，穿的衣服都是破旧过时的，一到周末他每天就只能吃一顿饭……孙涛跟林羽认识后，十分同情他的处境。正好两人身材相仿，孙涛就常把自己的衣服送给林羽，还拉林羽去自己家吃饭，又往林羽的饭卡里充钱。对于孙涛为自己所做的一切，林羽非常感激，并表示在自己有能力的时候，一定回报孙涛。孙涛自然不会期望获得回报，但也为自己拥有如此出色的朋友而感到骄傲。不过这一切却都被孙涛脱口而出的一句话给毁了：那天孙涛跟女朋友迟敏闹了矛盾，孙涛便约了林羽和一大群同学去小酒馆喝酒。喝多了以后，孙涛就开始胡说八道，大骂迟敏脚踏两只船。这时林羽听不下去了，他让孙涛清醒一下，并说他敢担保迟敏绝对不是那样的人，但孙涛酒劲一上来伤人的话就脱口而出，"你担保？吃我的用我的，连你身上这套衣服都是我的，你凭什么担保？"顿时小酒馆里静得连掉根针都能听见，林羽脸色惨白地从酒馆走了出去。第二天，林羽归还了所有的衣服用品，不知从哪儿借300多块钱存到了孙涛卡里，林羽没给孙涛任何解释的机会，两人从好朋友变成了陌路人。

　　孙涛因为当众出言伤人，伤了朋友的面子，而失去了一个知心朋友，这都是由于他在处事方法上的失误造成的。要知道在一些人眼里，面子是十分重要的，有时候面子甚至重于一切。了解这一点，你就该知道，即使是对最亲密的人，也要给他留面子。

　　有人说：中国人死要面子。"死要面子"，就是说宁愿死，也要面子。

　　处世时，首先就是要懂得时刻顾及别人的面子。倘若你自恃自己的面子大，不把别人放在眼里，碰上死要面子的人，就可能不吃你那一套，甚至可能撕下脸皮和你对着干，这样常常会把彼此的关系弄僵。

　　懂面子，你还得去要面子，假若你请朋友吃饭，而朋友不太领情，这时，你便不能割袍断交，你要学会去要面子，你要说看在多年交情的分上，给我一个面子。只要他给了你面子，他吃了饭，那么，他的人情算欠下了，即使饭是朋友给你面子才吃的。送礼也一样，让朋友给个面子收下，这个面子你得去要。

老李帮老朋友办了件事，老朋友和妻子拿了些礼品登门道谢，老李觉得自己只是举手之劳，就死活不收礼，没想到老朋友一去就再没跟他联系过。老李打电话一问，朋友在电话里说："提礼物去愣被你推出来了，知道我那天怎么从你家走出来的吗？"老李这才知道怎么回事，道歉之后两人又和好如初。

另外的一点，给面子要给得恰当，不恰当就是不给面子。如果被请之人面子很大，而又未受到应有的待遇，则成了极伤面子的事情。

永远不要说这样的话："看着吧！你会知道谁是谁非的。"这等于说："我会使你改变看法，我比你更聪明。"——这实际上是一种挑战，在你还没有开始证明别人的错误之前，他已经准备迎战了。为什么要给自己增加困难呢？

为什么要把自己放在别人的对立面呢？为什么要让彼此都下不了台呢？时刻顾及别人的面子，你们才能更好地相处。

有这样两则故事：

在迈奥尔的车站食堂的一角里，坐着一个清瘦的老人，生着满脸硬胡子。里加湾的上空，冬天的暴风一阵阵呼啸而过。海岸上覆盖着很厚的坚冰。透过风雪可以听见波涛冲击岸边坚冰的声音。

显然这位老人是到食堂里来取暖的。他什么也没有点，无精打采地坐在长椅上，把两只手拢在补得很坏的渔夫短大衣袖子里。和老人一起来的还有一条毛茸茸的小白狗，它蹲在老人的脚边哆嗦着。

在老人的邻座上，有一群年轻人，后脑勺绷得很紧，而且通红的，大吵大嚷地喝着啤酒。帽子上的雪融化了，雪水滴到啤酒杯里，漏到熏肠面包上。不过，那些年轻人正在争论一场足球赛，所以没注意到这个。

当一个年轻人拿起面包一口咬下一半的时候，这条狗忍不住了。它走到小桌边，举起前脚，阿谀地望着年轻人的嘴。

"彼契！"老人轻轻地叫它道，"你多不害臊！彼契，你干吗去打扰人家？"

可是彼契仍然站在那里，只是它的前腿不住地哆嗦，因为举乏了，搭拉了下来。等到两脚碰到潮湿的肚子上时，便忽然醒悟过来，又重新举了起来。但是那些年轻人没注意它，他们正在津津有味，且时时把冷啤酒倒进杯子里。

雪粘满了窗户，当你看见人们在这样的严寒里喝着冰冷的啤酒时，背脊上不禁会起一阵寒战。

"彼契!"老人又叫,"喂,彼契!过来!"

小狗很快地摆了几下尾巴,好像告诉老人它听见了,请他原谅,不过它一点儿办法也没有。它不看老人,甚至完全背过身子去,好像在说:"我自己知道这不好,不过你又不能给我买这样的面包。"

"唉,彼契,彼契!"老人低声说,因为心里难过,声音有点发颤。

彼契又重新摇了一下尾巴,顺便哀求地看了老人一眼。它好像请求他别再叫它,别再责备它,因为它自己心里也不好受,若不是万不得已,它是决不会向陌生人乞讨的。

一个颧骨高大、戴着绿色帽子的年轻人终于看见了这条狗。"要吃的吗,狗崽子?"他问道,"你的主人在哪儿呢?"

彼契欢喜地摇摇尾巴,看了老人一眼,甚至轻轻叫了一声。

"您是怎么回事,先生!"年轻人说,"您既然养狗就得给食吃,不然就不文明。您的狗跟人家讨食吃,我们这儿有法律规定不许讨饭。"

那些年轻人哄堂大笑起来。"净是胡说八道,瓦尔卡!"其中一个人喊道,掷给狗一片香肠。

"彼契,不许吃!"老人喊道。他那风吹雨打的脸和干瘪的、青筋嶙嶙的脖子都涨得通红了。小狗蜷缩起身子,耷拉下尾巴,回到老人身边,甚至连香肠看都没看一眼。"一点儿渣都不许动他们的!"老人说。他开始痉挛地翻他的衣袋,掏出几个银角子和铜子来,放在掌心上,一面数着,一面吹掉钱上粘着的脏东西。他的手指不住地颤抖着。

"还生气呢!"那个高颧骨的年轻人说,"瞧啊,多大的自尊心!""唉,你别去理睬他吧!你要他干什么?"一个年轻人用调解的语气说,一面给大家倒了啤酒。

老人什么也没说,他走到柜台边,把几文零钱放到潮湿的台子上。"来一块香肠面包!"老人哑着嗓子说。小狗夹着尾巴站在他身边。

女售货员在碟子里放了两块面包,递给了老人。

"只要一块!"老人说。

"您拿去吧!"女售货员低声说,"我不会因为您受穷的……"

"谢谢!"老人说,"谢谢啦!"

他拿起面包到月台上去了,月台上一个人也没有。一阵暴风已经吹过,第二阵暴风正在刮来,不过离得还很远,甚至可以在利耶卢皮河对岸的白色树木上,看见微弱的阳光。

老人坐到长凳上，给了彼契一块面包，把另一块用灰色手帕包起来，藏在口袋里。小狗痉挛地吃着，老人看着它说道："唉，彼契呀，彼契呀！真糊涂啊！"小狗没听他说话，它在吃东西。老人看着它，用袖子揩着眼睛——风吹下了眼泪。

尊严是无价的，或重于泰山，或轻如鸿毛。"廉者不受嗟来之食"，即使快饿死，也不能容忍尊严被践踏。尊严于人与财富、境遇无关。在尊严与实惠面前，有人选择前者，有人选择后者，有人则陷于两难。最重要的是尊严在你心中是怎样的位置，你会选择它哪一种"无价"的价值。

小时候，我长得又高又壮，妈妈很害怕我会用身体优势成为学校里的"小霸王"，就着力发掘我身上"女性的一面"的性格因素。不久，事实就证明了，妈妈的教育的确很奏效。一年级时，老师在我成绩单上的评语是："罗伯特应该学会更多地维护自己的权益，他使我想起了费迪南德公牛……"

大家都知道费迪南德公牛的故事：一头叫费迪南德的公牛不去与斗牛士打斗，而是坐在场地中央嗅闻观众抛给它的鲜花。爸爸看过老师的评语后，立即变成了一头发怒而不是闻花的公牛："你怎么看待这个评语？"

我向他解释我只不过是听从妈妈的教导。他转向妈妈说道："小孩子们都是'公牛'，所以，对任何一个孩子来说，学会与'公牛'相处很重要，因为他们迟早要处身于'公牛'群中。如果他们在童年没有学会与'公牛'相处，到了成年就会经常受人欺侮。与人为善不是与恃强凌弱的人相对的最好办法，如果别人向你挑衅，你就必须是一头发怒的斗牛！"父亲又问我："别的孩子欺负你的时候，你感觉怎么样？"

我的眼泪哗地流下来了："我感觉很不好，我觉得无助而且恐惧。我想反击他们，又想照妈妈的希望去做个好孩子。我讨厌被别人推来推去的在那里忍受侮辱。我觉得我是个胆小鬼……连女孩子们也笑话我了……"

"你打算怎么办？"父亲问。

"我当然想回击。"我说，"我真想揍他们一顿，灭一灭他们的气焰。"

"不必揍他们，"父亲静静地说道，"你可以用其他的方式让他们知道你不再忍受他们的欺负了。你现在要学习的是非常重要的一课——争取自尊，树立自信。但你不能打他们，动动脑子想个办法，让他们知道你不再忍受挨打了。"

我停止了哭泣，擦擦眼泪，感觉好多了，勇气和自尊似乎又重新回到我的体内。

第二天，爸爸和妈妈被请到学校。当爸爸和妈妈走进办公室时，我正坐在角落的椅子里，身上溅满了泥点。爸爸着急地问："发生了什么事？"

"是这样的，"校长说，"我看到了事件全过程。男孩子们去戏弄他，但这次罗伯特没有站在那里忍受欺侮，而是再三警告，男孩子们却越发猖狂。于是，他跑回教室，抓起他们的午餐盒，把里面的食物全部都倒进了泥塘。在我穿过草坪跑过去制止他们之前，罗伯特抓住两个男孩并把他们也推进了泥塘里。我已经把那两个男孩子送回家换衣服了。"

"可我没打他们。"我在角落里插话说。

爸爸示意我不要说话，然后他转向老师和校长说："我们会在家里处理这件事的。"

校长和老师点了点头，老师接着说道："我很高兴能够亲眼目睹过去两个月不会发生的事情。尽管我不会宽恕罗伯特把那两个孩子和他们的午饭扔进泥塘的行为，但我真诚地希望从现在起，男孩子们中间的这种恃强凌弱的事情能够结束了。"

第二天，两个男孩子和我被叫到一起开会，握手言和了。课间休息时，其他孩子向我走过来和我握手，祝贺我回击了那两个也欺负过他们的男孩子。我对他们的祝贺表示感谢，然后一本正经地说："你们应该学会为自己的权利而战。如果你们做不到，你们一生都将只是一个懦夫，被那些永远也不会绝迹的恃强凌弱的人推来操去的。"

如果爸爸听到我在说他教给我的这番话，一定会非常骄傲的。从那天起，我找回了宝贵的自尊，赢得了全班同学的尊重，连全班最漂亮的女孩也成了我的好朋友。我学会了以勇敢和自尊带来和平，而不是仅仅为了做个"好孩子"而沉没于恐惧和害怕的感觉中。

那个晚上回家后，爸爸对我说："许多人只生活在是非分明的世界里，于是有人会建议你'不要回击'，另一些人则会高喊'回击他们'，而生活中的事情却远非如此简单。掌握回击的分寸要比简单地说'不要回击'或'回击'需要更多的智慧。"

……与人为善不是与恃强凌弱的人相对的最好办法，如果别人向你挑衅，你就必须是一头发怒的斗牛！

在生活中，我们常常会遇到恃强凌弱的事情。如果我们总抱着"息事宁人"的想法，失去自尊，甘受欺侮，那欺侮人的人就会更加猖狂，我们的尊严就无从谈起。

勇敢面对挑战，运用智慧作巧妙的回击，才能最终赢得做人的尊严。

自尊赐予人的不仅仅是一种精神的寄托与认识自我的一个途径或凭证，更是使得自我的生命永远保持充实与活力的精神动力。

——搜狐网友撕心裂肺

志向坚定

一个志向高远的人，不仅要超越他的行为和判断，甚至也要超越公正本身。

——尼采《快乐的科学》

意志力是成功的先导，是一种自我引导的力量。罗素·赫尔曼·康维尔是美国一名演说家和牧师。他的《钻石就在你家后院》，发表于1888年，被用作6000多次的励志演讲。他说："古往今来，人们都在不停地谈论着成功的秘诀。但其实，成功并没有什么秘诀。成功的声音一直在芸芸众生的耳边萦绕，只是没有人理会它罢了。而它反复述说的就是一个词——意志力。任何一个人，只要听见了它的声音并且用心去体会，就会获得足够的能量去攀越生命的巅峰。这些年来，我一直致力于一项事业——试图在人们的思想中植入这样一种观念：只要给予意志力以支配生命的自由，那么我们就会无坚不摧，无往不利。"

意志力是一种普遍的"心智功能"，我们每天都能感受到它的存在。很多哲学家都指出人在本质上是一种精神动物，事实上在生活中，很少有人会怀疑自己的行为或多或少要受自己意志力的影响。意志力本身包含了许多精神的力量。尽管不同的人对于意志力的源泉，对于意志力如何影响人，以及对于意志力的积极作用和局限性有着不同的看法，但大家都认同这样的看法：意志力本身是人类精神领域中一个不可或缺的组成部分，甚至在我们每个人的生命中，意志力都发挥着超乎寻常的重要作用。

心理学的研究认为意志力是"一种有意识的心理机能，其作用尤其体现在经过深思熟虑的行动上"。但意志力并不一定是"有意识"作用的结果，许多看似无意识的举动，可能正是一个人意志力的体现；而另外一些脱离人的意志力指引的行为却肯定是有意识的。人的一切有意识的行动都是经过考虑的，因为即便这一行动是在瞬间做出的，思考的因素仍然在其中发挥着作用。所以说，意志力是自我引导的力量。

意志力不仅是一个人下决心的决断力，不仅是用来感悟理解的感受力，也不仅是进行构思的想象力，意志力是所有进行自我引导的精神力量本身。美国哲学家罗伊斯这样说："从某种意义上说，意志力通常是指我们全部的精神生活，而正是这种精神生活在引导着我们行为的方方面面。"所以说，意志力是引导我们精神生活的伟大力量，同时这种力量也帮助我们面对现实中的各种情况。

人的身体器官或心理功能在意志力的引导下对自己的决心服从。意志力首先是面对某一个决心要完成的任务时表现出来的精神力量。如果一个人拥有强大的意志力，那么他就能通过意志力本身、通过自己的身体或通过其他事物，利用这种巨大的精神力量来实现自己的目标。正如爱默生所讲："意志力是'鼓舞士气、振奋人心的冲劲'。"

我们可以把意志力比喻为充电电池，其放电能量的大小取决于它的容量和它的疏导系统。它可以积聚很多的能量，在恰当的操作下可以释放出强劲的电流。在某个事件或者某种特殊的情况刺激下，一个人可能会表现出强大的意志力，而由这种意志力又引发了超常的能量。从这个意义上讲意志力被看做是一种积累起来的能力，一种在量上能够增加、在质上能够提高的能量。爱德华·克拉克博士说过："意志力是一位天生的国王，在特定的范围内，人全身的各个部分都要受其引导。像大多数国王那样，他一旦决定要扩展自己的疆域或是增加自己的权力，往往能通过各种方式来办到。只要他动用行政权和执法权，采取直接而有力的措施，便能使每一个组织器官心悦诚服地接受他的支配。相反，如果他对所处的地位毫不在意、偷懒马虎，对经常性的警戒和辛劳感到厌倦，他就会发现，自己手中的权威在慢慢地消失，直至最终沦为其他器官的奴仆。"

意志力是可以通过修炼得到加强和提升的。一个有心修炼和提升自己意志力的人，将获得无比巨大的力量，这种力量不仅能够完全地控制一个人的精神世界，而且能够引导人的心智达到前所未有的高度——此时，一个人从未设想能拥有的智能、天赋或能力都变成了现实，所有那些人们长久以来都无法看见的东西其实就存在于人的自身，而这把能够开启人的洞察力和征服力的神奇钥匙就是意志力。

正如爱默生告诉我们的："只有当人和他的意志相互沟通，融为一体时，这个世界才有驱动力。"作为一种自我引导的精神力量，意志力是引导我们成功的伟大力量。如果你拥有强大的意志力，那么你全身的能量都可以在它的召唤下聚合起来，从而实现你的成功。

意志力是一种自我引导的精神力量，同时也是引导我们走向成功的精神力量。对于每一个人来说意志力扮演着三种重要的角色：强大的意志力是身体的主人；正确的意志力是心智的统帅；完善的意志力是道德的导师。

美国上将杜威和他的水手自愿以自己的血肉之躯，冒着枪林弹雨抵达了马尼拉港，而且没有丝毫的退缩和畏惧之意。哈姆雷特的掘墓工人是心甘情愿地选择了掘墓这种繁重的体力活的。殉教者可以无畏地将自己的身体奉献于熊熊烈火。音乐家帕格尼尼能够自由地指挥他的手指在小提琴上演奏出令人叹服的乐章。同样，受过训练的运动员也能够自如地运用身体各部位的力量，而在训练的最初，这些不同部位的身体力量就如同脱缰的野马一样难以控制。

强大的意志力是身体的主人，它总是借助于各种欲望或理念指挥着我们的身躯。顽强的意志力对于生命有着重要的意义，它可以引导一个人的身体去完成许多难以想象的事业。强大的意志力可以促成良好的行为习惯，这就是意志力对人体的支配作用的证据。尽管对一些人来说，某一种习惯可能已经成为自然而然的行为了，但这常常是意志力持久地发挥作用的结果，一旦你失去意志力的作用，习惯也就会慢慢消失；而且意志力还可能引导着我们的某种行为，使其不断地固化为习惯——尽管人们很多时候意识不到这一点。

意志力还可以通过压抑自我实现对身体的支配进而创造奇迹。自豪和骄傲可以使人克制住疼痛的呻吟；爱会让身患绝症的人强忍住泪水；甚至在一些足以令人发狂的情况下，受到刺激的神经也可以被意志力牢牢地控制住；当你沉浸在阅读中时，如果你的意志力足够强大，外界的声响就仿佛被隔绝在耳膜之外；在你全身心投入做一件事时，可以不顾肚子对饥饿的抗议。

在某些非常特殊的情况下，人的一些非常明显的倾向也可以被改变，甚至变得完全不同，这同样是来自意志力的巨大作用。另外，人为了坚持自己的观点，不背叛自己的信仰，甚至可以付出很大的代价，这也是意志力在起作用。

正确的意志力是心智的统帅，注意力的集中是对此最好的注解。在集中注意力时，思想就会将它的能量集中在一个物体或者一组物体上。比如把滴了两种不同香水的纸条凑到鼻孔边，我们可以嗅到两种香水的不同味道。但当我们集中注意力，用心去感受其中一种香水的味道时，那么，我们真的就只会嗅到其中的一种香味，而另外一种香味由于意志力的作用而被忽略了。意志力还可以引起人的抽象思维。人的思维在某种单一的行为中所显示出来的专注程度和力度，往往体现了意志力持久作用的结果。从这一点来说，意志力的强弱就体现在"集中注意力"的强弱上，或者说意志力的强弱表现在思考过程中，表现在人对动机、事实、原则、手段的把握中，表现在人的自我控制能力的大小上。

很多非凡的人物都具有在强大意志力支配下的卓越的思考能力。

拿破仑在打仗之前，他总是全身心地沉浸在对战争形势、战略打法的思索中，而完全不问其他的事。美国威斯康星州的参议员卡本特在有重要决议要表决的前一天晚上，总是把自己隔绝在满是法典的书房中，完全沉浸于对问题的思考中，直至第二天早晨都不会理会和考虑决议以外的东西。诗人拜伦习惯于将自己与外界隔离，只与白兰地和水为伴，连续几个小时沉迷于艰苦的诗歌创作。黑格尔拿着一部书的手稿去找他在耶拿的出版商，而那一天正是耶拿战役的爆发日，当黑格尔在街上看到凯旋的拿破仑军队时，感到非常惊奇——因为在此之前，他对这一吸引全欧洲注意力的重大事件竟然一无所知！

只有让思想隔离外界的纷扰而完全集中在一件事情上，才会产生伟大的思想结晶。而做到这一点，强大的意志力是根本。作为心智的统帅，意志力的作用同样还显著地表现在记忆这一行为上。在"记忆"的过程中，意志力常常会用其能量给人的精神"充电"。但一些事实也会由于兴趣本身的巨大影响，而增强大脑对其的记忆。在记忆的过程中，大脑格外需要意志力的激励。单纯的重复是不能真正提高记忆力的，只有通过意志力把注意力、集中的思维和兴趣的有益影响都积极地参与到记忆过程中，才能让记忆产生质的飞跃。

著名历史学家威廉·普雷斯科特为了弥补视力缺陷，而将自己的记忆功能训练得十分强大，以至于可以将长达600页的巨著从记忆库中直接取出口述出来。弗朗西斯·帕克曼和达尔文的视力也很差，却都显示了惊人的记忆力。真正强大的记忆力必须依赖于意志力的驱动和坚持不懈的努力。

完善的意志力是道德的导师。对于意志力的真正磨砺不可能离开高尚的品质和正直的观念。忽视对良好道德的培养,可能不会影响一个人造就强大的意志力;但若没有高层次的道德情操的要求,则不可能培养出完善的意志力。意志力的最高境界就是既合乎高尚道德的要求又十分强大。

意志力如果仅仅具有巨大的力量和不懈的恒心,而失去了理性和道德的约束,那么只有一种可能,就是——只会凭着一种愚勇、狂热和顽固的做法来实践它的主张。只有合乎道德要求的高尚的意志力才能引导我们获得更加经久的胜利——这种正义的意志向人们证明:所有满足它正直的要求的人都能够分享到共同的进步与好处。相反,如果运用意志力而毫不顾及他人的利益——就好像穿着粗硬的鞋,随意践踏沿路的一切,那么这种人只有可能成为人类的残渣。

坚定的意志力从来就藐视"不可能",勇敢地宣告:有志者事竟成。意志力是成功的先导,是我们永远向前的动力之源。我们要运用自己的意志力、磨炼自己的意志力,同时也要学会控制自己的意志力。

一个有着坚强意志力的人,便有无穷的力量。不论做什么事都应当坚信任何事情只要付出极大的努力就能获得成功。不论所经历的时间有多长,付出的代价有多大,无坚不摧的意志力终能帮助人们到达成功的彼岸。一个能控制自己意志力的人,也就拥有了自我引导的伟大力量。这种巨大的力量可以引导他朝着自己的目标前进,解决面对的一切困难,从而实现他的期待,达到他的目标。

如果你见到一个年轻人,他用斩钉截铁的态度去实施他的计划,而丝毫没有"如果"、"或者"、"但是"、"可能"的念头,那么这样的年轻人,成功也必定会属于他。凡有明确目标,并能照着既定程序去做的人,便能坚定自己的意志力,而这种意志力足以支撑他的成功。

人人都应该去争取理想的自由,因为只有自由地张扬自己的理想,才能创造出宏大、完美的成就。如果一个人不去争取理想的自由,不以实现最高人生目标为要务,那么不论他多么尽心尽职,多么发奋努力,他的一生也不会有大的成就。

一个人不能任由意志力漫无目的地狂奔,他必须学会对其加以控制。如果一个人无法控制自己的意志力,那么他就很难获得持之以恒的恒心,也就失去了发明与创造的可能性。有许多年轻人最初很热心于他们自己的事业，但是由于缺乏意志力与恒心，竟然在一夜之间就放弃了自己原有的事业，而去进行别的事业。他们常常对自己所处的位置、所拥有的才能表示怀疑，不知道怎样最有价值地利用他们的才能。面对困难，他们常常感到灰心，甚至是沮丧。当他们听到某人成就了某项事业，他们便开始埋怨自己为何不也去做同样的事业，而不检讨自己由于意志力不坚定，错过了多少成就事业的机会。可以肯定地说，如果一个人经常放弃他一贯期待的目标，经常松懈自己的意志力，他就决不会成为一个成功者。要使自己的生命具有特殊意义，要与众不同，就要做高尚的事情。无论历时多么久远，无论面临多少艰难曲折，绝不可放弃成功的志向和希望。任何想要获得成功的人都必须谨记下面这句话：有志者，事竟成，破釜沉舟百二秦关终属楚；苦心人，天不负，卧薪尝胆三千越甲可吞吴。

　　一个人的生命旅程中不可能一帆风顺，挫折与失败会与你相伴一生。人们往往羡慕成功者功成名就时的光彩，却不曾想过他们通向成功的道路上那布满的荆棘。世界是一个矛盾的统一体，任何事物都不能脱离他的对立面而独立存在，同样任何事物都会在一定条件下向着它的对立面转化。成功与失败这一对矛盾体也是如此。没有失败的积累，不可能见到成功的曙光，同样把失败转化为成功，需要的条件就是——强大的意志力。一个人只有具备了一种不惧怕失败、永不放弃的精神，才能披荆斩棘向前进，拨开云雾见太阳。

　　"畏惧失败就是毁灭进步"是西点军校非常流行的一句话。在西点的每个人都渴望胜利和荣誉，每个人都希望成为第一，每个人都不会惧怕失败，每个人都不会被困难所击倒。西点学员的眼中只有胜利，在没有赢得胜利时，都只会问自己这样的问题：我尽力了吗？我还可以做得更好吗？失败对一个真正的西点人来说不过是通向胜利之路上一个不起眼的障碍而已。

　　人生就像是一场漫长的马拉松比赛，或许有一段你落在了队伍的后面，但是只要没有结束，你就永远有机会赶超。一次的失败并不代表终身的失败，哪怕你从未获得过胜利，你依然不应惧怕失败。当年爱迪生发明电灯，他尝试了几百种乃至上千种材料做灯丝都没有成功，但别人嘲笑他的失败的时候，他却说："我至少知道了那些材料不适合做灯丝。"失败只是一个事实，并不能代表什么，只要继续努力，胜利终将属于锲而不舍的人。

　　伟大的航海家哥伦布年轻时在意大利北部城市帕维亚的帕维亚大学攻读天文学、几何学和宇宙志。当时已在欧洲流传甚广的《马可·波罗游记》燃起了哥伦布梦想的火焰。他又阅读了大量地理学家的理论、海员的报告和传说、由海外传来的非欧洲血统的有关海事的艺术和技艺的著作，这些文献更加坚定了他出海寻找新世界的梦想。

在学习了多年之后，哥伦布逐渐产生了一个坚定的信念：根据归纳推理，世界是一个球体；根据演绎推理，可知从西班牙向西航行能到达亚洲大陆，正像马可·波罗向东航行到达了亚洲大陆一样。他怀着炽热的心情想去证实他的理论。他开始寻找必要的财政后盾、船只和人员，以便去探索未知的东西，寻找更多的东西。

哥伦布开始为了他的梦想与信念积极准备，他把心力大部分投入到目标的实现上。在长达10年的时间内，他总是差一点就取得了成功，最后总是功亏一篑。国王的欺诈、人们的嘲笑和怀疑、政府官员的恐吓，还有商人缺乏诚信给哥伦布带来了一连串的失败。但他没有放弃，仍然不断地努力。

直到1492年，他的坚持不懈终于得到了回报，西班牙王室决定资助他的远航计划。同年8月，他开始向西航行，打算前往日本、中国和印度。哥伦布在加勒比海登陆以后，就带着金子、棉花、鹦鹉、珍奇的武器、神秘的植物、不知名的小鸟和野兽以及几个土人回到了西班牙。哥伦布认为他已到达了他的目的地，已经到达了印度以外的岛屿，但实际上他没有到达亚洲。哥伦布虽然未能在事实上实现自己的梦想，但对于他个人而言，他通过不懈的努力和永不放弃的精神实现了自己的梦想，他没有被失败和困难打倒，他因为发现了美洲大陆而被载入史册。

孟子曰："故天将降大任于斯人也，必先苦其心志，劳其筋骨，饿其体肤，空乏其身，行弗乱其所为，所以动心忍性，曾益其所不能。"只有那些不畏惧失败和挫折，化不利为动力，能够在战胜困难和不幸中锤炼意志的人，才能有所作为，成就事业。

在成功的道路上，人们随时会碰到事业上的失败和挫折以及生活中的困难和不幸。人生之路，不如意事常八九，一帆风顺者少，曲折坎坷者多，成功是由无数次失败构成的。在追求成功的过程中，还须正确面对失败。乐观和自我超越就成为能否战胜自卑、走向自信的关键。正如美国通用电气公司创始人沃特所说："通向成功的路，即把你失败的次数增加一倍。"

1832年，一个普通的美国人失业了，面对生存的压力他很伤心，不过他没有放弃继续向前的努力，他下决心从政。他参选州议员，结果以失败告终；他不得已创立自己的公司，不曾想一年不到公司即宣告破产，为此他背上了沉重的债务，而在接下来的几年为偿还债务而到处奔波。

经过几年的风风雨雨，他重整旗鼓再次参加州议员竞选，这一次他当选了，他内心升起一丝希望，认定生活有了转机，并于1851年与一位美丽的姑娘订婚。谁曾想命运之神再次和他开了个玩笑：离结婚日期还有几个月的时候，未婚妻不幸去世，这使他大受打击，心灰意冷，卧床数月不起。但是挫折并没有击垮他，他在重拾自信之后，再次为了自己的政治理想而起身奋斗。

1852年他决定竞选美国国会议员，结果落选。但他没有就此放弃，而是问自己："失败了，接下去该怎么做才能获得成功？"1856年，他再度竞选国会议员，他认为自己争取作为国会议员的表现是出色的，相信选民会选举他，但还是落选了。为了挣回竞选中花销的一大笔钱，他向州政府申请担任本州的土地官员。州政府退回了他的申请报告，上面的批文是："本州的土地官员要求具有卓越的才能、超常的智慧。"这是对一个人能力的全面否定，对人的打击之大可想而知。然而连续的失败并没有使他气馁。他奋发图强，两年之后，他再次竞选美国参议员，却仍然遭到失败。

也许你会认为这个"不幸"的人从此会一蹶不振，但恰恰相反，他在失败中不断总结自己的得失，反而不断地在进步。终于他在1860年当选为美国总统。他就是至今仍让美国人深深怀念的亚伯拉罕·林肯。

在林肯一生经历的一系列重大事件中，只成功了两次，其他都是以失败告终，可他始终没有停止追求。我们不谈林肯的才华，而只看他走向成功的道路，是那种不畏惧失败的强大意志和永不放弃的坚强品格让他获得了非凡的成功。

坚忍不拔的人，总是微笑着面对失败，不肯放弃，不肯停止，并以更大的决心冲向前去。一个不知失败为何物的人，一个不知何时才算受挫的人，一个要将"不能"、"不可能"等字眼从他的字典中抹去的人，一个任何困难与阻碍都不足以使他跌倒的人，一个任何灾难、不幸都不足以使他灰心的人，肯定是前途无量的。

艾森豪威尔在"二战"期间曾任盟军最高统帅，他曾说过："我曾经因为仰慕霍华德·韩德利克斯，决定参加一个他参与主持的讲习班，他的风格、诚意、才华和信心，都从他所说的每一句话中充分表露了出来。他可真是我见过的最出色的教师。但听得越多我越没有自信，认为自己永远不可能比得上他。

"有一天，霍华德似乎察觉到了我的心思，同时他也认识到大部分学员可能都有这种感受，因此他停止了授课，开始坦诚地对我们说起自己的经历。他平静地叙述他的失败，又说他曾几次想放弃教学生涯。我们听了都不禁笑了起来，但随即就觉得心里很难受并且很同情他。我了解到他也是血肉之躯，不是完人，和我们大家没有两样。

"'人生不是百米短跑，'他对我们说，'它是一场马拉松比赛，最后到达终点的通常都是那些像你我那样拖着沉重脚步慢慢奔跑的人。'"

真正的失败是放弃，是犯了错误但不能从中吸取教训。我们所面对的失败并不可怕，可怕的是我们就此被失败所吓倒。没有经历过失败又怎么能感受到成功的喜悦。如果你现在正处于人生的低潮，请不要畏惧你的失败和面前的困难；如果你现在正享受胜利的喜悦，也请继续努力，还有更高的山峰等待你去攀越。

面对挫折和失败，唯有乐观积极的心态，才是正确的选择。其一，采用自我心理调适法，提高心理承受能力；其二，注意审视、完善策略；其三，用"局部成功"来激励自己；其四，做到坚忍不拔，不因挫折而放弃追求。

要战胜失败所带来的挫折感，就要善于挖掘、利用自身的"资源"。应该说当今社会已大大增加了这方面的发展机遇，只要敢于尝试，勇于拼搏，就一定会有所作为。虽然有时个体不能改变环境的安排，但谁也无法剥夺其作为自我主人的权利。屈原遭放逐乃赋《离骚》，司马迁受宫刑乃成《史记》，就是因为他们无论什么时候都不气馁、不自卑，都有坚忍不拔的意志。有了这一点，就会挣脱困境的束缚，迎来光明的前景。

若每次失败之后都能有所领悟，把每一次失败都当做成功的前奏，那么你就能化消极为积极，变自卑为自信。作为一个现代人，应具有迎接失败的心理准备。世界充满了成功的机遇，也充满了失败的风险，所以要有恒心，以不断提高应付挫折与干扰的能力，调整自己，增强社会适应力，坚信失败乃成功之母。

成功之路难免坎坷和曲折，有些人把痛苦和不幸作为退却的借口，也有人在痛苦和不幸面前寻得复活和再生。只有勇敢地面对不幸，超越痛苦，永葆青春的朝气和活力，用理智去战胜不幸，用坚持去战胜失败，我们才能真正成为自己命运的主宰。其实失败就是强者和弱者的一块试金石，强者可以愈挫愈勇，弱者则是一蹶不振。想成功，就必须面对失败，必须在千万次失败面前站起来，用恒心战胜一切。

西点校友、著名企业家威廉·B. 富兰克林说过："努力不懈，是奔向梦想和目标的唯一坦途。"

一位年轻人去拜见一位智者寻求成功之法。"大师，我如何才能取得成功呢？"年轻人问。智者笑了一笑，并没有直接回答年轻人的问题，而是递给年轻人一颗花生，问道："它有什么特点？"年轻人愕然。"用力捏捏它。"智者说。年轻人用力一捏，花生壳碎裂，但留下的花生仁完好无损。"再搓搓它。"智者说。年轻人照着他的话做，花生红色的种皮也被搓掉，只留下白白的果实。"再用手捏它。"智者说。年轻人用力捏着，但是他的手无法再将花生仁破坏。"用手搓搓看。"智者说。然而年轻人再也无法破坏这颗小小的花生仁。"成功的秘密很简单：屡遭挫折，却有一颗百折不挠的心。"智者如是说。

一把上好的宝剑总是在炉火与冷水中经过千锤百炼方能铸就，百折而不断方为剑中上品。其实铸剑与做人相似，如果你要想成为一个"完人"，那么就必须在冷热夹攻中站立不倒，并不断除去身上的杂质，最后不仅内在变得纯粹，整个身体也变得坚忍异常，这时你方能被称为一口"好剑"。

西点毕业生天才画家詹姆斯·A. M. 惠斯勒说过："信心与意志是一种心理状态，是一种可以用自我暗示诱导和修炼出来的积极的心理状态。"军人都有着英雄情结，在西点军校中，那些不断冲破困难和阻力、经受重大挫折和打击却坚持到底的人，会得到全体西点人的敬佩甚至崇拜。西点教育学员——唯有坚强的意志是成功路上最不可替代的品质。

一块铁块之所以能最终成为利剑，关键就在于它能挺过高温与寒冷的折磨，凭借"意志"坚持下来。其实对于一个人来说，在生命旅程中，有一次坚持到底就算是成功。一个人一直坚持到最后实在是比较困难的。世界上成功者微乎其微，平庸者多如牛毛就是最好的说明。成功的秘诀就是如此简单。

坚持到底是一种态度，它需要一种品格来支撑，那就是忍耐。没有顽强忍耐的品格，任何人都是脆弱的，都经不起挫折和磨难的考验，也不可能实现自己的人生规划。坚定的意志和强烈的成功欲望永远是成功的不二法则。虽屡遭挫折，却有一颗坚强的百折不挠的心——这就是成功的秘诀。

没有一次成功是靠一时的努力获得的，成功是一种每天重复不断的行动，要一天又一天地坚持，不然就会消失。正所谓是："千淘万漉虽辛苦，吹尽狂沙始到金。"

张德培是网球历史上最年轻的男子单打世界冠军。当年，这个不满20岁的黄皮肤小伙子在巴黎成为法国网球公开赛男单冠军的时候，整个球场为之沸腾了，他也成为第一个在这里获得冠军的华裔选手。在其后16年的网球生涯里，他一共赢得34个冠军和近2000万美元的奖金，并在1996年年终的ATP男单总排名榜上名列第二位。其实，张德培的身体条件并不适合网球运动。他1.75米的个头，即便放到女选手中也只算是中等身材，再加上亚洲人先天性的力量不足，使他在高手如林的男子网坛显得十分单薄。体格的缺陷迫使他必须要用速度和坚忍弥补弱势，这没有捷径，只能依靠超过常人的刻苦训练。于是日复一日，年复一年，人们看到这名黄皮肤的小伙子从来不给自己放假。当桑普拉斯躺在希腊海滩上晒太阳时，当阿加西赴拉斯维加斯观看拳击比赛时，张德培都是在球场上训练。训练的过程是极其艰辛的，但他坚持了下来！在此后的十余年里，张德培凭借灵活的步法和不懈的跑动，运用娴熟的底线技术与对手周旋，一有机会就击出大角度的回球置对手于死地，在男子网坛杀出了一片属于自己的天地。

很多人都渴望成功，而成功的不二法门就是不断努力。如果希望一劳永逸，浅尝辄止，则很可能一事无成。看似紧锣密鼓的工作挑战、永不停歇的环境压力，就在不知不觉间培养了今日的诸多能力。人的潜力无穷，能否最大限度地挖掘这些潜能，关键在于是否善于强迫自己、经营自己。

希望成功，必须加倍努力。只有不懈努力，才会有丰厚的收获。没有挫折，任何成功都是不堪一击的！从挫折中汲取教训，是迈向成大事者的踏脚石。当我们观察成大事者时，会发现他们的背景各不相同。那些大公司的经理、政府的高级官员以及每一行业的知名人士都可能来自于清寒家庭、破碎家庭、偏僻的乡村甚至于贫民窟。这些人现在都是社会上的领导人物，他们都经历过艰难困苦的阶段。

"平凡"与"伟大"其实只有一线之隔，它们之间的分水岭就是面对挫折时的反应不同。如果一个人在跌倒后就无法再爬起来，并且只会躺在地上骂个没完，那么他是失败的；如果一个人在跌倒后起身跪在地上，准备伺机逃跑，以免再次受到打击，那么他仅可能是一个"平凡"人；如果一个人在跌倒后立即反弹起来，同时汲取这个宝贵的经验，立即往前冲刺，那么他终将成就"伟大"。

有一个非常有名的管理顾问,他办公室内的各种豪华的摆饰、考究的地毯、忙进忙出的人潮以及知名的顾客名单都在告诉你,他的公司的确成就非凡。但是,就是这样一家鼎鼎有名的公司的背后,也藏着无数的辛酸血泪:这位管理顾问在创业之初的头6个月就把自己10年的积蓄用得一干二净,并且一连几个月都以办公室为家,因为他付不起房租。他也婉拒过无数的好工作,因为他坚持实现自己的理想。他也被拒绝过上百次,拒绝他的和欢迎他的顾客几乎一样多。就在这整整7年的艰苦挣扎中,谁也没有听他说过一句怨言,他反而说:"我还在学习啊。这是一种无形的、捉摸不定的生意,竞争很激烈,实在不好做。但不管怎样,我还是要继续学下去。"他真的做到了,而且做得轰轰烈烈。有一次朋友问他:"那些挫折把你折磨得疲惫不堪了吧?"他却说:"没有啊!我并不觉得那很辛苦,反而觉得那是受用无穷的经验。"

看看"美国名人榜"中人物的生平就知道,那些功业彪炳史册的名人,都受过一连串的无情打击。只是因为他们都坚持到底、百折不挠,才终于获得了辉煌成果。天下哪有不劳而获的事?如果能利用种种挫折与失败来驱使自己更上一层楼,那么一定可以实现你的理想。

很多人之所以在老年时回首往事感慨人生之不如意,大多因为他在经历几次挫折后便宣布放弃。如果林肯在以前的竞选失利后便失去了坚持到底的精神,那么,他能成功吗?他能成为美国总统吗?——不能。

我们都可以化失败为胜利。从挫折中汲取教训,好好利用,这样就可以对失败泰然处之。千万不要把失败的责任推给你的命运,要仔细研究失败的实例。如果你失败了,那么继续学习吧!这可能是你的修养或火候还不够好的缘故。世界上有无数人,一辈子浑浑噩噩、碌碌无为,他们对自己一直平庸的解释不外是"运气不好"、"命运坎坷"、"好运未到",这些人仍然像小孩那样幼稚与不成熟。他们只想得到别人的同情,简直没有一点主见。由于他们一直想不通这一点,所以一直找不到使他们变得更伟大、更坚强的机会。马上停止诅咒命运吧!因为诅咒命运的人永远得不到他想要的任何东西。

在普通情形下,"失败"一词是消极性的,但我们要赋予这两个字以新的意义。因为这两个字经常被人误用,给数以百万计的人带来了许多不必要的悲哀与困扰。

我们可以比较一下"失败"与"暂时挫折"之间的差别:且让我们看看,那种经常被视为是"失败"的事,是否在实际上只不过是"暂时性的挫折"而已。还有，这种"暂时性的挫折"在实际上是不是就是一种幸福？因为它会使我们振作起来，调整我们努力的方向，使我们向着不同，但更美好的方向前进。

不管是暂时的挫折还是逆境，一个人都可以不把其视为失败，只要把它当做是一种教训。事实上，在每一种逆境及每一次挫折中都存在着一个持久性的大教训。而且，通常说来，这种教训是无法以挫折以外的其他方式获得的。挫折通常以一种"哑语"向我们说话，而这种语言却是我们所不了解的。如果我们了解这种语言的话，就不会把同样的错误犯了一次又一次，而且又不知如何从这些错误中吸取教训。只有在把挫折当做失败来加以接受时，挫折才会成为一股破坏性的力量。而如果把它当做是教导我们的老师，那么，它将成为一种祝福。

"挫折"是大自然的计划，它经由这些"挫折"来考验人类，使他们能够获得充分的准备，以便进行他们的工作；"挫折"是大自然对人类的严格考验，它借此烧掉人们心中的残渣，使人类这块"金属"因此而变得纯净，并可以经得起严格的使用。每个人都会遇到困难、挫折，但挫折不等于失败，只有放弃才会失败。只要把从挫折中获得的教训善加利用，就会走向成功。

百折不断才终成利剑，跌倒了再爬起来，你的力量也在一次次的跌倒和爬起过程中不断增长。顽强忍耐者，定能走过大风大浪，最终成就大事。一个人最终是否成功不在于是否具有聪慧的头脑和超人的才华，而在于有没有坚持到底的意志力。遇到困难不退缩，遇挫跌倒再起身，利剑百炼乃才成。

托尔斯泰在他的散文名篇《我的忏悔》中讲了这样一个故事：一个男人被一只老虎追赶而掉下悬崖，庆幸的是，在跌落的过程中他抓住了一棵生长在悬崖边的小灌木。此时，他发现，头顶上，那只老虎正虎视眈眈，低头一看，悬崖底下还有一只老虎，更糟的是，有两只老鼠正忙着啃咬悬着他生命的小灌木的根须。绝望中，他突然发现附近生长着一簇野草莓，伸手可及。于是，这人拽下草莓，塞进嘴里，自语道："多甜啊！"

在生命的进程中，当痛苦、绝望、不幸和危难向你逼近的时候，你是否还能顾及享受一下野草莓的滋味？你是否拥有这样的意志和信心把苦难变为快乐？意志是灵魂的一种杰出的力量，它能使一个人在任何情况下都勇敢地面对人生，无论遭遇到什么，都保持不屈的奋斗精神。对于成功者而言，他们有一种"非成功不可"的意志，所有困难，所有自己现有的缺陷，都不构成放弃追求成功的理由。

"二战"期间，一位名叫伊丽莎白·康黎的女士在庆祝盟军在北非获胜的那一天收到了国际部的一份电报，她的侄儿——她最爱的一个人死在了战场上。她无法接受这个事实，她决定放弃工作，远离家乡，把自己永远藏在孤独和眼泪之中。正当她清理东西，准备辞职的时候，忽然发现了一封早年的信，那是她侄儿在她母亲去世时写给她的。信上这样写道："我知道你会撑过去的。我永远不会忘记你曾教导我的：'不论在哪里，都要勇敢地面对生活。'我永远记着你的微笑，像男子汉那样，能够承受一切的微笑。"她把这封信读了一遍又一遍，似乎他就在她身边，一双炽热的眼睛在望着她："你为什么不照你教导我的去做。"

康黎打消了辞职的念头，一再对自己说："我应该把悲痛藏在微笑下面，继续生活，因为事情已经是这样了，我虽没有能力去改变它，但我有能力继续生活下去。"

我们经常看到脆弱的生命不堪一击，看到许多美丽人生尚未开始便堕入无尽的黑暗，有限的你我在无限悲剧命运的面前，让人不能不在沉重的痛苦中苟且生存。人生是一张单程车票，一去无返。在荷兰首都阿姆斯特丹的一座15世纪的教堂废墟上留着一行字："事情是这样的，就不会那样。藏在痛苦泥潭里不能自拔，只会与快乐无缘。人必然走向死亡，但不能等待死亡，在死神夺去生命色彩之前，何妨尽情涂抹自己的人生画布，这样才不枉来世一遭。但告别痛苦的手得由你自己来挥动，享受今天盛开的玫瑰的捷径只有一条：坚决与过去分手。"

惠特曼说过："只有受过寒冻的人才感觉得到阳光的温暖，也唯有在人生战场上受过挫败、痛苦的人才知道生命的珍贵，才可以感受到生活之中的真正快乐。"

中国有句老话叫"祸兮福之所倚，福兮祸之所伏"，成功与失败一体两面，最终你将走向哪一方，则要看你的意志。

艾柯卡是美国汽车业的传奇人物，而他的奋斗经历更是在美国家喻户晓，激励着年轻人不断向成功迈进。

艾柯卡的父亲尼古拉于1902年从意大利来到美国，后来在宾夕法尼亚州定居，并加入了美国籍。尼古拉从小喜爱汽车，很早就拥有一辆福特汽车公司最早期的产品——福特T型车。平时一有空，就摆弄汽车。这一嗜好无疑也传给了儿子。早期的意大利移民在美国备受歧视，艾柯卡是个有骨气的人，在学校里一直奋发向上。艾柯卡从美国利哈伊大学取得了工程技术和商业学两个学士学位。后又在普林斯顿大学获硕士学位，其间，还学过心理学。

1946年8月，21岁的艾柯卡到福特汽车公司当了一名见习工程师。但是他最感兴趣的工作不在技术而在营销，他把这个想法告诉了主管，却被拒绝，但他坚持自己的理想终于让公司妥协，分配他当了一名推销员。1949年，艾柯卡当上了宾夕法尼亚州一个小地区的经理，他的任务是同当地的汽车商取得密切合作。这是他一生中一个重要的阶段。在此期间，艾柯卡受到了福特公司东海岸经理查利·比彻姆的重要影响。查利也是工程师出身，后来转入推销和市场工作。他对艾柯卡说："为什么垂头丧气？总有人要得最后一名的，何必如此烦恼！但请你听着，可不要连续两个月得最后一名！"在查利的激励下，艾柯卡想出了一个推销汽车的绝妙办法：谁购买一辆1956年型的福特汽车，只要先付20%的货款，其余部分每月付56美元，3年付清。这样，一般的消费者都负担得起。艾柯卡把这个办法称为"花56元钱买五六型福特车"。这个广告口号像火箭一般受到人们的瞩目。仅仅3个月时间，艾柯卡从原来的末位扶摇直上，销售势头一跃而居榜首。他受到了当时的副总经理麦克纳乌拉的赏识，在全国推广他的办法，并提升他为福特总公司车辆销售部主任。

艾柯卡在福特的事业蒸蒸日上，他主持设计了全新的"野马"汽车，1965年"野马"车的销售量打破了福特公司的纪录。"野马"车大功告成。艾柯卡靠自己的奋斗，终于当上了福特公司的总经理。当时，艾柯卡真有点儿得意忘形。然而1978年7月13日，他被大老板亨利·福特开除了。艾柯卡几乎把整个事业生涯都奉献给了福特，这次变故让他无所适从。

他被解雇之后，仿佛他在世界上已不复存在。"野马之父"一类的话再也听不到了。昨天他还是英雄，今天却好像成了麻风病患者，人人远而避之。他开始喝酒，对自己失去了信心，认为自己要彻底崩溃了。

但是艾柯卡没有向命运屈服，他对自己说："艰苦的日子一旦来临，除了做个深呼吸，咬紧牙关尽其所能外，实在也别无选择。"艾柯卡没有倒下去。他接受了一个新的挑战——应聘到濒临破产的克莱斯勒汽车公司出任总经理。当时，许多大公司诸如洛克希德、国际纸业公司等，都对他发出过邀请。但艾柯卡认为，54岁是个尴尬的年龄——退休太年轻，在别的行业里另起炉灶又太老，况且汽车的一切已经在他的血液里流动了。因此，他还是选择了汽车业这一老行当。艾柯卡，这位在世界第二大汽车公司当了8年总经理的人，凭他的智慧、胆识和魄力，大刀阔斧地对企业进行了整顿、改革，并向政府求援，舌战国会议员，取得了巨额贷款，重振企业雄风。

艾柯卡主持了K型车的制造计划，经历了艰难困苦之后，凭借着艾柯卡和他的团队的顽强意志终于成功了。K型车的推出，使克莱斯勒起死回生，使这家公司名副其实地成为在美国仅次于通用汽车公司、福特汽车公司的第三大汽车公司。1983年8月15日，艾柯卡把他生平仅见的面额高达8.1348亿多美元的支票，交给银行代表手里。至此，克莱斯勒还清了所有债务。而恰恰是5年前的这一天，亨利·福特开除了他。1984年，艾柯卡用他惯有的表情和手势，宣布克莱斯勒公司这一年盈利24亿美元——打破了公司历年纪录的总和。

人的意志力可以创造奇迹，它让你在痛苦之中也能品味人生的甘甜。古人讲："不知生，焉知死？"不知苦痛，怎能体会到快乐？痛苦就像一枚青青的橄榄，品尝后才知其甘甜，但这品尝需要意志来支撑！

意志力可以产生这样一种力量，一种自为地进行自我激励的力量，我们靠意志力激发自己、鼓励自己，自己激发自己的动机，充实动力源，使自己的精神振作起来。而这种自我激励又反过来培养了意志力，激发你成功的信心与欲望，从而使你具备一往无前的动力。

美国心理学家詹姆士的研究表明，一个没有受到自我激励的人，仅能发挥其能力的20%～30%，而当他受到这种激励时，其能力可以发挥出90%，相当于前者的3～4倍。可见，自我激励不仅对培养意志力，而且对开发潜能也大有影响。

在现代社会中，学会自我激励是很重要的，这是因为剧变的社会既为人们创造了大量的发展机会，也为人们设置了种种的"陷阱"。当人们处于顺境时，一般容易兴高采烈，甚至忘乎所以；而当人们陷于逆境时，往往不知所措、消极悲观。想干一番事业，干出一点成绩来，也许就会有许多意想不到的事情发生。挫折、打击会突然降临到你的头上，流言蜚语、造谣中伤会接踵而来，如果碰到一些很会要心计、玩权术的顶头上司，那么难堪的小鞋、莫名其妙的打击，就会一个接一个。此时，尤其需要自励，使自己保持一颗平常心，重新取得心理平衡，使精神振作起来，保持自己旺盛的斗志。

对于那些意志力不是很强，稍有一点儿"风吹草动"、稍稍遭到失败就无法忍受的人，特别需要使用自我激励这种辅助手段来培养意志力。我们必须首先学会正确认识自己。古人曰："君子不患人之不己知，患不自知也。"认识自己就是认识自己的长处和短处，不将长处当短处，不将短处当长处，决不护短，决不自己原谅自己。只有知道自己遭到失败、挫折的原因在哪儿，才会有的放矢地重新起步，也才有可能培养你的意志力。

认真反省是认识自我的一个关键。自我激励的重要因素是要自己看得起自己。有许多人有这样一个毛病：风平浪静时，自贵、自爱甚至自夸得不得了，一遇到问题，就妄自菲薄、自暴自弃、消极颓废，有时甚至还想用一些激化矛盾的方式进行对抗。为什么会这样？其实就是因为自己的内心过于自卑，过于自馁，认为自己这也不行那也不行，什么都干不了。因此一定要自尊，要采取切实措施自己帮助自己，这是自我激励得以实现的重要手段。也就是说，在遇到挫折失败之后，在认真吸取教训的基础上，重新设定奋斗目标，采取一些切实可行的措施，拟定可行性的计划，用一点一滴的成功来激励自己，用社会的承认来增强信心，脚踏实地，一步一步前进。只要你认真地抱着"我希望自己能成功"，或是"我希望自己成为首屈一指的人"这样的信念，你就一定能找到成功的方法，这就是"贾金斯法则"。

贾金斯博士说："睡眠之前留在脑海中的知识或意识，会成为潜意识，深刻地留在自己的脑海中，并可转化成行动力。"我们可将贾金斯法则应用在自我激励和意志力的培养上面。如果你认为自己的意志薄弱，那就对自己说："我一定可以加强自己的意志。"意志力的培养就是在生活的点滴中进行的。意志力产生自我激励的力量，自我激励培养锻炼了本身的意志力，通过这样的相互作用，一个人将获得强大的精神力量，面对任何困难都可笑看风云，从容应对。钢铁般的意志造就钢铁般的人生，钢铁般的人生才能奏出生命最强音。相信自己，超越命运，用你的意志去创造奇迹。

志向作为一种价值目标，它能够激发人们的意志和激情，产生一种强大的精神动力，激励人们以积极、主动、顽强的精神投身于生活、工作，只有有远大志向的人才能对人生抱有积极向上的进取。

——新浪网友风中凌乱

经历风雨

> 倘若没有梯子，就必须善于从自己的头上攀登，否则如何向上？从你的头上，越过你的心腑！现在你身上至柔的必须成为至刚的。爱惜自己的人最终要吃溺爱的苦果。值得赞美的是使人坚强的东西。
>
> ——尼采《查拉图斯特拉如是说》

据说，在鸟类中寿命最长的当属老鹰，它的寿命可达70岁。但是如果想活到70岁的话，它就必须在40岁的时候作出困难而重要的抉择。因为当老鹰40岁的时候，它的爪子开始老化，不能够牢牢地抓住猎物；它的喙会变得又长又弯，几乎能够碰到胸膛；它的翅膀也变得十分沉重，使它在飞翔时非常吃力。此时，它只有两种选择：要么等死；要么经历一次十分痛苦的过程来蜕变和更新，这样才能继续活下去。

这是一个漫长的过程，它需要150天的锤炼。

首先，老鹰必须得努力地飞到山顶，在悬崖的顶端筑巢。接下来要做的是用喙不断击打岩石，直到旧喙完全脱落，然后忍受饥饿，静静地等待新喙长出来。之后，还要经历更为痛苦的过程——用新长出来的喙把旧指甲一根一根地拔掉。当新指甲长出来以后，老鹰再把旧的羽毛一根一根地拔掉，等待长出新的羽毛。经过这一番锤炼，老鹰才能开始重新飞翔，从此得以再续三十年的岁月。

蓦然回首，人生的风风雨雨正渐渐地化为成功的足迹，人生的一个个不如意的叹号将变成完美的句号。人生与风雨，就像是形与影，只要不丧失信念，只要不放弃追求，雨后定会见彩虹。

学会及时总结得失，我们才会有个良好的心态面对生活反馈给人们的一切。学会及时总结得失，我们自己才会不断完善，一步一步迈向成功。

威廉·赛姆是美国著名投资大师。他的事业如日中天，在全球金融领域里，"威廉·赛姆"这几个字如雷贯耳。在一次十拿九稳的投资中，他由于分析错误而损失了一大笔资产。朋友与家人都对他很不满，可威廉·赛姆却异常沉着，将这次投资的整个分析过程一一回想，找到了其中产生错误的主要原因。紧接着，他又有了一次投资机会，家人与朋友都非常担心，害怕他不能从上一次的失败中解脱出来。但是威廉·赛姆本人毫不动摇，坚持要投资，并获得了成功。

在人漫长的一生中，谁也不能保证自己永远不犯错，但我们应该从错误中积累经验教训，而并非永远消沉。

有个渔人有着一流的捕鱼技术，被人们尊称为"渔王"。然而"渔王"年老的时候非常苦恼，因为他的三个儿子的渔技都很平庸。

于是他经常向人诉说心中的苦恼："我真不明白，我捕鱼的技术这么好，儿子们的技术为什么这么差？我从他们懂事起就传授捕鱼技术给他们，从最基本的东西教起，告诉他们怎样织网最容易捕捉到鱼，怎样划船最不会惊动鱼，怎样下网最容易请鱼入瓮。他们长大了，我又教他们怎样识潮汐，辨鱼汛……凡是我长年辛辛苦苦总结出来的经验，我都毫无保留地传授给了他们，可他们的捕鱼技术竟然赶不上技术比我差的渔民的儿子！"

一位路人听了他的诉说后，问："你一直手把手地教他们吗？"

"是的，为了让他们得到一流的捕鱼技术，我教得很仔细很耐心。"

"他们一直跟随着你吗？"

"是的，为了让他们少走弯路，我一直让他们跟着我学。"

路人说："这样说来，你的错误就很明显了。你只传授给了他们技术，却没传授给他们教训，对于才能来说，没有教训与没有经验一样，都不能使人成大器。"

"经营之神"松下幸之助从不向命运低头。九岁时，因为家境贫困，他不得不外出赚取生活费。他远赴大阪谋职，母亲为他准备好行囊，并送他到车站。临行前，母亲特地向同行的人诚恳地拜托："这个孩子要单独去大阪，请各位在旅途中多多关照。"母亲的背影给他留下了深刻的印象。松下幸之助到大阪后，在船场火盆店当学徒，开始了艰苦的谋生。小小年纪，远离亲人，他感到孤单无助，甚至丧失了生活的信心。有一次，店主叫住他，递给他一个五钱的白铜货币，说是薪水。他吃惊极了，他从来没有见过五钱的白铜货币，这对穷人家的孩子来说，是一个相当可观的数目。报酬激起了他工作的激情，也扬起了他奋斗的风帆。靠着不可思议的信念的支持，他变得更加坚强。他不辞辛苦地打杂，磨火盆，有时，一双手磨得皮破血流，连提水、打扫的活儿都干不了，但他咬牙挺了过来。渐渐地，松下幸之助掌握了自己的命运。

俄国作家列夫·托尔斯泰说："人生不是一种享乐,而是一桩十分沉重的工作。"人生不可能永远一帆风顺,人生旅程中,如同穿越崇山峻岭,时而风吹雨打,困顿难行;时而雨过天晴,鸟语花香。当苦难来临时,有的人自怨自艾,意志消沉,一蹶不振;而有的人则不屈不挠,与苦难作斗争,成为生活的强者。苦难是人生的必修课,强者视它为垫脚石。

道本连自己的名字都不会写,却在大阪的一所中学当了几十年的校工。尽管工资不多,但他很满足生活中的一切。就在他快要退休时,新上任的校长以不识字为由将他辞退了。道本恋恋不舍地离开了校园。像往常一样,他去为自己的晚餐买半磅香肠,但快到食品店门前时,他想起食品店已经关门多日了。而不巧的是,附近街区竟然没有第二家卖香肠的。忽然,一个念头在他脑海里闪过——为什么我不开一家专卖香肠的小店呢?于是,他拿出自己仅有的一点积蓄开了一家食品店,专门卖起香肠来。因为道本灵活多变的经营方式,十年后,他成了一家熟食加工公司的总裁,他的香肠连锁店遍及了大阪的大街小巷,颇有名气的道本香肠制作技术学校也应运而生。一天,当年辞退他的校长得知这位著名的董事长识字不多时,便十分敬佩地称赞他:"道本先生,您没有受过正规的学校教育,却拥有如此成功的事业,实在是太不可思议了。"道本诚恳地回答:"真感谢您当初辞退了我,让我摔了跟头,从那之后我才认识到自己还能干更多的事情。否则,我现在肯定还是一位靠一点儿退休金过日子的校工。"

能够克服困难,首先就向成功迈进了一大步。松下幸之助与道本的经历告诉我们,成功者首先是从困境中崛起的。困境可以锻炼一个人的品格,也可以激发一个人向上发展的勇气和潜力。在困境中,人们往往会想出办法来自救,无形之中反而促成了人生的辉煌。所以,人应该感谢苦难,感谢苦难中所孕育的成功。

如果幸福是人生的目标,那么,苦难就是人们达到这一目标必不可少的条件。要享受成功的快乐就必须承受痛苦和挫折。事实上,苦难往往是化了妆的幸福,人生从来没有真正的绝境,无论遭受多少艰辛与苦难,只要我们仍具有坚持信念的勇气,那么,总有一天,能走出困境,让生命重新开花结果。

在苦难来临时,我们应该不卑不亢,坚韧地活下去。在苦难中所承受的一切将会成为我们生命中重要的财富。

——网易网友独草孤花

31

塑造习惯

习惯会使我们的双手伶俐而头脑笨拙。

——尼采《快乐的科学》

狗家族出了一条很有志气、很有抱负的小狗，它向整个家族宣布：要去横穿大沙漠，所有的狗都跑来向它表示祝贺。在一片欢呼声中，这只小狗带足了食物、水，然后上路了。3天后，突然传来了小狗不幸牺牲的消息。

是什么原因使这只很有理想的小狗牺牲了呢？检查食物，还有很多；水不足吗？也不是，水壶还有水。后来，经过研究终于发现了小狗牺牲的秘密——小狗是被尿憋死的。

之所以被尿憋死是因为狗有一个习惯—— 一定要在树干旁撒尿。由于大沙漠中没有树，也没有电线杆，所以可怜的小狗一直憋了3天，终于被憋死了。

狗是如此，人呢？

狗是习惯的动物，同样人也是习惯的动物，习惯中的高级动物。

一个人的行为方式、生活习惯是多年养成的。比如，与人交往的形式、与人沟通的方式、与人相处的模式……都是多年习惯累积慢慢成型的。孔子在《论语》中提到："性相近，习相远也。""少小若无性，习惯成自然。"意思是说，人的本性是很接近的，但由于习惯不同便相去甚远。小时候培养的品格就好像是天生就有的，长期养成的习惯就好像完全出于自然。

一句俗话说："贫穷是一种习惯，富有也是一种习惯；失败是一种习惯，成功也是一种习惯。"如果你重视观念和思考，那么，你对此可能会有一些同感。

习惯也称为惯性，是宇宙共同的法则，具有无法阻挡的力量。"冬天来了，春天还会远吗？"这就是无法阻挡的一股力量；苹果离开树枝必然往下掉，同样是无法阻挡的一股力量。

我们可以对"习惯"下这样一个定义：所谓的"习惯"，就是人和动物对于某种刺激的"固定性反应"，这是相同的场合和反应反复出现的结果。所以，如果一个人反复练习饭前洗手的话，那么这个行为就会融合到他更为广泛的行为中去，成为"爱清洁"的习惯。

习惯是某种刺激反复出现，个体对之作出固定性反应，久而久之形成的类似于条件反射的某种规律性活动。它包括生理和心理两方面，即能够直接观察及测量的外显活动和间接推知的内在心路历程——意识及潜意识历程。而且，心理上的习惯，即思维定势一旦形成，则更具持久性和稳定性，在更广泛的基础上，就成了性格特征。

美国著名的心理学家威廉·詹姆士说："播种行为，收获习惯；播种习惯，收获性格；播种性格，收获命运。"一种好习惯可以成就人的一生，一种坏习惯也可以葬送人的一生。

试想，一个爱睡懒觉、生活懒散又没有规律的人，他怎么约束自己勤奋工作？一个不爱阅读、不关心身外世界的人，他能有怎样的胸襟和见识？一个自以为是、目中无人的人，他如何去和别人合作、沟通？一个杂乱无章、思维混乱的人，他做起事来的效率会有多高？一个不爱独立思考、人云亦云的人，他能有多大的智慧和判断能力？

习惯是人生成败的关键。事实上，成功者与失败者之间唯一的差别就在于他们拥有不一样的习惯。好习惯实际上是好方法——思想的方法、做事的方法。培养好习惯，即是在寻找一种成功的方法。而一个人的坏习惯越多，离成功就越远。

为什么很多成功人士敢扬言即使现在一败涂地也能很快东山再起？也许就是因为习惯的力量：他们养成的某种习惯锻造了他们的性格，而性格铸就了他们的成功。

人类所有优点都要变成习惯才有价值，即使像"爱"这样一个永恒的主题，也必须通过不断的修炼，变成好的习惯，才能化为真正的行动。

很多好的观念、原则，我们"知道"是一回事，但知道了是否能"做到"是另一回事。这中间必须架起一座桥梁，这座桥梁便是习惯。

那么习惯的价值到底有多大呢？美国科学家曾发现，一个习惯的养成需要21天的时间，如果真是如此，从效率角度分析，习惯应该是投入产出比最高的了，因为你一旦养成某个好习惯，就意味着你将终身享用它带来的好处。

正如安东尼·罗宾所说："事实上，成功与失败的最大分野，来自不同的习惯。好习惯是开启成功之门的钥匙，坏习惯则是一扇向失败敞开的门。"

那么，我们该如何养成好的习惯呢？主要有两点需要我们注意：一靠制度约束，二靠自己的努力和决心。

在养成好习惯、去除坏习惯的初期，必须靠制度的强制作用进行约束。

每个人饭前、便后洗手的好习惯不是与生俱来的，这种习惯是经过父母或他人的无数次强制和纠正才得以养成。新加坡素有"花园城市"的美名，市民的自律习惯更是让人称叹，但你可知道，当时这些习惯的培养甚至动用了警察、监狱等国家机器来强制。所以，"好习惯出自强制"是个不折不扣的真理。

好习惯的养成，除了靠制度的约束、教育的陶冶外，还要依靠自己的决心和勇气。这又不得不归结于文化了。在一个积极向上的文化氛围中，你总睡懒觉，于心何安？在一个团结合作的文化氛围中，你总自以为是、目空一切，如何立足？在一个开拓创新的文化氛围中，你总趋炎附势、人云亦云，怎么发展？所以，文化是一种更为强大的自然整合力，超越了制度的强制力、超越了习惯的恋旧性，它强大得无需再强调或者强制，它不知不觉地影响着每个人的心理和精神，从而最终成为一种自觉的群体意识。

当然，任何一种习惯的培养都不是轻而易举的，因此一定要依照循序渐进、由浅入深、由近及远、由渐变到突变的原则。

古希腊伟大的哲学家柏拉图告诫一个游荡的青年说："人是习惯的奴隶，一种习惯养成后，就再也无法改变过来。"那个青年回答："逢场作戏有什么关系呢？"这位哲学家立刻正色说道："不然，一件事一经尝试，就会逐渐成为习惯，那就不是小事啦！"这实在是真理。

意大利诗人但丁曾说："熊熊烈焰起于星星之火。"老子在《道德经》中亦云："九层之台，起于累土；千里之行，始于足下。"

习惯的养成就是通过一再地重复，由细线变成粗线，再变成绳索的过程。每一次我们重复相同的行为，就增加并强化它，绳索又变成缆绳，再变成了链子，最终，就成了根深蒂固的习惯，把我们的思想与行为缠得死死的。

习惯充满我们的整个生活。一天的生活中几点起床、就寝，是一种习惯；穿衣的姿势、颜色的喜好，是一种习惯；甚至我们怎么吃、怎么做事，都是习惯在起主导作用。

英国桂冠诗人德莱敦在300多年前就曾说过："首先我们养成了习惯，随后习惯养成了我们。"我们之所以有今天，乃是习惯造成的，如果我们要想有跟以前截然不同的人生，那就要有巨大的改变。而唯一之途，便是换个完全不同的行为模式，即改变你的很多坏习惯。

查尔斯·谢灵顿博士是脑生理学方面的专家，他坚持认为"在学习过程中，神经细胞的活动模式与磁带录音相类似"。每当我们记忆起以往的经历时，这个模式便重新展示起来。如果你对失败习以为常，你将易于接受失败的习惯感情，这种感情色彩将在你所做的一切事情中留下烙印。同样，如果你能建立起一个成功的模式，你便能够激励起胜利的感情色彩。从这个意义上说，改变我们的习惯，也就改变我们命运的走向。我们是习惯的动物。心理学家相信，人类95%的行为是通过习惯养成的。

坏的习惯，就像一条有太多孔洞的破船，任你想尽方法，也无法阻止它往下沉，那么何不趁早弃船逃生，即改掉坏习惯呢？而改掉坏习惯的最有效方法就是：用好习惯来取代它。

你一定要坚信：掌握了好习惯，就掌握了迈向成功的命运。那么，从现在起我们就要开始行动，就要下定决心改掉这些坏习惯。

行为主义学派认为坏习惯是由偏差行为一再重复而形成的较为固定的行为模式。偏差行为到底有哪些？体现在我们俗称的"习惯"上，即坏习惯到底有哪些？这些坏习惯随学者的看法不同而有差异。若从行为的性质而言，则表现为不适宜行为，即不符合时间、地点及身份的行为，对自己的身心健康和发展造成损害，或困扰而妨害他人生活、与环境形成冲突的行为。

同时，行为主义者也认为，一个人出现偏差行为，即"坏习惯"，并不是因为他中了什么邪，只要用一些符咒把附在他身上的恶魔除掉就好了，也不是有什么病原体在他身上作祟，吃一贴灵丹仙药就可以解决，更不是因为在童年时候遇到什么不幸的事件，而造成日后产生心理障碍的一种症状。它的产生源于外界对这个行为的反应。甚至，行为学派学者仍强调，假若偏差行为发生带来周围的赞许，或者不遭到排斥，则行为便会再度得到强化，如此重复多次之后，它就会固定为习惯。反之，假若偏差行为发生带来坏的结果，或徒劳无功，则行为便会减弱，如此重复多次之后，它不再出现，从个人行为中消失。这些即所谓的反馈原理的应用。

个体行为就本质而言并非固定不变，而是因受身心发展及客观情境影响，随时在变化。学习是公认的最重要的一种改变行为、塑造行为，以及养成习惯的方法。

由此我们可以确定一点，利用增强原理，通过某些方式的"学习"，我们可以矫正偏差行为，消除坏习惯。而削弱、隔离、惩罚是较有成效的消除坏习惯的方法。附带说明一点，习惯的矫正和培养越是从小做起，阻力就越小，幼儿时期是行为塑造的黄金时期，而这个时候习惯的塑造也因为阻力小而变得简单易行。

有一位女子，出身于一个平常的家庭，做着一份平常的工作，嫁了一个平常的丈夫，有一个平常的家。总之，她十分的平常。

忽然有一天，报纸大张旗鼓地招聘一名特型演员，演王妃。她的一位好心朋友替她寄去一张应聘照片，没想到，这个平常女子从此开始了她的"王妃"生涯。

她阅读了许多有关王妃的书，她细心揣摩王妃的每一缕心事，她一再重复王妃的一颦一笑、一言一行……

不像，不像，这不像，那也不像。导演、摄影师无比挑剔，一次又一次让她重来……

后来，这位平常女子已能驾轻就熟地扮演"王妃"了，进入角色已无需费多少时间。但糟糕的是，她要想恢复到那个平常的自己却非常困难，有时要整整折腾一个晚上。每天早晨醒来，她必须一再提醒自己"我是谁"，以防止毫无来由地对人颐指气使；在与善良的丈夫和活泼的女儿相处时，她必须一再告诫自己"我是谁"，以避免莫名其妙地对他们喜怒无常。

平常女子深有感触地对别人说："一个享受过优厚待遇和至高尊崇的人，恢复平常实在是太难了。"说这话时，她仍然像个"王妃"。

好的习惯，对每个人来说都是有益的，好习惯可能还会改变一个人的一生；坏的习惯，对每个人来说都是没有益处的，有时一个坏习惯可能会毁了一个人的一生。习惯一旦养成，想改变起来会变得很难。在日常生活和工作中，我们要养成好的习惯，而且不要让某些不得已养成的不好的习惯影响我们。这些对我们来说是非常重要的。

今天的你是你过去习惯的结果，今天的习惯，将是你明天的命运。

——腾讯网友新不了情

发挥意志的力量

不畏挫折

哪有生命，哪里便有意志，但不是生存意志，而是强力意志。

——尼采《查拉图斯特拉如是说》

遇事沉着冷静，是遭遇挫折时必备的态度。因为只有沉着冷静，才能使头脑清晰，正确地分析客观情况，才会找到解决问题的方法。所谓"临危不乱"、"处变不惊"说的正是处事要沉着冷静这一智慧。

楚汉战争当中有这么一件事情，就是两军处于对峙状态的时候，项羽攻刘邦久攻不下，于是项羽就在阵营前架起了一口大锅，把刘邦的父亲五花大绑推到了前面，然后喊话："刘邦，你再不投降，我就把你爸下油锅了"。刘邦怎么说呢？他说项老弟，别忘了，我们两个在怀王手下的时候曾约为兄弟，咱俩既然是兄弟，我爸就是你爸，你要是打算把咱们的爸爸煮了，别忘了给哥哥留碗肉汤喝。项羽没办法，下不了手。实际上项羽这个时候已经出了一个下策，因为你跟人家打仗你打不过人家，你把人家的爸爸放到锅里去煮，这是种流氓手段。而项羽是一个贵族，贵族使用流氓手段这就是下策。何况你的对手是个流氓，你贵族使流氓手段来对付流氓，你对付得了吗？所以我想当时的这个情况，一定是项羽一肚子窝囊气，刘邦一脸的嬉皮笑脸，我是流氓我怕谁，心理上你没有战胜人家。

这其实就是一场心理战，刘邦在项羽要把他爸下油锅的时候沉着冷静，不慌不忙地对付，这是成大事者应有的素质。

还有一次，也是在楚汉相争的时候，由于其他的诸侯王乘楚汉相争的混乱局面，也纷纷闹起了独立，而且这些诸侯王朝秦暮楚，都是墙头草，风吹两边倒，一会儿倒向刘邦，一会儿倒向项羽，一会儿又倒向刘邦，一会儿又倒向项羽，这样一来，刘邦和项羽两个势力就在中原大地展开了拉锯战，一会儿这边胜，一会儿那边胜，这样一直打到汉四年，楚汉两军处于胶着状态。因为这个时候，主战场上就是刘邦的团队和项羽的团队在对峙，其他那些人在观望，这个时候刘邦派出韩信带领自己的军队进攻齐国，把齐国拿了下来。这时候项羽的粮食已经不够了，项羽就出来跟刘邦说，刘邦，天下战事频繁，战乱不已，不就是因为我们两个吗？不就是我们两个都要当老大吗？那么这一场弄得天下百姓都不得安宁的战争不就是你我两个男人之间的事吗？你如果是个男人的话，你出来，我们两个决斗，不要把大家都拖进去。

刘邦知道项羽"力拔山兮气盖世"，力能扛鼎，他们两个要是决斗的话，项羽一巴掌就把刘邦的脑袋给拍下来了，怎么能够决斗。于是刘邦就笑着对项羽说，我这个人喜欢斗智，不喜欢斗勇，你也不要太嚣张，我刘邦来征讨你，那是正义之师，因为你犯下十项大罪，然后一条一条开始数。项羽哪受得了这个，勃然大怒，拔起弓箭，一箭射过去了，正中刘邦的前胸。刘邦中箭以后，本能地弯下了腰，一弯腰手就扶住了脚，然后他大喊了一声：臭小子，你射了我的脚。实际上是射到他的胸了，正是刘邦"临危不乱"、"处变不惊"稳定了军心。否则军心大乱，后果不堪设想。

现实生活中，大到治国安邦，中到各种战争，竞技比赛，小到个人处事决策，沉着冷静——都是决胜千里的不二法宝。因为只有沉着冷静，才能使头脑清晰，正确地分析客观情况，找到解决问题的方法。《三国演义》中，诸葛亮的"空城计"正是于大危之时，凭着超然的冷静，演绎了沉着冷静，得以"静"握胜券的千古佳话。

一有钱人到乡下收田租时，不慎将心爱的怀表丢失，于是心急如焚，佃农及村里人翻遍了谷仓，也未能找到，而一个有心的村民在众人散去、夜深人静时，静静地坐在谷仓一处，循着怀表的声音寻找到了它，并得到有钱人的奖赏。

沉着冷静，是每一个身处逆境中的人所必须具备的最重要的生存智慧。每逢遭遇不幸，当事者最初都会倍感痛苦焦虑不安，然而，有人会因此一蹶不振，悲天抢地，甚至自暴自弃；而沉着冷静者，会收拾起滴血的脆弱，冷静审视自身的不幸，转换看待命运的角度，重振旗鼓，再燃生命的热情，选择坚强地活着。

其实，沉着冷静对顺境中的人、对成功者来说何尝不是同样重要？每逢成功时，鲜花、掌声、荣誉纷沓而至，有的人在鲜花美酒、掌声赞誉面前倒下了，从此与成功无缘；相反，有些人，面对成功，保持坦然的心境，沉着冷静地看待一时的小有成就，而不断地追求下一次的成功。诚如巴西球王贝利，当记者问到他对成功射进的一千个球中，哪一个最满意时，贝利说："下一个！"成功者面对成功时是何等的冷静。

在众人皆乱时独"静"，因而在众人皆散后独"胜"。在竞争激烈、瞬息万变的当今社会中，我们更要时刻保持冷静的头脑，才能"静"操胜券。

有这样一个有趣的故事：

一个女儿对父亲抱怨她的生活，她不知该如何应付生活，想要自暴自弃了。

她的父亲把她带进厨房。父亲往一只锅里放些胡萝卜，第二只锅里放入鸡蛋，最后一只锅里放入碾成粉状的咖啡豆，他将它们浸入开水中煮。

女儿不耐烦地等待着，纳闷父亲在做什么。大约20分钟后，父亲把火闭了，把胡萝卜捞出来放入一个碗内，把鸡蛋捞出来放入另一个碗中，然后又把咖啡舀到一个杯子里。转过身问女儿："亲爱的，你看见什么？""胡萝卜、鸡蛋、咖啡。"她回答。

他让女儿靠近些并让她用手摸摸胡萝卜。她注意到它们变软了。父亲又让女儿拿一只鸡蛋并打破它。将壳剥掉后，她看到的是只煮熟的鸡蛋。最后，他让她啜饮咖啡。她品尝到香浓的咖啡，女儿问道："父亲，这意味着什么？"

父亲解释说，这3样东西面临同样的逆境——煮沸的开水，但其反应各不相同。胡萝卜入锅之前是强壮的，毫不示弱，但进入开水后，它变软了，变弱了。鸡蛋原来是易碎的，它薄薄的外壳保护着它呈液体的内脏，但是经开水一煮，它的内脏变硬了。而粉状咖啡豆则很独特，进入沸水后，它们倒改变了水。"哪个是你呢？"他问女儿，"当逆境找上门时，该如何反应，是选择做胡萝卜、鸡蛋，还是咖啡豆？"

这是一则耐人寻味的小故事。面对逆境，犹太人是如何反应的呢？

犹太教的信念告诉他们："只要不断地保持希望的灯火，就不怕忍受黑暗。"黑暗过去就是光明，这是他们存活下来的希望，因此无论环境多么恶劣，他们都不会绝望。只要还有一息尚存，就要忍耐着生存下去。

"人的眼睛是由黑白两部分组成的，但是为什么只能透过其黑暗的部分看东西？因为人必须通过黑暗，才能看到光明。"人生也是从苦难和黑暗开始，最后才到达幸福和光明的境地。不要害怕痛苦，因为一个人只有痛苦到了极点，才能品尝到甜美的果实。这些都是《塔木德》告诉他们的。

犹太人的意识里面永远充满了痛苦的观念和深深的忧患。

当他们被生下来的时候，大家不是为他的降临人世而高兴，而是为他而哭泣。犹太箴言是这样解释的："孩子出生时我们觉得高兴，有人去世时我们感到悲伤。其实应该反过来才对。因为孩子出生时不知今后的命运如何，而人死之时一切功业已盖棺论定。"犹太的先知们认为人的一生分为6个阶段：

1岁时是国王——家人像扶持国王一样扶持他，对他的关心无微不至；

2岁的时候是头小猪——喜欢在泥巴里面玩耍；

18岁的时候是小羊——无忧无虑地欢笑、跳跃；

结婚时是驴子——背负着家庭的重担，低头缓行；

中年时是狗——为了养家糊口，不得不摇尾奉承，乞求他人；

老迈时是猴——行为和孩童无异，然而再没有人去关心他了。

纵观人的一生，犹太人认为困难和不如意占十之七八，而幸福和快乐只占人生命运的十之二三。既然这样，也就不必惧怕痛苦和人生的失意。

来看这样一个真实的故事：

德国纳粹占领东欧的时候，对犹太人监控得非常严格。在一个小镇上，有个犹太家庭，全家五口躲在一间仓库的小阁楼上。

每当纳粹巡逻队或不怀好意的市民走进仓库，他们全家人都得屏声敛气，一点儿声音都不敢弄出来。时间一长，他们学会了比手画脚，完全以动作来交换思想，传达感情。

为了生存，父母和叔叔要轮流外出寻找食物和水。三个月后的一天，母亲外出觅食未归，关心他们的市民说："你们的母亲被德国兵抓住了。"过了两个月，父亲又一去不返。半年后，叔叔刚出门不久，两个孩子就听到一声枪响。

三个大人相继死后，寻找食物的重担就落在了姐姐的肩上。每当仓库附近有风吹草动的声音，姐姐就掩住弟弟的嘴巴。姐弟俩相依为命。一个多月后姐姐又没有回来。从此以后，凡听到异样声响，弟弟只有自己掩住嘴巴。最后，弟弟终于幸存了下来。

彩虹是希望的象征，每经历一场暴风雨后，天空便架起美丽的彩虹。黑暗过后必是光明——这是犹太人存活下来的信念，也是如今世界上仍有许多犹太人留存下来的真正原因。他们永不绝望，只要一息尚存，就要为希望而忍耐。

对犹太商人而言，忍耐就意味着在困境中奋斗，于艰难中勃发。成为大富翁的犹太人，几乎都是由赤贫发家的。投资家乔治·索罗斯从匈牙利到美国时还一文不名，英特尔总裁安迪·格鲁夫是从匈牙利空手移民过来的，罗斯柴尔德也是在父母很早过世身无分文的情况下起步的。犹太人中大部分成功人士都是白手起家的，而且都经历了诸多磨难。但他们都隐忍不发，为以后的崛起蓄养了巨大的力量。

有这样一个实验：科学家烧开一锅油，把一只青蛙放在滚热的油锅旁边，那只青蛙在快到油面的时候，竟然跳离了油锅；然而，把这只青蛙放进注满水的锅里，下面放火去煮。这只青蛙开始还觉得温热，后来水越来越热，它却离不开锅里，最后被水煮死。

犹太人就像那只快到油锅的青蛙，他们时刻充满了危机意识，在任何情况下都保持着警惕。许多犹太人的一生经历了许多痛苦和苦难，因此，当他们有了安定的生活的时候，他们是不会忘记曾经受过的苦难的。

犹太人考夫曼能成为股市"神人"，是他顽强忍耐奋斗的结果。他1937年出生于德国，因遭受纳粹的迫害，1946年随父母逃到美国定居。他刚到美国时不懂英语，但他很有耐性，不怕别人嘲笑，大胆地与美国小朋友交谈，从中学习英语。他还利用课余时间补习英语，吃饭时和走路时也背诵英语词句。半年时间过去了，他能熟练地讲英语了。他家境不佳，却以半工半读形式读完了大学，并获得了学士、硕士和博士学位。在工作中，他不辞劳苦，从银行的最底层做起，直至成为世界闻名的所罗门兄弟证券公司主要合伙人，以至首席经济专家和股票、债券研究部负责人。他对股市料势如神，成为美国证券市场的权威之一。

巴拉尼是生于奥地利维也纳的犹太人，他年幼患了骨结核病，由于家贫无法医治，使他的膝关节永久性僵硬，行走不得。但他没有灰心丧志，反而艰苦奋斗，刻苦攻读，终于在医学上取得了惊人的成就，除了荣获奥地利皇家授予的爵位外，1914年还获得了诺贝尔生理学及医学奖金，他一生发表了184篇很有价值的科研论文。"世上无难事，只怕有心人。"忍耐是成功的信心表现。成功之途是崎岖曲折的。成功者的特长之一，是善于处理前进中的障碍，有坚忍不拔的忍耐性。"成功者是踏着失败而前进的"。

犹太人贝弗里奇说："人们最好的工作往往是在处于逆境的情况下做出的。思想上的压力，甚至肉体上的痛苦都可能成为精神上的兴奋剂。"人们可以把逆境当成动力，激励自己顽强地奋斗，去争取幸福。

犹太人告诫人们，挫折是在所难免的，重要的不是绝对避免挫折，而是要在挫折面前采取积极进取的态度。挫折乃至失败并不可怕。可怕的是因为挫折和失败而失望，放弃追求。这时必须采取积极的态度，以应付遇到的意料之中或意想不到的挫折，但绝不能因此而放弃对幸福的追求。聪明的做法应当是，审视自己所受的挫折甚至失败，使挫折成为成功的阶梯。

忍耐是逆商的基本体现，逆境是成功的一种回响。爱迪生成功发明电灯泡，其发明过程失败了起码三千多次。后来记者访问他失败了三千多次有何感想。他回答说："我一次也没有失败过，因发明电灯泡总共需要三千多个步骤。同时我成功地发现了三千多个没有效果的方法。"

爱迪生和许许多多的发明家为什么有超乎常人的忍耐力？对于每一次失败的经验，他们都看成为一种"响应"，这种"响应"告诉他们应该怎样尝试不同的方法。在他们的信念系统里，他们坚信通过这样的回馈机制，他们总有一天会成功。

《塔木德》里说："有10个烦恼比仅有1个烦恼好得多。"因为有10个烦恼的人不会再惧怕烦恼，而拥有1个烦恼的人会觉得整天都很烦恼。

这就是犹太人的人生观。痛苦，才是人生之路。人生是痛苦的，没有经历过痛苦的人生是不存在的，人生的大部分时间要经受痛苦。人在这个世界上就是为了人生的某个目标而痛苦、努力地生活的，直到人死了，痛苦的努力才算结束。

苦难和痛苦充满了犹太人的一生。他们经历了最惨绝人寰的屠杀，经历了被驱逐，压迫。他们走到哪里，欺凌和侮辱就跟随他们到哪里。他们四处流浪，衣食没有着落。

经历了这一切之后，他们已经不怕任何苦难了。再大的苦难他们已经丝毫不觉得难以忍受了。为了生存，他们已经受尽了人间的一切苦难；为了生存，世界上已经没有什么是他们不能做、不敢做的事情了。因此，只要环境相对稳定下来，他们千百年的忍耐与顽强就像火山一样爆发出来，做出让世人称羡的成就。

犹太民族正是凭借着这种生存意志和聪明才智，在各大洲之间辗转迁移。犹太人对苦难的忍耐力是罕见的，他们就像弹簧一样对压力有着极大的韧性。他们认为只有饱尝苦难和贫穷的人，才能在商场上有所作为，从而摘取生活甜美的果实。

犹太人从《圣经》所讲述的故事的时候开始，就遭受无尽的迫害，一部犹太人的历史简直就是他们遭受迫害的历史。而这也造就了他们坚忍不拔的性格。

1822年的冬天，庄严肃穆的音乐大厅里正在演出歌剧《费德里奥》，许多名门贵族观看了这场演出。但在歌剧进行到一半的时候，观众发现乐队、歌手无法协调，而指挥却毫无察觉，仍在台上竭力指挥着。

观众终于忍无可忍了，他们在台下窃窃私语。指挥发现了，他让乐队、歌手重来，但情况更糟。有人在喊："让指挥下台。"指挥已听不到观众在说什么，但是从他们的神情中，他读懂了现实情况。他从台上下来，流泪了。在世界音乐史上，这是一个值得纪念的日子——伟大的音乐天才贝多芬在这一天完全失聪了。

所有人都预感到他不会再在音乐上有所发展了，但是两年后，也就是1824年，贝多芬的《第九交响曲》在维也纳上演。这首曲子是他在失聪的情况下写成的，继而在厄运不断的打击下，贝多芬完成了世界音乐史上辉煌的篇章。

贝多芬长得很丑，他的脸上还经常长一种疮，一直无法治愈，爱情也迟迟不肯垂青他，他唯一的依靠就是音乐。音乐成了他的生命，他对音乐已没有了任何功利的向往。

在维也纳演奏《第九交响曲》时，他听不到乐队的任何声响；演奏结束，观众爆发出了热烈的掌声，他仍听不到。

当主持人把他引向舞台中间时，他还没弄明白这是为什么。但这是很多音乐人修炼一辈子都无法达到的境界。挫折是人生的必含内容。人一旦遇到挫折，常常会面临着两个结果，不是在挫折中被打退，就是在挫折中更加坚强。其实，人的某些潜能，往往由于挫折和苦难的到来，才会得到提高。挫折可以促使一个人发愤图强，甚至能超越生命的极限。

有个小女孩到迪斯尼乐园游玩时，巧遇迪斯尼乐园的创办人沃尔特·迪斯尼，小女孩问他："那些可爱的卡通人物，都是你创造出来的吗？"

沃尔特·迪斯尼笑着回答："当然不是我，那是由许多工作人员合作创造出来的！"

小女孩又问："那么，那些有趣的故事情节，是你写出来的吗？"

沃尔特·迪斯尼还是笑着回答："当然不是，那是聪明的制作人员绞尽脑汁想出来的啊！"

小女孩看着眼前这位和蔼的老头，继续问："那你在这里做什么？"

沃尔特·迪斯尼丝毫不以为然，大笑："我就像小蜜蜂四处采集花蜜一样，到处搜集一些好笑的事情，来给这些工作人员和制作人员作为参考的素材呀！"

沃尔特·迪斯尼小的时候，很喜欢阅读笑话，他时常试着把看来或听到的笑话，写在小纸片上，和同学朋友分享。

同样，沃尔特·迪斯尼也会将这些写着小纸片的笑话，拿给爸爸妈妈看，希望能博得他们的一笑。往往当小沃尔特把笑话拿给妈妈看时，妈妈总是会笑不可抑地称赞他写得非常好。而当小沃尔特把他所写的笑话拿给严肃的爸爸看时，爸爸总是板着脸，摇头训诫他，说："这一点儿也不好笑！"

满怀希望的小沃尔特，每逢遇上父亲大桶浇下的冷水，总会感到十分沮丧，幸而有妈妈在一旁，她总会鼓励他，告诉小沃尔特，只要再做小部分的修改，或者换几个词儿，就能更好。

经过妈妈的鼓励，小沃尔特便更用心地去改良他的笑话，甚至再搜集更多的笑话，一直到连严肃的爸爸看了他的笑话卡片，都露出满意的笑容为止。

沃尔特·迪斯尼将父亲给他的挫折，化作自己成长的垫脚石。他从幼年便懂得藐视自己所受的沮丧，而致力将快乐带给周围所有的人们。经过岁月的验证，沃尔特·迪斯尼真的办到了，他带给了全球的小朋友无限的欢乐与梦想。

在走向梦想的道路中，我们常常会遭到来自外界的一些打击。这时，不要气馁，我们要学会藐视对自己不利的打击，让挫折化为我们前行的动力和走向成功的垫脚石。坚持自己的梦想就是希望，积极进取则是成功最有力的保障。

有个商人因为经营不善而欠下一大笔债务，由于无力偿还，在债权人频频催讨下，精神几乎快崩溃了，他因此萌生了结束生命的念头。

苦闷至极的他，有一天独自来到亲戚的农庄拜访，心里打算在仅有的时间里，享受最后的恬静生活。当时，正值八月瓜熟时节，田里飘出的阵阵瓜香吸引了他。守着瓜田的老人看见他到来，便热情地摘了几个瓜果，请他品尝。不过，心情仍然低落的他，一点儿享用的心情也没有，但是又无法拒绝老人家的好意，便礼貌地吃了半个，并随口赞美了几句。

然而，老人家听到赞扬，却非常喜悦，只见他开始滔滔不绝地诉说着自己种植瓜果所付出的心血与辛苦。老人家仔细地诉说种瓜的过程："四月播种，五月锄草，六月除虫，七月守护……"原来，他大半生都与瓜秧相伴，流了不少汗水，也流过许多泪水。曾经在瓜苗出土时，便遭遇旱灾，但是为了让瓜苗得以成长，老人家即使每天来回挑水也不觉得辛苦。

又有一年，就在收获前，一场冰雹来袭，打碎了他的丰收梦。还有一年金黄花朵开得相当茂盛，然而，一场洪水却让这一切都泡汤了……

老人坚强地说："人和老天爷打交道，少不了要吃些苦头或受气，但是，只要你能低下头，咬紧牙，挺一挺也就过去了。因为，最后瓜果收获时，仍然全部都是我们的。"老人指着缠绕树身的藤蔓，对着心事重重的商人说："你看，这藤蔓虽然活得轻松，但是它却一辈子都无法抬头呢！只要风一吹，它就弯了，因为它不愿靠自己的力量活下去。"

这番话让商人忽然醒悟了过来，他吃完手中剩下的半个瓜果，在瓜棚下的椅子上放了100元，以示感激，次日便踏着坚毅的步履离开了农庄。

五年后，他不仅还清了所有的债务，而且重新崛起，成为了一个现代化企业的领头人。

挫折与打击，对一个正在创业或奋斗的人来说，可谓是雪上加霜，如果意志不够坚强的话，很有可能会被击垮。在这个时候，应该知道这样一个道理：世上没有一个人是随随便便就能成功的。面对打击不退缩，总有一天会迎来累累硕果。

美国著名电台广播员莎莉·拉菲尔，在她30年职业生涯中，曾经被辞退18次，可是她每次都放眼最高处，确立更远大的目标。最初由于美国大部分的无线电台认为女性不能吸引观众，没有一家电台愿意雇用她。她好不容易在纽约的一家电台谋求到一份差事，不久又遭辞退，说她跟不上时代。

莎莉并没有因此而灰心丧气。她总结了失败的教训之后，又向国家广播公司电台推销她的清谈节目构想。电台勉强答应了，但提出要她先在政治台主持节目。

"我对政治所知不多,恐怕很难成功。"她也一度犹豫,但坚定的信心促使她大胆去尝试。她对广播早已轻车熟路了,于是她利用自己的长处和平易近人的作风,大谈即将到来的7月4日国庆节对她自己有何种意义,还请观众打电话来畅谈他们的感受。听众立刻对这个节目产生兴趣,她也因此而一举成名了。

后来,莎莉·拉菲尔成为了自办电视节目的主持人,曾两度获得重要的主持人奖项。她说:"我被人辞退18次,本来会被这些厄运吓退,做不成我想做的事情。结果相反,我让它们鞭策我勇往直前。"

谁的一生都不会一帆风顺,都难免会遭受挫折和厄运。成功者和失败者非常重要的一个区别就是:失败者总是把厄运当成失败,从而使每次厄运都能够深深打击他追求胜利的勇气;成功者则在厄运面前不退缩,并把厄运当成一种前进的动力。不要被厄运所吓倒,要知道,厄运是通往幸运的必经之路。

人生的道路上难免遇到挫折,眼前的路永远是弯路多,直路少。
我们只有不畏挫折,积极进取,才会成为生活的强者。
——腾讯网友仅此而已

拥有梦想

你们不是雄鹰,故不能体验思想惊恐的幸福。不是雄鹰就别在悬崖栖身。

——尼采《查拉图斯特拉如是说》

一个叫布罗迪的英国教师,在整理旧物时,发现了一叠练习册,里面是皮特金幼儿园B(2)班31个孩子的春季作文,题目叫:未来我是……他本以为那些簿子在德军空袭伦敦时,早被炸飞了,没想到,它们竟安然地躺在自己家里,并且一躺就是50年。布罗迪顺便翻了几本,很快被孩子们千奇百怪的自我设计迷住了。比如有个叫彼得的小家伙说，未来的他是海军大臣，因为有一次他在海中游泳，喝了3升海水，都没被淹死；还有一个说，自己将来必定是法国的总统，因为他能背出25座法国城市的名字，而同班的其他同学最多也只能背出7座；最让人称奇的，是一个叫戴维的小盲童，他认为，将来他必定是英国的一个内阁大臣，因为在英国还没有一个盲人进入过内阁……31个孩子都在作文中描绘了自己的未来。有想当驯狗师的，有想当领航员的，有想做王妃的，总之是五花八门，应有尽有。布罗迪读着那些作文，突然有一种冲动——何不把这些本子重新发到同学们手中，让他们看看现在的自己是否实现了50年前的梦想？当地一家报纸得知他这一想法，特地为他发了一则启事。没几天，书信向布罗迪飞来。他们中间有商人、学者及政府官员，更多的是没有什么地位的，他们都表示，很想知道儿时的梦想，并且很想得到自己的那本作文簿。布罗迪按地址一一给他们寄去。一年后，布罗迪身边仅剩下一本作文簿没人索要。他想，这个叫戴维的人也许死了。毕竟50年了，50年间是什么事都会发生的。就在布罗迪准备把这本本子送给一家私人收藏馆时，他收到内阁教育大臣布伦克特的一封信。他在信中说，他就是那个叫戴维的人，并感谢老师还为他们保存着儿时的梦想。不过他已经不需要那个本子了，因为从那时起，他就把自己的梦想一直存放在脑子里了，从来没有放弃过。50年过去了，可以说他已经实现了那个梦想。最后，布伦克特通过那封信告诉他其他的30位同学，只要不让年轻时的梦想随岁月飘逝，成功总有一天会出现在你的面前。

怎样成为自己的主人呢？很简单，千万别放弃自己的梦想，假如你能把3岁时想当总统的愿望保持50年，那么你现在可能已经是总统了。

日本连环漫画及电视卡通的创始人——手冢治虫，在他43年的创作生涯里共画了约15万张漫画，创作出约60部的卡通作品，他是一位对日本国内外卡通界影响很大的"漫画之神"。

手冢治虫在差点被战争夷为平地的电影院中，首次看到长篇的卡通电影时，心里便如此想着："即使一生中只有一部也好，无论花多少心血，总有一天我要亲手制作一部卡通电影，将那份感动传达给小朋友们。"

1961年，手冢治虫设立了自己的卡通动画制作公司——虫制作室，踏出了实现梦想的第一步。自此推出了在海外也有很高评价的第一部日产电视卡通——

《铁臂阿童木》。卡通影片所耗费的资金与劳力不是漫画可以相比的，平均每星期就要制作出一集，而手冢治虫又是标准的完美主义者，为了做出好的作品，他绝不允许有任何的妥协和退让。对于不太有趣的脚本，他也会要求工作人员修改到他满意为止；即使完成了，如果还有不甚满意的地方，他也会命令员工们中止播放，从头再来。

另一方面，他的做事态度也给公司的经营带来了隐忧。愈来愈多的工作人员过分专注于完美作品的追求，而无视销售成绩，使得公司面临财务上的危机，终于在1973年，虫制作室宣告倒闭。

这样的结局着实令人惋惜，而漫画迷们也都担心手冢治虫的创作力会就此衰退，但手冢治虫对漫画的热情却始终不减。也许在经营方面他是失败的，但是在铸就梦想的道路上他却是成功的。之后，他更是一个劲地鞭策自己，追求自己的梦想，继续着漫画的创作。

他的工作量总是超出常人，就算明知自己的体力已经超出负荷，但是一碰上他喜欢的企划他还是一样照单全收。所以，他的工作场所并不局限于工作室里，任何场所、任何时间他总是不停地画。即使晚年因患癌症而陷入昏睡状态的时期，只要意识有短暂的恢复，他总是会向家人要画笔画画，其永不放弃的精神着实令人感动。

每个人的梦想都不一样，有的大，有的小，成功的标准也有所不同。一个人成功的关键，在于其梦想的大小和执著度，梦想是方向，执著度是执行力，这两个条件缺少了哪一个都难以成功。要想获得超越常人的成功，就必须要有把梦想坚持下去的决心。不管路途中有多少次挫折，只要挺住，告诉自己：这次不行没关系，也许下一次就行。抱着这样的信念，就没有趟不过去的河，没有爬不过去的山。

每个人都有梦想，但是梦想与现实经常会发生冲突。在这条路上，我们只有坚持不懈，才会离梦想越来越近。

——新浪网友热情腐朽

承担责任

什么是自由？自由就是一个人有自己承担责任的意志。

——尼采《偶像的黄昏》

林肯是美国南北战争时期的总统。林肯小时候家里很穷，父母亲没有足够的经济实力给小林肯买书看，尽管他的母亲总设法满足他看书的愿望，但对于书本如此渴求的林肯来说这是不够的，因此他经常去别的小朋友或是邻居家里借书。

他经常去的是邻村的鲍里斯医生的家，去帮忙干农活，既可以为贫困的家里分担一些责任，又可以减轻一下家里的经济负担。有一天，小林肯无意中发现了一本《华盛顿传》，他兴奋异常，于是大胆地向医生借这本书，刚好医生也是刚刚得到这本书，也非常喜欢，当然有些舍不得，不过他问小林肯："你真的这么喜欢这本书吗？" "是的，医生，我非常想看这本书。因为我很崇拜华盛顿总统，长大了也希望做一个像他那样伟大的人物。医生，求求你了，我就借一天，明天就能还给你了，我保证马上就能送还给你。请相信我吧。"

"这是一本新书，而且我是非常爱护书本的人，你能保证不会损坏它吗？"小林肯做出了保证，鲍里斯医生于是将书借给了他。

小林肯喜出望外，一回到家里就废寝忘食地看了起来，直到深夜两点钟。他的母亲不断催促林肯早点睡觉，他才念念不舍地回屋睡觉了。半夜的时候他被一声震耳欲聋的雷声惊醒，他马上意识到屋里开始漏水了，糟糕，放在外屋的书！小林肯赶忙跳下床，去营救他的书，可一切都已经晚了，新书早已被水打湿了。面对此情景，小林肯有些不知所措，但他的母亲这样对他说："孩子，书已经湿了。不过你不是答应鲍里斯医生要好好保管这本书的吗？那么你就要对此负起责任来，不要怪天气不好，只能怪你自己没有保管好书。明天你就去鲍里斯医生那里，请求他的原谅。"

第二天，小林肯只好硬着头皮去医生家里，非常歉疚地把事情告诉了医生，并且希望得到医生的原谅。可是当医生看到皱巴巴的书时，着实很生气，大声地训斥林肯："你不是答应要好好保管这本书的吗？怎么让它变成了这副模样？""医生，我知道这件事情不能怪天气，只怪我没有将书放在一个安全的地方，只是随手扔在了桌子上，真是对不起，你能原谅我吗？我会为此负责任的，我会赔偿你的损失的。我可以为你工作，这样我可以用工资偿还，可以吗？"小林肯真的是非常希望得到医生的原谅，他说得很恳切。"那就这样吧。"医生同意了。这样林肯为医生干了三天的活，又抽时间看完了那本书。医生为他的这种精神深深打动了，最后还将这本书送给了林肯。

林肯就是凭着这种品质，不断努力，后来成为了美国历史上最受人民爱戴的总统。

在答应别人某些事情后，如果事情出现了差错，就应诚心地向对方道歉，并要为此担付相应的责任。对自己所做的事负责任，其实也是在对自己负责任。一个敢于负责任的人，将来才能成就大事。

勇于承担，就是在强调个人对他人和社会的责任，每个人都担起弘扬社会正气的责任，人人心中有大爱，又何患个人良知与社会风气的双重堕落？

一个搬运工扛着沉重的包袱向山上走去，看上去，他每一步走得都很艰难，汗水不断地从他的额头上流淌下来，他的衣服全都湿透了。在那个搬运工的后面还有一个搬运工，与前面那个满脸汗水的搬运工不同的是，后面的这个人神态轻松，他的肩上只扛着一个小麻袋，步履轻快地向前走着。途中，流了一身汗的搬运工遇到了从一个从山上下来的游客，这个游客好奇地看了眼这个辛苦的搬运工，对他说："后面那个人搬那么少的东西，而你年纪比他大，怎么还扛这么重的东西？你怎么不让后面那个后生多扛一些？"搬运工呵呵一笑，说："后面那个后生已经连续工作一个礼拜了，他每次工作都主动扛最重的包裹，不叫累不叫苦的。今天原本是他休息，听到我今天工作，就主动跑来帮我的忙，你说我怎么好意思让他那么辛苦，再说今天下雨，照理不会有那么多包裹需要往山上送，但是没想到今天的任务更繁重，那后生来帮我，但工作还是要自己做，即使有困难，也要自己承担，要不然，轻松的事情抢着做，艰苦的活却不愿干，那就不好了。"这个憨厚的搬运工说完这句，呵呵一笑，继续朝山上走去。

人活在这个世上，是极为艰难不易的事情，正因为这样，面对选择时，人们更多的是张开双臂去拥抱那些明亮的、耀眼的、轻松的以及简单的事物。因为这样做人很舒服，做事很惬意，不用劳心伤神，不用像故事中的搬运工那样扛着很多沉重的东西艰难地向山上跋涉。他们习惯于随时拿起，又随时放下，他们喜欢自己被太阳照耀。而别人只能行走在阴天的雨巷，所以，每次遇到不光彩的事情都推到别人身上，而有什么好事都渴望抓在自己手里。这样的人，终究成不了大事。

老子说："重为轻根，静为躁君，是以君子，终日行不离辎重，虽有荣观，燕处超然。奈何万乘之主，而以身轻天下，轻则失根，躁则失君。"这句话的意思是，厚重是轻率的根本，静定是躁动的主宰。因此君子终日行走，不离开满载行李的车辆，虽然有美食胜景吸引着他，却能安然处之，因其有备无患，所以行走自如，泰然自若。无奈的是大国君主却以轻率躁动治天下，须知轻率就会失去根本，急躁就会丧失主导。

"重为轻根"的"重"字，可以作为厚重沉静的意义来解释，重是轻的根源，静是躁的主宰。"圣人终日行而不离辎重"，并非简单指旅途之中一定要有所承重，而是要学习大地负重载物的精神。大地负载万物，生生不已，终日运行不息而毫无怨言，也不向万物索取任何回报。生而为人，应效法大地，拥有为众生挑负起一切苦难的心愿，不可一日失去负重致远的责任心。

爱默生说："责任具有至高无上的价值，它是一种伟大的品格，在所有价值中它处于最高的位置。"科尔顿说："人生中只有一种追求，一种至高无上的追求——就是对责任的追求。"

责任，从本质上说是一种与生俱来的使命，它伴随着每一个生命的始终。事实上，只有那些能够勇于承担责任的人，才有可能被赋予更多的使命，才有资格获得更大的荣誉。一个缺乏责任感的人，或者一个不负责任的人，首先失去的是社会对自己的基本认可，其次失去的是别人对自己的信任与尊重，甚至也失去了自身的立命之本——信誉和尊严。

清醒地意识到自己的责任，并勇敢地扛起它，无论对于自己还是对于社会都将是问心无愧的。人可以不伟大，人也可以清贫，但我们不可以没有责任。任何时候，我们不能放弃肩上的责任，扛着它，就是扛着自己生命的信念。

责任让人坚强，责任让人勇敢，责任也让人知道关怀和理解。因为我们对别人负有责任的同时，别人也在为我们承担责任。无论你所做的是什么样的工作，只要你能认真地、勇敢地担负起责任，你所做的就是有价值的，你就会获得尊重。有的责任担当起来很难，有的却很容易，无论难与易，不在于工作的类别，而在于做事的人。只要你想、你愿意，你就会做得很好。

世界上所有的人都是相互依存的，只有所有人共同努力，郑重地担当起自己的责任，才会有生活的宁静和美好。任何一个人懈怠了自己的责任，都会给别人带来不便和麻烦，甚至是生命的威胁。

我们的家庭需要责任，因为责任让家庭充满爱；我们的社会需要责任，因为责任能够让社会平安、稳健地发展；我们的企业需要责任，因为责任让企业更有凝聚力、战斗力和竞争力。

有一个叫"责任者"的游戏。游戏的规则是两个人一组，两个人相距一米远的距离。整个游戏必须在黑暗中进行，一个人向另一个人的正面平躺倒下去，另一个人站在原地不动，只是用手接着对方的肩膀，并说："放心吧，我是责任者。"接人者要确保能扶住倒下者。游戏的寓意是让每个人意识到承担责任的重要性，让每个人做一个责任者。那责任到底是什么？我们每一个人都在生活中饰演着不同的角色。无论一个人担任何种职务，做什么样的工作，他都对他人负有责任，这是社会法则，这是道德法则，这还是心灵法则。

在这个世界上，每个人都扮演了不同的角色，每一种角色又都承担了不同的责任，从某种程度上说，对角色饰演的最大成功就是对责任的完成。正是责任，让我们在困难时能够坚持，让我们在成功时保持冷静，让我们在绝望时懂得不放弃，因为我们的努力和坚持不仅仅为了自己，还为了别人。

社会学家戴维斯说："放弃了自己对社会的责任，就意味着放弃了自身在这个社会中更好地生存的机会。"放弃承担责任，或者蔑视自身的责任，就等于在可以自由通行的路上自设路障，摔跤绊倒的也只能是自己。

责任就是对自己所负使命的忠诚和信守，责任就是对自己工作的出色完成，责任就是忘我的坚守，责任就是人性的升华。实际上，当一个人怀着宗教一般的虔诚去对待生活和工作时，他是能够感受到责任所带来的力量的。

古希腊雕刻家菲迪亚斯被委任雕刻一座雕像，当菲迪亚斯完成雕像后要求支付薪酬时，雅典市的会计官却以任何人都没看见菲迪亚斯的工作过程为由拒绝支付薪水。菲迪亚斯反驳说："你错了，上帝看见了！上帝在把这项工作委派给我的时候，他就一直在旁边注视着我的灵魂！他知道我是如何一点一滴地完成这座雕像的。"

　　每个人心中都有一个上帝，菲迪亚斯相信自己的努力上帝看见了，同时他坚信自己的雕像是一件完美的作品。事实证明了菲迪亚斯的伟大，这座雕像在2400年后的今天，仍然伫立在神殿的屋顶上，成为受人敬仰的艺术杰作。

　　雕刻雕像是神赋予菲迪亚斯的伟大使命，他不仅出色地完成了这个使命，而且还把使命的意义向人们传达出来。使命这个词来自拉丁语，它的意思是呼唤。它触及了工作的实质——向你发出的呼唤，表达了你是谁，你想对世界说什么。

　　在斯特拉特福子爵为克里米亚战争举办的晚宴上，人们做了一个游戏，军官们被要求在各自的纸片上秘密地写下一个人的名字，这个人要与那场战争有关，并且他要认为此人是这场战争中最有可能流芳百世的人。结果每一张纸上都写着同一个名字：南丁格尔。带来光明的天使——南丁格尔，她是那场战争中赢得最高声誉的妇女。下面是一段关于南丁格尔的故事：

　　她带着护士小分队来到了这里，在几个小时内，成百上千的伤员从巴拉克战役中被运了回来，而南丁格尔的任务就是要在这个痛苦嘈杂的环境中把事情弄得井井有条。不一会儿，又有更多的伤员从印克曼战场中被运了回来。什么事情也没有准备好，一切都需要从头安排。而当各种事务都在有序地进行着时，她自己就又会去处理其他更危险、更严重的事情。在她负责的第一个星期，有时她要连续站立20多个小时来分派任务。

　　"南丁格尔的感觉系统非常敏锐。"一位和她一起工作过的外科医生说，"我曾经和她一起做过很多非常重大的手术，她可以在做事的过程中把事情做到非常准确的程度……特别是救护一个垂死的重伤员，我们常常可以看见她穿着制服出现在那个伤员面前，俯下身子凝视着他，用尽她全部的力量，使用各种方法来减轻他的疼痛。"

　　一个士兵说："她和一个又一个的伤员说话，向更多的伤员点头微笑，我们每个人都可以看着她落在地面上的那亲切的影子，然后满意地将自己的脑袋放回到枕头上安睡。"另外一个士兵说："在她到来之前，那里总是乱糟糟的，但在她来过之后，那儿圣洁得如同一座教堂。"

南丁格尔被誉为"护理学之母"，她创立了真正意义上的现代护理学，使护理工作成为妇女的一种受尊敬的正式社会职业。她的故事告诉我们，一个人来到世上并不是为了享受，而是为了完成自己的使命，正是在对她所热爱的护理工作的强烈使命感的驱使下，在短短3个月的时间内，她使伤员的死亡率从42%迅速下降到2%，创造了当时的奇迹。

1968年墨西哥奥运会比赛中，最后跑完马拉松赛跑的一位选手是来自非洲坦桑尼亚的约翰·亚卡威。他在赛跑中不慎跌倒了，拖着摔伤且流血的腿，一拐一拐地跑着。其他选手都跑完全程后很久了，直到当晚7点半，约翰才最后一个跑到终点。这时看台上只剩下不到1000位观众，当他跑完全程的时候，全体观众起立为他鼓掌欢呼。之后有人问他："为何你不放弃比赛呢？"他回答道："国家派我由非洲绕行了7000里来此参加比赛，不是仅为起跑而已——而是要完成整个赛程！"

是的，他肩负着国家给予的责任来参加比赛，虽然拿不到冠军，但是强烈的使命感使他不允许自己做逃兵。

责任就是做好你被赋予的任何有意义的事情。

这是一个有关大象的故事，尽管它们只是动物，但却和人类一样，也懂得责任。

在非洲大草原上，生活着一群大象。这些大象相依为命，别看它们身形巨大，但是它们的生存能力并不像它们的身形一样强大。有一年夏天，雨很少，而大象需要的水却特别多。它们生活的地方已经没有多少水了，它们必须找到新的水源。这一群大象开始了流浪，因为它们也不知道哪个地方水更多。在他们寻找水源的时候，一头母象产下了一只小象。整个大象群都很开心，它们不时地用鼻子发出喜悦的声音。但是，母象却很担心，因为它担心小象支撑不到找到水的那一天。非洲的夏天热得不得了，大象们无精打采地走啊走，它们已经没有多少力气了。

很多大象已经慢慢地倒下了，还有一些大象趁着自己还没倒下，就悄悄地离开了，因为它们不忍心让别的大象看到自己死去的样子，就独自离群了。这些大象找到水，就让小象喝，因为小象比它们更虚弱。但是，每一次的水都太少了，小象没喝几口，水就没了，所以很多大象一直都没有水喝。

大象群里的大象越来越少了，但是剩下的大象并没有放弃，一旦找到充足的水源，它们就得救了，为了小象，为了彼此的伙伴。

　　坚守责任能够使动物的世界生生不息，对人类来说，承担责任，则是守住生命最高的价值。

　　将责任感根植于内心，让它成为我们脑海中一种强烈的意识，在日常行为和工作中，这种责任意识会让我们表现得更加卓越。我们经常可以见到这样的人，他们在谈到自己的公司时，使用的代名词通常都是"他们"而不是"我们"，"他们业务部怎么怎么样"？"他们财务部怎么怎么样"，这是一种缺乏责任感的典型表现，这样的员工至少没有一种"我们就是整个机构"的认同感。

　　一位著名的企业家说："当我们的公司遭遇到了前所未有的危机时，我突然不知道什么叫害怕了，我知道必须依靠我的智慧和勇气去战胜它，因为在我的身后还有那么多人，可能就因为我，他们从此倒下。我不能让他们倒下，这是我的责任，所以我在最艰难的时候，才变得异常的勇敢。当我们走出困境的时候，我对自己的勇敢难以置信，我会这么勇敢吗？是的，那一次遭遇让我真正明白了，唯有责任，才会让你超越自身的懦弱，真正勇敢起来。"

　　这是一个民间登山队，他们要对世界第一峰——珠穆朗玛峰发起进攻。虽然人类攀登珠峰已经不止一次了，但这是他们第一次攀登世界最高峰。队员们既激动又信心十足，他们有决心征服珠穆朗玛峰。

　　经过考察后，他们选择自己状态很好、天气也很好的一天出发了。攀登一直很顺利，队员们彼此互相照应，没有出现什么问题，高原缺氧的情况也基本能够适应，在预定时间，他们到达了1号营地。大家都很高兴，因为有了一个良好的开始，就等于成功了一半。

　　第二天，天气突然发生了变化，风很大，还下着雪。登山队长征求大家的意见，要不要回去，因为要确保大家的生命安全。生命只有一次，登山却还有机会。但是大家都建议继续攀登，登山本来就是对生命极限的一种挑战。

　　于是，登山队继续向上攀登。尽管环境很恶劣，但是队员征服自然、征服珠穆朗玛峰的信心却十足，大家小心翼翼地向上攀登。"队长，你看！"一个队员大喊，大家循声望去，在离他们很远的地方发生了雪崩。虽然很远，但雪崩的巨大冲击力波及了登山队，一名队员突然滑向另一边的山崖，还好，在快落下山崖的那一刻，他的冰锥紧紧地插进了雪层里，他没有滑落下去，但他随时有可能被雪崩的冲击力推下去。

形势严峻，如果其他队员来营救山崖边的队员，有可能雪崩的冲击力会将前来营救的队员冲下山崖；如果不救，这名队员将在生死边缘徘徊。队长说："还是我来吧，我有经验，你们帮我。大家把冰锥都死死地插进雪层里，然后用绳子绑住我。""这很危险，队长。"队员们说。

"已经没有犹豫的时间了，快！"队长下了死命令。大家迅速动起手来，队长系着绳子滑向悬崖边，他死命地拉住了抱住冰锥的队员，其他队员使劲把他俩往上拉。就在下一轮雪崩冲击到来之前，队长救出了这名队员。全队沸腾了，经过了生死的考验，大家变得更坚强了。最终，登山队征服了珠峰。站在山峰上，他们把队旗插在山峰的那一刻，也把他们的荣誉和责任留在了世界上最纯净的地方。后来，队长说："当时我也非常恐惧，随时可能尸骨无还，但我知道，我有责任去救他，我必须这么做。责任的力量太大了，它战胜了死亡和恐惧。真的。"

责任感不仅让人勇敢，还能让人战胜死亡和恐惧。面对责任，我们无从逃避，只有勇敢地迎上前去，能够这样挑战生命及困难的人，他应该成为一个坚强的人。

但是，坚守责任并不容易，需要付出很多代价，最关键的是，只有认清责任，才能更好地承担它，坚守责任的力量。

有一个故事这样讲，上帝创造了世界之后，也创造了动物，于是召开动物大会，来给动物安排寿命。上帝说："人的寿命是20年，牛的寿命是30年，鸡的寿命是25年。"

人说："上帝呀，我非常尊敬您，但是我的寿命也太短了，人生的很多乐趣享受不了。"上帝还没有说话，牛就说了："上帝呀，我每天都要干活，您给我30年的寿命，我就要做30年的活儿，太辛苦了，能不能少点。"鸡也说："我每天报晓也很辛苦，能不能少点寿命。"上帝说："好吧，牛和鸡，把你们20年的寿命给人吧。"从此以后，人就有了60年的寿命。在前20年"像人一样"快乐地活着，下一个20年是为家庭活着，像牛一样辛劳，最后20年是报晓的鸡，起来得最早，叫全家人起床。

我们每一个人都有责任。有些责任是与生俱来的，有些责任是因为工作、朋友而产生的，这些责任是每个人都无法推脱的。

在这个世界上，没有不需承担责任的工作，相反，你的职位越高、权力越大，你肩负的责任就越重。不要害怕承担责任，要立下决心，你一定可以承担任何正常职业生涯中的责任，你一定可以比前人完成得更出色。

只有认清自己的责任，才能知道该如何承担自己的责任，正所谓"责任明确，利益直接"。也只有认清自己的责任时，才能知道自己究竟能不能承担责任。因为，并不是所有的责任自己都能承担的，也不会有那么多的责任要你来承担，生活只是把你能够承担的那一部分给你。

学会认清责任，是为了更好地承担责任，坚守责任。要想做到这点，首先要知道自己能够做什么，然后才知道自己该如何去做，最后再去想我怎样做才能够做得更好。

在一家公司里，每个人都有自己的责任。但要区分责任和责任感是不一样的概念，责任是对任务的一种负责和承担，而责任感则是指一个人对待任务的态度，一个人不可能去为整个公司的生存承担责任，但你不能说他缺乏责任感。所以，认清每一个人的责任是很有必要的。

只有读懂了它，我们才能按照它的规则去做事，去全力完成我们该完成的事情，这就是责任，也是责任所带给我们的莫大力量。因为有责任，我们不再恐慌和彷徨，做事有目标性和方向感。这就是责任给我们的益处，因此，要时刻让自己具有责任感。

有一次，一个小伙子向一位作家自荐，想做他的抄写员。小伙子看起来对抄写工作是完全胜任的。条件谈妥之后，作家就让那个小伙子坐下来开始工作，但是小伙子却朝外边看了看教堂上的钟，然后心急火燎地对他说："我现在不能待在这里，我要去吃饭。"于是作家说："噢，你必须去吃饭，你必须去！你就一直为了今天你等着去吃的那顿饭祈祷吧，我们两个永远都不可能在一起工作了。"小伙子曾因自己得不到雇佣而感到特别沮丧，但是当他有了一点点起色的时候却只想着提前去吃饭，而把自己应承担的责任忘得一干二净。

一个商人需要招聘一个小伙计，他在商店的窗户上贴了一张独特的广告——"招聘：一个能自我克制的男士。每星期40美元，合适者可以拿60美元。"

每个求职者都要经过一个特别的考试。卡特也来应聘，他忐忑地等待着，终于，该他出场了。

"能阅读吗？"

"能，先生。"

"你能读一读这一段吗？"商店老板把一张报纸放在卡特面前。

"可以，先生。"

"你能一刻不停顿地朗读吗？"

"可以，先生。"

"很好，跟我来。"商人把卡特带到他的私人办公室，然后把门关上。他把这张报纸送到卡特手上，上面印着卡特要读的一段文字。

阅读刚一开始，商人就放出6只可爱的小狗，小狗跑到卡特的脚边，相互嬉戏吵闹。许多应聘者都因受不住诱惑要看看美丽的小狗，视线离开了阅读材料，因此而被淘汰。但是，卡特始终没有忘记自己的角色，他知道自己当下是求职者，他不受诱惑一口气读完了材料。

商人很高兴，他问卡特："你在读报的时候没有注意到你脚边的小狗吗？"

卡特答道："是的，我注意到了，先生。"

"我想你应该知道它们的存在，对吗？"

"对，先生。"

"那么，为什么你不看一看它们？"

"因为你告诉过我要不停顿地读完这一段。"

"你总是遵守你的诺言吗？"

"的确是，我总是努力地去做，先生。"

商人在办公室里来回走着，突然高兴地说道："你就是我想要找的人。"

卡特是商人想要雇用的人，因为他一旦知道了自己的工作职责，就会带着强烈的责任感去完成它。

生活中我们常常听见别人说："过一天算一天吧，不至于丢掉饭碗就行了！"这种人实际上已经失去了强烈的责任感，承认了自己人生的失败。

有这样一个故事：在一列火车上，有一位妇女将要临盆。列车员广播通知，紧急寻找一位妇产科医生。这个时候，有一位妇女站出来了，说她是妇产科的，列车长赶忙把她带入一间用床单隔开的用作临时产房的车厢。

毛巾、热水、剪刀、钳子什么都到位了，只等最关键的时刻到来。那位自称妇产科医生的女子此刻非常着急，将列车长拉到产房外，说明产妇的情况紧急，并告诉列车长自己其实是妇产科的一名护士，并且由于一次医疗事故而被医院开除了。今天这个产妇情况不好，人命关天，她自知能力不够，建议立即送往医院抢救。此时，产妇由于难产而非常痛苦地尖叫着，而列车行驶在京广线上，距最近的一站还要行驶一个多小时。列车长郑重地对她说："你虽然只是一名护士，但在这趟列车上，你就是医生，我们相信你！"

　　列车长的话感染了这名护士，她准备了一下，走进产房时又问："如果在不得已时，是保小孩还是保大人？"

　　"我们相信你！"列车长又郑重地重复了一遍。这位妇女明白了，她坚定地走进产房。列车长轻轻地安慰产妇，说现在正由一名专家给她助产，请产妇安静下来好好配合。

　　出乎意料的是，那位妇女几乎单独完成了这个手术，婴儿的啼哭声宣告母子的平安，而强烈的责任心让这位妇女完成了她有生以来最为成功的手术。

　　强烈的责任感能唤醒一个人的良知，也能激发一个人的潜能。但在生活和工作中，随处可以见到这样一些人，他们失去了自己的责任感，只有等别人强迫他们工作时，他们才会工作，他们从来没有真正考虑过自己身体内到底有多少潜能。

　　一个有责任感的员工，当他面临挑战和困难时，他会迸发出比以往强大若干倍的能力和勇气，因为他知道，很可能因为他的懦弱让企业承受巨大的损失，只有勇敢地面对，才有可能真正担当起责任，不让企业遭受损失。这就是责任带给我们的力量，也是我们坚守它的原因。

　　一位人力资源部经理，在给职员培训时讲了他的一次亲身经历。他对职员说，他一辈子都不能忘记这次经历，他要组织公司的人也接受这样的一次训练。他想让每个人都知道，责任是什么。

　　这是一次野外拓展训练。

　　一群陌生的人组成一个团队。我们需要完成5项任务，每一项任务都需要集体来完成。如果有一个人没有完成，那么输掉的将是整个团队。每一项任务极为艰难。不过还好，我们这支叫做"狂飙"的队伍已经完成了艰难的4项，只剩下最后一项任务了。任务名曰："一线生机。"要求队员必须爬到10米高的一个立柱上，然后站到立柱顶端的一个圆盘上，接着向斜前方纵身一跃，凌空抓住距离自己有1.2米远的一根横木，算完成任务。据这里的管理人员说，有很多人站到圆盘上不敢站起来，甚至都吓哭了，更别说完成任务。

没有一个队员有足够的把握完成任务，很多人甚至连勇气都不足。但是必须完成，否则所有的努力都将前功尽弃。

总会有一个人敢吃螃蟹，在其他队员近乎喊破嗓子的呐喊加油声中，这个敢吃螃蟹的人成功了。大家相互鼓励，一个接一个都完成了任务。

轮到最后一位了，她是个娇小的女生。

当她刚刚爬上立柱的时候，我们就看到她的腿在发抖，而且越抖越厉害。我知道，其实很多人都知道，我们输了。但大家还是给了她最坚决、最热烈、最振奋人心的支持、鼓励和指导，因为那个时候输赢已经不重要了，大家就是觉得不能让她一个人落下。这是我们的责任，她是我们的队员，我们有责任带她一起走。

当我们的心已经提到嗓子眼儿的时候，她已经蹲在圆盘上了。看得出，仅是站起来对她来讲都是极为艰难的事情。大家还在拼命加油，虽然大家都知道，对于站在10米高的地方的她而言，我们的声音已经很微小了，甚至根本听不清我们在说什么，但我们能做的只有这些了，而且我们必须把我们能做的做好，这是责任。

她真的站了起来。我们知道，一个人站在上面真的很困难，无依无靠，甚至有些孤独，尽管仅仅是一刹那间，所有人都屏住了呼吸。好像是在等了好久之后，她纵身一跃。我们都闭上了眼睛。我觉得那一刻，我比她更紧张。

她成功了！之后是雷鸣般的掌声，我还记得当时我的手都拍疼了。不光是因为胜利，最重要的是完成了任务。我们的任务，还有她的任务。我们没有丢下她，她也没让我们失望。

后来，这个女生对我们说她有轻度的恐高症，"但是，我不能放弃，我的放弃会使整个集体输掉"。她的话像锤子一样重重地砸在了我们的心里，我们知道，那是责任的力量。

我们赢得了最后的胜利，而且只有我们一支队伍完成了任务，也是迄今为止第一支完成任务的队伍。我们被授予了勇士勋章。勋章上写着：责任即荣誉。

责任感是一种精神，也是卓越的原动力。责任感能让人战胜胆怯，一个人的责任感可以让别人也懂得什么是责任。一个人承担起责任，并时时保持一种高度的责任感，会让其他的人受到感染，树立起自己的责任感。

虽然承担责任不是做给别人看的，但是一旦你做到了这一点，就会影响到其他人。别人可能没有你做得好，但你只要做了，就能看出他已经意识到自己的责任了。

这就是责任的力量。

丽莎和凯琳是一对姐妹。在一个风雪交加的下午，丽莎从家里的邮筒中取出了一封信。可是这信不是她家的。信上赫然写道："K市大河沿路60号"，而丽莎的家是在"K市小河沿路60号"。

"姐姐，这可怎么办？"丽莎问。

"等邮递员下次来时再取走吧。"凯琳说。

"可姐姐，邮递员3天才来一次呢？要是有什么急事，那不就耽误了吗？"

"那你说怎么办，爸爸妈妈又不在家。"

姐妹俩一时也不知该怎么办？送去，外面风雪交加，两个孩子有些胆怯，因为丽莎9岁，凯琳也只有11岁。不送，要是人家有急事耽误了可怎么办呢？

"我觉得我们还是应该送去，虽说和他们是陌生人，但我们收到了别人的信，理应给别人送去，这也是我们应该做的，你说呢？"凯琳说。

"姐姐，我也是这么想的。我们一起去吧。"

就这样，两个小女孩穿好衣服，带着这封信就走进了风雪中。她们俩也不知道大河沿路到底有多远，她们俩一路走一路打听。

"嘿，我说小孩，这么大的雪还出来干吗？大河沿路，远着呢，怎么不让你们的父母带你们去？一直走，到第5个路口向右拐，然后再打听。"一个陌生人这样对姐妹俩说。

丽莎和凯琳深一脚浅一脚地扶着往前走，雪太大了，她们看不清前方。

"丽莎，我们一定会把信送到的，对吗？"凯琳问。

"我也是这么想的，姐姐，一定会的。"丽莎坚定地说。

她们走了很长时间，终于来到了大河沿路60号。姐妹俩高兴极了。门开了，出来了一位年轻的女人。"你好，孩子，你们有事吗？"年轻的女人问。

"这是大河沿路60号吗？"

"对呀，有事吗？"

"是这样的，我们家住在小河沿路60号，邮递员把你家的信送到了我家，我们给您送来了，怕您着急。"凯琳说。

年轻的女人向外看了看："就你们俩，没有大人吗？"姐妹俩点点头。

年轻的女人感激地看着这两个孩子，不停地说谢谢。

这件事情过了一个月之后，有一天，一个陌生的男子来到了丽莎的家。爸爸妈妈并不认识这个来访的人。这个陌生人说："我是住在大河沿路60号的，一个月前，我的信被误送到你家，是你的两个孩子冒着大雪把信送到我家的，多亏了这两个孩子，当时我的父亲病重急需一笔钱，那封信是让家里给送钱的，晚了我的父亲就活不了了，太谢谢孩子们了。"

爸爸妈妈笑了，他们并不知道自己的孩子做了一件这么伟大的事情。

"还有一封你家的信。"这个男人掏出了一封丽莎家的信。"如果没有这两个孩子的这种责任感，我想我是不会给您送过来的，而是要等到邮递员来取走，你的孩子让我懂得了什么是责任。"

在我们的生活中，有些事情我们可以不去做，但责任要求我们去做，甚至要求我们完成一些我们能力很难完成的事情。如果你做到了，得到的不仅仅是心理上的坦荡和安然，你的精神和责任感会感染别人，然后别人会因为你的感染也更有责任感。责任感作为卓越的原动力，具有传递的效果。我们在工作中同样需要这种责任感的传递。

在一个公司中，并不是所有的员工都能对自己的工作有强烈的责任感，但是如果他周围的同事，整个公司环境都是一种充满责任感的氛围，那么这样的职员也会被别人的精神所感染，进而能够承担起自己的责任。他会发现，承担责任并不是件困难和痛苦的事情，相反，担当起责任会给他一种骄傲的感觉，因为他在这个公司中同样是重要的、不可或缺的。与其逃避责任，不如勇敢地承担起来，说不定你的勇敢会成为你成功的契机。

这就是一种责任感的传递，这就是成功的原动力，明白这点后努力去做才是最重要的。

一个人能否取得成功，很大程度上取决于能否承担自己的责任。

——网易网友流年开花

实现价值

人生来就是一种地下的、战斗的存在；人总是会不断地接触到光亮，不断地经历他的胜利的黄金时刻——然后就停留在那儿，好像生来就是这样的坚不可摧，这样急切准备迎接新的、更艰难的、更遥远的战斗，就像一张弓，任何困难都只能使它绷得更紧。

——尼采《道德的谱系》

当人生在你面前展开的时候，你该如何独立去经营你自己的一生呢？

有则故事，讲的是一位师傅把三个弟子带到一片金灿灿的麦地边，告诉他们，他将在麦地的另一端等待，师傅希望每个弟子都能带一根最大的麦穗去见他。在摘取麦穗地过程中，每个人只有一次穿越麦地的机会，并且不可走回头路；麦穗也只能选择一根，不允许舍弃再选。第一个弟子走进麦地，很快就发现了一根很大的麦穗，便迫不及待地将它摘了下来。继续前行，他后悔极了，因为和接下来看见的麦穗相比，手中的这一根实在太小了，但他也只好带着这样一根麦穗去见师傅了。第二个弟子走进麦地时，放眼望去满是麦穗，每到一处他总能看到更大的麦穗，所以他相信在前面一定还会遇到更大的麦穗，现在不必急着动手。他走啊走啊，当他快要走到麦地尽头，才发现自己已经错过了最大的那根麦穗，毫无办法他只得随手摘下一根去见师傅。第三个弟子看了看麦地，先用目光把麦地分成三大块，然后走进去。在第一块地里，他看见了很多大的麦穗，但没有立刻选择，而是果断地走到中间的那块地里，他发现这块地里的麦穗普遍较大，就在这儿选择了最大的一根；他拿着麦穗哼着歌走过余下的路。虽然途中也看见大的麦穗，却远不及中间那块地里多，也许在那里会有比他手中更大的麦穗，但是他也并不后悔，因为他觉得自己已经得到了那根最想要的麦穗。

侗族有个独特的成年仪式：一个人有三个生日要滚烂泥巴——5岁、10岁、15岁。母亲把5岁的孩子领到田边，由父亲在田埂那边接他，这意味着孩子要脱离母亲的怀抱，开始跟父亲学习劳动。10岁要由父亲领到田边，由祖父（没有祖父就由村里德高望重的老人代替）在田坎那边接他，这意味着孩子需要向祖父学习锻炼意志，并且要培养耐性。到了15岁就由祖父领到田边，对面田坎没有任何人接他，这就意味着他已经长大成人，需要自己去独自面对人生。

那片麦地就像是我们的人生，每个人只能从中间走过一次，不多也不少。没有谁能扶持我们走过去，在这个过程中，我们只能依靠自己的智慧独立地去走完它。请记住，时光永远不会倒流，好好去经营你这一生。可以相信，在你的精心经营下，你的人生将是一路欢歌。

某人在屋檐下躲雨，看见观音正撑伞走过。

这人说："观音菩萨，普度一下众生吧，带我一段如何？"

观音说："我在雨里，你在檐下，而檐下无雨，你不需要我度。"

这人立刻跳出檐下，站在雨中："现在我也在雨中了，该度我了吧？"

观音说："你在雨中，我也在雨中，我不被淋，因为有伞；你被雨淋，因为无伞。所以不是我度自己，而是伞度我。你要想度，不必找我，请自找伞去！"说完便走了。

第二天，这人遇到了难事，便去寺庙里求观音。走进庙里，才发现观音的像前也有一个人在拜，那个人长得和观音一模一样，丝毫不差。

这人问："你是观音吗？"

那人答道："我正是观音。"

这人又问："那你为何还拜自己？"

观音笑道："我也遇到了难事，但我知道，求人不如求己。"

有些人一遇到事，首先想到的是求人帮忙；有些人不管是有事还是没事，总喜欢跟在别人身后，以为别人能解决他的一切疑难。在他们的心里，始终渴望着一根随时可以依靠的拐杖。但实际上，在绝大多数时候，自己才是最可靠的。把自己的幸福寄予在别的灵魂之上是很难获得安全感的，这个世界上没有那么多供你依靠的大树。

清代画家郑板桥老年得子，在他临死前让儿子自己去做馒头，并留给儿子这样的遗言："淌自己的汗，吃自己的饭，自己的事自己干。靠天靠人靠祖宗，不算是好汉。"靠自己，用自己勤劳的双手与聪明的大脑才是最永久的保障。美国石油大亨老洛克菲勒曾张开怀抱鼓励孩子从桌子上跳下来，可当孩子跳下来的时候老洛克菲勒并没有去接住孩子，而是让孩子记住："凡事要靠自己，不要指望别人，有时连爸爸也是靠不住的！"

在工作中，很多人总是倾向于去依赖别人的帮助，把自己的全部工作量往其他同事身上压，结果不但变成了其他同事避而远之的拖油瓶，自己也无法在工作中得到实际的锻炼。当离开同事的帮助时，就像没有骨架的软体动物一样。"从来就没有什么救世主，也不靠神仙皇帝，要创造人类幸福，只有依靠人类自己。"自己才是最可靠的，自己的生活是把握在自己手中的，是需要自己去创造的。内因才是根本，当我们在工作中遇到困难的时候，我们不拒绝外界的帮助，但是最主要的还是要依靠自己。

摆脱对别人的依赖心理，靠自己创造自己的幸福，应该从以下几个方面着手：

1.制定一份"自我独立宣言"，树立独立的人格，培养自主的行为习惯。用坚强的意志约束自己，有意识地摆脱对其他的同事和领导的依赖，同时自己要开动脑筋，把要做的事的得失利弊考虑清楚，心里就有了处理事情的主心骨，也就敢于独立处理事情了。

2.树立人生的使命感和责任感。一些没有使命感和责任感的人，生活懒散，消极被动，常常跌入生活或事业的泥坑。而具有使命感和责任感的人，都有一种实现抱负的雄心壮志。他们对自己要求严格，做事认真，不敷衍了事、马虎草率，具有一种主人翁的精神。这种精神是与依赖心理相悖逆的。选择了这种精神，你就选择了自我的主体意识，就会以依赖他人而感到羞耻。

长庆十九年（1614），德川家康发动了向丰臣秀赖所在的大阪的进攻。为了获得救援，丰臣秀赖以丰臣秀吉继承人的名义，给大名们纷纷发出信函，要求他们加入自己的阵营。尽管当年这些大名曾经受到丰臣秀吉的恩惠，在丰臣秀吉逝世之前，他们还曾写下誓书，表示自己一定会效忠秀赖，但是当江户和大阪正式为敌之后，秀赖才看清形势，如今的天下，早就不是当年秀吉的天下了。在看到德川家康的价值后，很多大名纷纷将自己的亲眷送往江户作为人质，表示自己并无二心，愿意效忠家康。所以收到大阪方的求助信后，大名们无一例外地拒绝了家康的对手大阪方的请求。还有一些人说出这样露骨的话：丰臣氏对我们的恩典，已经在关原之战中偿还了，今后我们要报答的是德川家的恩典。德川家康没有说任何话，就争取到了几乎所有的盟友——这就是自身魅力的价值。

每个人的出生都有自己的意义和使命。很多人看不到自己身上的价值和潜能，总认为自己一无是处，不是抱怨生活就是抱怨自己，这样的人谈不上自信，更谈不上以后的成功。

从前有个名叫石的工匠，某次从一棵巨大的栎树旁经过。这株树大到只要一根树枝便可做成一艘船。同行的徒弟围驻在树旁，凝神屏气看着大树，但石不屑一顾独自先行离开。

徒弟们追上他，便问："师父，弟子自人您门下，从未见过如此优秀的木材，可是师傅却看也不看就走了，为什么？"

石回答说："别只说大话！那树并非真的那么好。如果用它来做船，船会沉；如用它来做棺，不久就会腐烂；如用它来做柱子，不久就会被虫蛀完，它实在是株一无用处的大树。它之所以能生长成这么大，就是因为没有用的缘故。"

后来，那棵巨大的栎树在石的梦里问他："你究竟是拿什么东西来比较而说我无用？你和我都只不过是自然界里一物罢了，如硬要在物上加上价值，你也是一个无用的人。只有无用的人才看得出我是无用的树呀！"

实际上，人人都有自己的价值。没有绝对无用的东西。认清了自己在生活中的价值，就会发现自己其实很重要。在智者的眼中，一个人生命再卑微，也是独一无二的，也是尊贵的，也有自身的价值。

每个人也应该尽其所能地发挥自己的能力和展示自己的才华。只要你认真去发掘，就会发现：在生活中，一些缺乏自信、自暴自弃的人，往往会把优秀的标准定得太高，而对自身的优点却视而不见。事实上，每个人身上都有独特的天赋，如果我们能正视自己的优点，重视自己，不自轻自贱，你就会发现自己和所有杰出的人士一样，同样具备成功的资格和条件。

被称为"新工业之父"的亨利·福特，年轻时在一家电灯公司当工人。有一天他突发奇想，产生了要设计一种新型引擎的意识，他把这个想法告诉妻子，妻子对他的发明研究很支持，还鼓励他说："天下无难事，你就试试吧！"她把家里的旧棚子腾出来，供他试用。福特每天下班回到家里，就钻进旧棚子里做引擎的研究工作。

冬天旧棚里冷，他的手都冻成了紫包，牙齿在寒冷中格格颤抖，可他对自己默默地说："引擎的研究已经有了头绪，再坚持干下去就能成功。"福特在旧棚子里苦干了三年，这个异想天开的稀奇的东西终于问世了。1893年，福特和他的妻子乘坐着一辆没有马的马车，在大街上摇晃着前进，街上的人被这一景象吓了一跳，有些胆小者还躲在远处偷偷地观看。从这一天起，这个对整个世界都产生深远影响的新工业，就在亨利·福特的努力下诞生了。

后来亨利·福特决定制造著名的V8型汽车时，他要求工程师们在一个引擎上铸造8个完整的汽缸。工程师听了都直摇头说："这不可能。"福特命令道："谁不想干，就走人！"工程师们谁都不愿失业，只好照着亨利·福特的命令去做。因为他们认为这是一件不可能的事，所以谁都没有把成功输入到自己的意识里，这样潜意识也就闲置了起来。6个月过去了，研究毫无进展。亨利·福特决定另外挑选几个对研制V8型汽车有信心的人去完成。他坚信人一旦有了稳操胜券的心理，就有了希望。新挑选的几个工程师经过反复研究，忽然间，好像被一股神秘的力量"击中"，终于找到了制造V8型汽车的关键窍门。

一个人的意识和潜意识，是决定成功的关键。一个人如果下定决心做成某件事，那么，他就会凭借意识的驱动和潜意识的力量，跨越前进路上的重重障碍，成功也就有了切实可靠的保证。

有一对兄弟，哥哥是知名企业的科技带头人，弟弟是摄影师。

从小，兄弟俩就表现出截然不同的个性。哥哥很会说话，很有领导能力，书也一直念得很好。弟弟跟哥哥念同一所学校，比哥哥低一个年级，压力一直很大，老师们都会说："啊，你是谁的弟弟吧，你哥哥怎样怎样……"更糟的是，哥哥还长得比他帅。

不只在学校有压力，在家里也一样，他闯了一点儿小祸，妈妈会不经意地说："跟你哥哥学学，你哥哥从不让我操心的。"拿了糟糕的成绩单回家，爸爸也会摇摇头说："咦？你哥哥没怎么念书，成绩就很好呀，书有那么难念吗？"

他不是不努力，可是无论他怎样努力，就是没办法赢得"你跟你哥哥一样优秀"的口碑。尽管有时他也感到许多委屈，可在心里还是以哥哥为荣的。

哥哥一直光芒万丈，考上明星高中，大学也念了第一志愿，而他竟然连一所公立高中都考不上。

爸爸说："好吧，家里只要有一个人念大学，我就不算辜负老祖宗了。"没过多久，他便选了他唯一感兴趣的职高美工科。

哥哥又念了硕士、博士，进入一家电子公司，成为科技新贵，让父母引以为荣。他职高毕业后发现自己对摄影比较有兴趣，就应聘了几家公司，变成一个摄影师的助理。爸妈对于他，好像形同"放弃"似的，只要他"现在可以养活自己，将来可以养活妻小"就好了。

后来，他当上了某电视公司的摄影记者，每天为了追逐新闻，四处奔波，很少和哥哥联络。有一天，哥哥忽然回到家来，对他说："喂，爸妈要拜托你照顾了，我辞了职，想到法国去学现代艺术。"他很诧异，哥哥说："前一阵子，我因连续加班而昏倒，被同事送到医院，差点儿'过劳死'。人生有限，我不能一直没有自己。我想了很久，要'为自己活'，选择一条我真正想走的路。"

啊？他听得嘴都歪了，哥哥的梦想是学现代艺术？

"为自己活？难道你不是在为自己活吗？你那么优秀，一直有许多选择的机会，不是吗？"

"不，我一直活在别人的期望下，没办法做我自己。"哥哥说，"我一直很羡慕你可以念美工科。以前看你在赶美术作业时，我都一边在念教科书，一边在嫉妒你！你真好，可以选择自己的兴趣，你那么自由，那么快乐。"

听了这话，他三分骄傲，七分心酸。

"原来，不被注意，有不被注意的舒适和快乐。"他想，"我一直是在他的阴影下乘凉，却只会抱怨他遮住了我的阳光，并没有想到，因为他的存在，我才没有被晒伤。"

1992年的春天，有个满脑子发财梦的年轻男孩，只身来到大城市里寻找工作，期望能在这个充满机遇的都市里实现自己的梦想。

他以为可以很快地找到轻松又高薪的工作，但事实不然，他一再地受挫，不仅连面谈的机会都没有，最后连带来的盘缠都用完了。只能露宿街头的他，在某个寒冷的夜晚，一个人蜷缩在人行道上打盹，落魄而邋遢的模样一如街角的乞丐。这时，有个过路的妇人同情地丢给了他一块钱钞票，当他准备伸手捡起来时，没想到身边一个擦皮鞋的女孩，居然抢先一步捡起了这张钞票。男孩一看，气呼呼地喊道："这是我的！"没想到女孩回到原位，完全不理会他的怒骂。男孩生气地站了起来，与女孩争执，女孩一副义正词严的样子，质问说："你凭什么拿这个钱？那位妇人为什么要给你钱？难道你是……乞丐吗？"这时，女孩冷笑了一声，斜睨着他，又说："这样吧，如果你承认自己是乞丐，我就还你这一块钱。"

"我是乞丐？我怎么会是乞丐？"男孩认为女孩故意在嘲讽他，为了捍卫尊严，他只有选择放弃。然而，当他准备转身离开时，女孩子却叫住了他："我知道你已经饿坏了，我和你商量，我借给你这个位置10分钟，这10分钟内你所赚的钱，全部都归你，好不好？"

男孩回头看了看女孩，以为她又想玩什么花招，却见女孩满脸诚恳地说："我是说真的，接受我的建议吧！这个接受和这一块钱不同，因为，一个是'施舍',一个是'靠自己的力量'。"男孩听了,心头一震:"我要靠自己的力量挣钱!"于是,10分钟时间他赚得了三块钱,虽然只有三块钱,但是用它买来的两块面包,滋味却是前所未有的。狼吞虎咽吃完两块面包之后,男孩吞吞吐吐地向女孩提出了一个请求:"能不能……你能不能再帮帮我,帮我买一套擦皮鞋的工具……我也想擦皮鞋。"可爱的女孩笑了笑,接着也点了点头。

第二天,擦皮鞋的女孩身边又多了一个擦皮鞋的男孩。几年之后,人们再见到这对擦鞋匠时,他们成了夫妻,也是一家皮鞋公司的老板和老板娘。

生活中,有些人总想着去向别人索取一些东西,而自己却不懂得付出。要知道,别人即使给予也只是很有限的一部分,而且也只是暂时的。无论何时,靠别人的施舍渡过难关不是办法,靠自己的力量奋斗才是解决问题之道。

在德国的一个小镇上有着一个穷织工。人们从来没听过他发牢骚,不论碰到什么愁苦烦忧,他总是说:"嗨,上帝会帮忙的!"

有一次,他的老板告诉他:"嗨,德比,等你织完了手头的这一匹布,就没有多少活儿可干了,你得等到六个月以后呢。"德比听后很难过,他想:上帝啊!我该怎么把这事跟妻子说呢,六个月可是相当长的时间啊!

回到家里,他不得不把这个坏消息告诉了妻子,他的妻子哭了起来:"我们没钱的话,拿什么给孩子们买吃的和穿的呀!"

德比很着急,却不得不安慰着妻子,可此时他还能有什么好说的呢,他只能说:"嗨,上帝会帮忙的!"说完之后,他悄悄地溜出了家门,免得看见妻子伤心。

街上有几个孩子正在玩,德比站在一旁,看他们用棍子拨弄一只死乌鸦。他想:可怜的鸟儿,它是怎么死的呢?

孩子们散了以后,德比走过去,蹲下观察那只死鸟。咦,他发现死鸟的喉咙里好像有什么东西,鼓鼓的。他用随身携带的小刀在死鸟的喉咙里一搅,然后拖出来一看,嗨!原来是一条漂亮的金项链!他拿起项链揣进荷包,一路小跑来到村里的珠宝店,德比问珠宝商:"您知道这项链是谁的吗?"

"哦,我知道!这是雪莉太太的。"天啊!雪莉太太不就是他老板的妻子吗?德比先生马上跑到老板家,去交还项链。

德比的老板晚上回到家里,听到妻子说起德比的行为,说:"我绝不会让这么诚实的人失去工作的。"第二天,老板找到德比说:"你从现在开始就回来工作吧，这是你的回报，我总是用得上一个诚实的人的。"

德比又有工作了，他的妻子和孩子们不再没有食物吃，也不再没有衣服穿，一家人快快乐乐地过着每一天。

世界上最大的悲剧或不幸，就是一个人大言不惭地说没有人给我任何东西。我们可以不必拥有财富，但不能没有诚实。诚实是做人的根本，只有做一个诚实的人，才会得到别人的信任。

> 人生路上我们所追求的并不是金钱、地位或者爱情，我们追求的应该是自我价值的最终实现。
>
> ——新浪网友守住时间

从容泰然

> 有一天，我们终于到达了目的地，然后我们会为自己所曾付出的长途跋涉而感到骄傲。事实上，当时我们并没有察觉到我们是在远行，我们应该养成一种不管到哪里都如同在家里一样的习惯。
>
> ——尼采《快乐的科学》

法国第厄普市有位家庭妇女，人称"伯爵夫人"。她的丈夫在马其诺防线被德军攻陷后，当了德国人的俘虏，她的身边只留下两个幼小的儿女——12岁的雅克和10岁的杰奎琳。为把德国强盗赶出自己的祖国，母子3人参加了当时的秘密情报工作。

一天晚上，屋里闯进了3个德国军官，其中一个是本地区情报部的官员。他们坐下后，一个少校军官用一张揉皱的纸就着暗淡的灯光吃力地阅读起来。这时，那个情报部的中尉顺手拿过藏有情报的蜡烛点燃，放到长官面前。情况变得危急起来，伯爵夫人知道，万一蜡烛燃到蜡烛中藏匿情报的铁管之处，就会自动熄火，同时也意味着他们一家3口的生命将宣布结束。她看着两个脸色苍白的儿女，急忙从厨房中取出一盏油灯放在桌上。"瞧，先生们，这盏灯亮些。"说着轻轻地把蜡烛吹熄，一场危机似乎过去了。但是，轻松没有持续多久，那个中尉又把冒着青烟的烛芯重新点燃，"晚上这么黑，多点支小蜡烛也好嘛。"他说。烛光接着发出微弱的光。此时此刻，它仿佛成为这房里最可怕的东西。伯爵夫人的心提到了嗓子眼上，她似乎感到德军那几双恶狼般的眼睛都盯在越来越短的蜡烛上。一旦这个情报中转站暴露，后果是不堪设想的。

这时候，小儿子雅克慢慢地站起说："天真冷，我到柴房去搬些柴来生火吧。"说着伸手端起烛台朝门口走去，房子顿时暗下来。中尉快步赶上前，厉声喝道："你不用灯就不行吗？"一手把烛台夺回。

时间一分一秒地过去。突然，小女儿杰奎琳娇声对德国人说道："司令官先生，天晚了，楼上黑，我可以拿一盏灯上楼睡觉吗？"少校瞧了瞧这个可爱的小姑娘，一把拉她到身边，用亲切的声音说："当然可以。我家也有一个像你这样年纪的小女儿。来，我给你讲讲我的路易莎好吗？"杰奎琳仰起小脸，高兴地说："那太好了。不过，司令官先生，今晚我的头很痛，我想睡觉了，下次您再给我讲好吗？""当然可以，小姑娘。"杰奎琳镇定地把烛台端起来，向几位军官道过晚安，上楼去了。正当她踏上最后一级阶梯时，蜡烛熄灭了。——在某些危急时刻，一定要沉着冷静，控制好自己的情绪。一个善于控制自己的情绪的人，才能够临危不乱，机智勇敢，才能化险为夷。

有一个年轻人，多才多艺，但真正的学业却一直没有太大的长进。于是，他去请求一位禅师为他指点迷津。这位禅师见到他后，并没有说什么，只是先请他大吃一顿。禅师吩咐人在桌子上摆满了上百种不同花样的斋饭，大多数是这个年轻人未曾见过的。开始用斋时，年轻人挥动筷子，想要尝尽每一道菜，当用斋结束后，他吃得非常饱。

禅师于是问他："你吃的都是些什么味道，"他摸了摸肚子，很为难地说："百种滋味，已难以分辨，只有撑胀。"禅师又问："那你是否舒服、满足？"他答道："很痛苦。"禅师笑了笑，没有说什么。

次日，禅师邀他一同登山。当他们爬到半山腰时，那里有许多稀奇的小石头。年轻人很是庆幸，于是边走边把喜欢的石头放入口袋中。很快袋子便装得满满的，他已经背不动，但又舍不得丢掉那些石头。

此时禅师猛然呵道："该放下了，如此又怎么能登到山顶？"年轻人望着那未曾到过的山的顶端，顿时彻悟。他立即抛下了袋子，轻盈地登向山峰。

在生活和工作中，有的人心中装着很多东西，艰难地向前行走，这些沉重的精神压力使他们越来越累，最后就倒了下去，只有把心中的负担放下，才能轻盈地向前行进，才能登上想要攀登的高峰。

李未是一位成功的职场人士。当他的老同学还在为饭碗苦苦挣扎时，他已顺利地完成了由低级白领到高级白领到金领的过渡。事业、金钱、美女，一样不缺，而最让人羡慕的是，这一切似乎他并没有像有些人那样牺牲健康和情趣孜孜以求，而是从容淡定不声不响地就尽收囊中了。

有人欲探得其中奥妙，李未说，其实挺简单，换来这份从容的，也就是"提前半小时"。

李未刚参加工作时，和许多人一样，总觉得手头的事情做不完，业余爱好也丢了，人疲乏得要命，到头来还没落得个好效果。后来有一天，做了一辈子管理工作的父亲对他说："你能不能试一试，每天早出门半个小时？"他看了父亲一眼，对父亲的话并未十分理解，但他决定试一试。

从第二天起，他开始比正常时间早半个小时出门。当他走到公共汽车站时，发现等车的人不多，上到车上，又发现有许多空位，比平时惬意多了。而且，由于还没到上班高峰期，路上的交通也没出现堵塞，很快就到了他的目的地。坐在车上时，他就把一天的工作理了个头绪。进到办公室后，同事们还没来，他在空旷的办公室里伸展了一下手脚，而后开始听一段音乐。

当同事们匆匆忙忙地打卡、手忙脚乱地开抽屉时，他的面前已放好了需整理的材料，并泡好了一杯热茶。接下来的工作是有条不紊的。往往不到中午的下班时间，他上午的工作计划就提前完成了。那么在剩下的时间里，他会憧憬一下午餐的丰富内容，并考虑午休时是和男同事们一起打打球呢，还是陪哪个漂亮的女同事去逛逛楼下商店——这些想法的确都让人愉快。

悠闲的午休结束后，下午的工作又开始了。由于早上在车上已有打算，头绪清楚，下午的工作又很顺手。下班铃声响之前，他把一天的工作小结了一下，看看有没有遗漏的或不周到的地方。这样，到下班时，当有些人还在手忙脚乱地忙乎，另一些人在疲惫不堪地打着哈欠时，他还是那样的神清气爽。没理由不高兴啊，工作完成了，家里还有妈妈做的丰盛晚餐等着，晚上还有好节目呢！

看看，这些好处的获得，只因早出门半个小时。李未很感谢他的父亲，是父亲教会了他掌握时间和命运的主动权，用半个小时换来一世从容。

如果我们把自己的时间安排得很合理，就可以度过从容愉快的一天。把时间安排好，合理利用好时间，就可以打理好自己的工作和生活，就可以掌握命运的主动权。

梁实秋先生是一个以优雅著称的学者，他优雅的话语，优雅的文章总能让人心情宁静。有人说梁实秋先生的文章是一杯清心茶，能荡涤人心中的浮躁。而现实中的梁实秋先生，也是主张做人应该踏实而最忌浮躁的。

抗日战争时期，梁实秋滞留在四川成都，当时他所处的环境，可以说与一座"牢狱"没有多大差别。然而，他却将其住所取名为"雅舍"，且一住7年。豁达的心胸和踏实的生活态度，在梁实秋看来是为自己"减刑"的方法。正是在这样的环境中，梁实秋除完成中小学战时教材编写任务外，还创作了《雅舍》等十几篇小品文，翻译了莎士比亚的《亨利四世》等多部外国作品。在为散文集《雅舍》作序时，梁实秋说："我非显要，故名公巨卿之照片不得入我室；我非牙医，故无博士文凭张挂壁间；我不业理发，故丝织西湖十景以及电影明星之照片亦均不能张我四壁。"这些话表达了他对社会各色人等自我炫耀和浮躁之陋习的讥讽，亦有对自我个性的张扬：我自有我的生活方式，我的人生趣味，对他人概不艳羡，亦不模仿。正是这种踏实而不浮躁的生活态度，让困境里的梁实秋先生也能感受到生活的乐趣。

"欲速则不达，见小利则大事不成"、"三思而后行"，这是梁实秋先生所提倡的沉稳、含蓄，如同太极拳般心平气和、不急不躁的为人准则。在大学任教期间，他总是劝导他的学生要戒骄戒躁。

生活中，常有一些人做事缺少恒心，见异思迁，急功近利，成天无所事事。面对急剧变化的社会，他们对前途毫无信心，心神不宁。浮躁是一种情绪，一种并不可取的生活态度。人浮躁了，会终日处在又忙又烦的应急状态中，脾气会暴躁，神经会紧绷，长久下来，会被生活的急流所挟裹。

其实，静下心来，笑对人生，更能获得成功。有"石佛"之称的韩国围棋第一高手李昌镐，他总是以一颗平常心来对待每次对弈，置胜负于度外，平心静气地走好每一步棋。出现劣势时，对手大多有些忙乱，但他依旧毫无表情，纹丝不动，而最终的胜者则常常是他。人生只有拥有一颗淡泊的、宁静的心，才会更幸福、更沉着。

面对一切风云变幻，只要自己能够保持生活中习以为常的姿态，那么在人生的终点，自然会赢得幸福与快乐。

——腾讯网友最终幻想

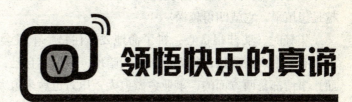

知足常乐

> 并不存在本身善、美、崇高、恶的东西，而是有种种心境，处在
> 这些心境之中，我们便把上述词汇加到了我们身外身内之物上面。
>
> ——尼采《曙光》

伊索说过："许多人想得到更多的东西，却把现在所拥有的也失去了。"的确，人生的焦虑、烦躁很多都是因为得不到自己想要的东西，我们每天都在奔波劳碌，每天都在用幻想填平心里的欲望，但是那些欲望却像是反方向的沟壑，你越是想填平，它就凹得越深。

年轻时，艾莎很贪心，拼了命地要抓住每一个机会。有一段时间，她手上同时有15个广播节目，每天忙得昏天暗地，她形容自己："累得跟狗一样！"然而，事情都是两方面的，事业愈做愈大，压力也愈来愈大。到了后来，艾莎发觉自己拥有最多的不是乐趣，而是一种沉重的负担。她生活在烦躁之中，内心始终被一种强烈的不安全感笼罩着。

1995年，灾难发生了，艾莎独资经营的传播公司被恶性倒账四五千万美元，交往了7年的男友和她分手……一连串的打击让她极度沮丧，她不止一次想到了自杀。在面临崩溃之际，她向一位朋友求助："如果我把公司关掉，我不知道我还能做什么。"朋友沉吟片刻后回答："你什么都能做，别忘了，当初我们都是从'零'开始的！"这句话让她恍然大悟，也让她勇气再生："是啊！我们本来就是一无所有，既然如此，又有什么好怕的呢？"就这样念头一转，在短短半个月之内，她连续接到两笔大业务，濒临倒闭的公司起死回生了。

历经这些挫折后，艾莎体悟到人生"无常"的一面：费尽了力气去强求，虽然勉强得到，最后留也留不住。想明白这些之后，她再也不像过去那样把自己搞得很累、很紧张了，她开始学会享受生活，内心的烦躁与不安也逐渐远去。

每个人都有欲望，都想过美满幸福的生活，都希望丰衣足食，这是人之常情。但是，如果把这种欲望变成无止境的贪婪，那我们就成了欲望的奴隶。在欲

望的支配下，我们不得不为了权力、为了地位、为了金钱而削尖了脑袋钻营。我们常常感到自己非常累，但是仍觉得不满足，因为在我们看来，很多人比自己的生活更富足，很多人的权力比自己大。扪心自问，这样的生活，能不累吗？我们的内心能不焦躁吗？被欲望沉沉地压着，能不精疲力竭吗？静下心来想一想，有什么目标我们非要实现不可，又有什么东西值得我们用宝贵的生命去换取？适当的修剪一下自己的欲望吧，别让那些不必要的贪念支配了你的生活，让你失去了生活的快乐。

世事如棋，需要选择和放弃的太多，关键是明白选择什么，放弃什么，衡量的天平不是高，不是大，不是全，不是美，而是合适，是知足。合脚的鞋才能让你健步如飞，合心的生活才能让你幸福一生，知足让你摆脱焦虑，过上幸福生活。

西方一位哲人曾说过："人的欲望是座火山，如不控制就会伤人害己。"贪欲是人成功路上的障碍，因为它会自动成长、膨胀，最后喷薄而出时，就会炸伤自己，一切的荣誉、事业、成功也都将随之烟消云散。

忙碌是一种生活状态，但不应该成为心灵的常态。若只能从忙碌中体会到烦恼与纷扰，便很难体验到游刃有余、自由洒脱的心境。在忙碌的世俗生活中，保持一种平常心，将忙碌的劳累与不快沉淀到心底，并用岁月将其风干成一种曾经奋斗的记忆，才是得享生活与工作的绝妙方法。

古代，一位官员每天忙忙碌碌，不得清闲，时间久了，他心中生了很多烦恼，对工作也倦怠起来。苦恼无处排解，他便来到一位禅师的法堂。禅师静静听完了此人的倾诉，将他带入自己的禅房之中。禅房的桌上放着一瓶水，禅师微笑着说："你看这只花瓶，它已经放置在这里许久了。虽然它每天都被放在同一个位置，但是瓶中的鲜花每天都在更换，它必须以同样的状态供给水分与养料，这是一种不动声色的静态忙碌。在这里，几乎每天都有尘埃灰烬落在花瓶里面，但它依然澄清透明。你知道这是为什么吗？"此人思索良久，仿佛要将花瓶看穿，忽然他似有所悟："我懂了，所有的灰尘都沉淀到瓶底了。"禅师点点头："世间烦恼之事数之不尽，有些烦恼越想排解越挥之不去，那就索性淡然处之。就像瓶中的水，如果你厌恶地摇它，会使一瓶水都不得安宁，混浊一片；如果你愿意慢慢地、静静地让它们沉淀下来，用宽广的胸怀去容纳它们，这样，心灵并未因此受到污染，反而更加纯净了。"官员恍然大悟。

保持瓶中水的静止，也是保持自己内心的安定。保持一颗平常心，和其光，同其尘，愈深邃愈安静。生活抑或工作中的我们，应该养成一种如水的心态，容纳万物，也容纳自我的烦恼。水至柔而有骨，执著能穿石，以"天下之至柔，驰骋天下之至坚"；齐心合力，激浊扬清，义无反顾；灵活处世，不拘泥于形式，因时而变，因势而变，因器而变，因机而动，生机无限；清澈透明，洁身自好，纤尘不染；一视同仁，不平则鸣，润泽万物，有容乃大，通达而广济天下，奉献而不图回报。

人生在世，若能将水的特性发挥得淋漓尽致，可谓完人，正是"上善若水，厚德载物"，才能在忙碌的工作中获得欢喜，否则，便会因为忙碌而失去发掘幸福的心情。

有个后生从家里到一座禅院去，在路上遇到了一件有趣的事，他想以此去考考禅院里的老禅者。来到禅院后，后生与老禅者一边品茶，一边闲谈，冷不防问了一句："何为团团转？""皆因绳未断。"老禅者随口答道。后生听到老禅者这样回答，顿时目瞪口呆。老禅者见状，问："什么使你这样惊讶啊？""你怎么知道的呢？"后生说，"我今天在来的路上，看到一头牛被绳子穿了鼻子，拴在树上，这头牛想离开这棵树，到草地上去吃草，谁知它转过来转过去都不得脱身。我以为师父没看见，肯定答不出来，哪知师父一下就答对了。"老禅者微笑着说："你问的是事，我答的是理，你问的是牛被绳缚而不得解脱，我答的是心被俗务纠缠而不得超脱，一理通百事啊！"

想想我们自己，其实也是被一根无形的绳子牵着，像老牛一样围着树干团团转，总解脱不了。我们的处境又比老牛好到哪儿去呢？为了钱，我们东西南北团团转；为了权，我们上下左右转团团；为了欲，我们上上下下奔窜；为了名，我们日日夜夜奔窜。名是绳，利是绳，欲是绳，尘世的诱惑与牵挂都是绳。人生三千烦恼丝，斩断才能自在啊！对活在忙碌紧张、名利缠绕的现代社会的我们而言，肩上的重担，心中的压力，将我们缠绕其中，密不透风，使我们与快乐背道而驰，越走越远。在忙碌的工作中，放下心中的烦恼，放下心中的欲望，便会得到一双跨越悬崖，朝着晴朗的快乐天空自由飞翔的翅膀！

有一个失意的城里人对生活失去了信心，他走进一片原始森林，准备在那里了却残生。

失意人发现一只猴子正在目不转睛地看着他，便招手让猴子过来。

"先生，有何公干？"猴子有礼貌地打着招呼。

"求求你，找块石头把我砸死吧！"失意人央求猴子。

"为什么？阁下难道不想活了？"猴子瞪着眼睛问。

"我真是太不幸了……"失意人话一出口，泪水便哗哗地流了出来。

"能跟我谈谈吗？我也是灵长类呀！"猴子善解人意地说。

"跟你谈有什么用……当年我差了一分，没有考上清华大学……呜……"失意人已经泪流满面了。

"你们人类不是还有别的大学吗？你是不是找不到异性？"猴子觉得上什么大学无所谓，有没有异性可是个原则问题。

"呜……"失意人又哭了起来，"有十几个美女追求我，最后我只得到其中一个不太漂亮的……"

"天啊，太不公平了！"猴子也为失意人打抱不平，"不过，您毕竟还捞上了一个。工作上有什么不顺心吗？"

"工作了十来年，才评上一个副教授。你说说，这书还怎么教下去？"失意人转悲为愤，怒气冲冲地说。

"薪水够用吗？"这只猴子看来懂得真不少。

"够用什么！每个月除了吃、穿、用，只剩下800多块钱，什么事也干不了！"失意人满腹牢骚。

"您真的不想活啦？"猴子紧紧盯着失意人的双眼，严肃地问。

"不想活了！你还等什么，快去找石头啊！"失意人不想再跟猴子啰嗦了。

猴子犹豫了一下，终于抓起来一块石头。就在它即将砸向失意人脑袋的时候，突然问失意人："阁下，比起我来，您真是幸福。其实，我比您痛苦多了。这样吧，把您的地址告诉我，我去顶替您算了。"

失意人忙说："那可不行！说真的，比起你来，我真是幸福的。"

猴子问："那你现在还想死吗？"

失意人摇了摇头。

在这个世界上，没有一个人能事事都如意，凡事应往好的方面想，要学会比较——比上不足，比下有余。经常这样想想，我们就会感觉到幸福了。

"鱼和熊掌不可得兼"。做人要学会知足常乐和心满意足，遇到事要平静地对待，只有这样，生活才可以更加地丰富多彩，更加地欣欣向荣。

——新浪网友稚气未脱

节制欲望

> 自由的生活依旧为伟大灵魂开放着。谁占有的东西越少，谁就越
> 少被占有。值得赞美的是小小的清贫。
>
> ——尼采《查拉图斯特拉如是说》

人人都想"拥有"，但问题在于人的欲望是无止境的，填饱了肚子，又求珍馐；娶了娇妻，又妄想求得美妾；有了房舍，又求华厦；谋得一职，又求升官；得到千钱，又求万金……宝贵的一生就在无止境的追求"拥有"中，苦恼地度过了。拥有财物而不用，和"没有"有什么差别呢？拥有财物而不会用，和"无用"有什么不同呢？每个人都希望拥有自己的房子，但若不能和至爱家人住在一起，别墅是否会有家的感觉？每个人都希望有自己的田产，但若不在其中播撒种子，一块荒地存在的意义又是什么？每个人都希望能够拥有巨额财富，但如果只是紧紧握在手中而不使用，一张永远不能支取的存折的价值在哪里呢？

以前，有一对兄弟，他们自幼失去了父母，相依为命，家境十分贫寒。他们俩终日以打柴为生，生活十分艰苦。即便如此，兄弟俩也从来没有抱怨过，他们起早贪黑，一天到晚忙得不亦乐乎。而且，哥哥照顾弟弟，弟弟心疼哥哥，生活虽然艰苦，但过得还算舒心。

观世音菩萨得知了他们二人的情况，为他们的亲情所感动，决定下界去帮他们。清晨时分，菩萨来到兄弟俩的梦中，对他们说："远方有一座太阳山，山上撒满了金光灿灿的金子，你们可以前去拾取。不过路途非常艰险，你们可要小心！并且，太阳山温度很高，你一定要在太阳出来之前下山，否则，就会被烧死在上边。"说完，菩萨就不见了。

兄弟二人从睡梦中醒来，非常兴奋。他们商量了一下，便起程去了太阳山。一路上，他们不但遇到了毒蛇猛兽、豺狼虎豹，而且天空中狂风大作、电闪雷鸣。

兄弟俩咬紧牙关，团结一致，最终战胜了各种艰难险阻，来到了太阳山。兄弟俩一看，漫山遍野都是黄金，金灿灿的，照得人睁不开眼。弟弟一脸的兴奋，

望着这些黄金不住地笑，而哥哥只是淡淡地笑。

哥哥从山上捡了一块黄金，装在口袋里，下山去了。弟弟捡了一块又一块，就是不肯罢手。不一会儿整个袋子都装满了，弟弟还是不肯住手。此时，太阳快出来了，可是弟弟仍在不停地捡。

一会儿，太阳真的出来了，山上的温度也在渐渐升高。这时，弟弟才慌了神，急忙背着黄金往回跑，无奈金子太重，压得他根本跑不快。太阳越升越高，弟弟终于倒了下去，被烧死在太阳山上。

哥哥回家后，用捡到的那块金子当本钱，做起了生意，后来成了远近闻名的大富翁。可弟弟却永远地留在了太阳山。

弟弟一心"拥有"，而哥哥聪明"拥有"，哥哥因为不贪而享受了富有的恩赐，弟弟因贪得无厌而命丧黄泉。多贪多欲的人，纵然富甲天下，无法满足，等于是穷人，他们拥有的是痛苦的根源而非幸福的靠山。而少欲知足善用的人，会真正享受到富裕的生活。

一匹狼被洪水卷进了大海，它抱着一根木头漂到了一座小小的荒岛上。这是一个兔岛，岛上可以填饱狼肚子的只有兔子。

"这么多兔子，多好啊！"狼垂着长长的尾巴馋涎自语。"我要把它们通通制成腊兔，等太阳把海水晒干后，带回去慢慢享用。"于是它就不停地干起了捕杀兔子的工作。

兔子们非常恐慌，兔王冒着生命危险去跟狼谈判。它们希望狼每天只吃一两只体弱的兔子，这样，兔子的数量不会减少，狼也永远不会挨饿。狼坚信海水会被太阳晒干，根本听不进兔王的话，反而把兔王也变成了腊兔。

小岛上很快就没有了兔子的踪迹，狼天天吃着腊兔，等着太阳把海水晒干。过了两年，狼储备的腊兔全吃光了，可海水还是可怕地包围着小岛。不久，狼终于变成了小岛上一堆闪着磷火的白骨。

贪得无厌会让人头脑混乱，不懂得分析局势而鲁莽行事。在一些事情面前，一定要克制好自己的欲望。看清楚眼前和未来的路，谨慎向前，克制欲望，才不会犯下致命的过错。

有个人想出了一个捕捉火鸡的好方法，他把箱子制作成一个有进无出的陷阱，一旦火鸡进去了，只要把进口堵上，就很难逃出来。

这天，他抓来一把玉米，从箱子外面一路撒下去，一直撒到箱子里面，然后他在箱子盖上系了一根绳子，自己攥着绳子的一端，远远地躲在一边，等着火鸡的到来。只要他把绳子轻轻一拉，箱子盖就会关上，火鸡就跑不出来了。不一会，一群火鸡看到了玉米粒，都欢快地啄食起来，这个人数了数一共有10只。10只够他吃好几天的了。有3只进箱子里了，接着有7只了，8只了，他盯着外面的两只火鸡，要是它们也进去了，自己就可以一个礼拜不用出来工作了。

这个人正想着，一只火鸡溜了出来。他懊悔地想刚才真该拉绳子。如果再进去一只我就关，他这样想。可是又出来两只，在他想的时候又跑出来两只……

最后，这个人眼睁睁地看着那群火鸡心满意足地离去了。箱子里什么都没有了，包括他的玉米粒。

在欲望面前，要懂得适可而止，知足常乐才能够获得更多。做人不要太贪婪，过分的贪婪不但不会得到想要的东西，还会失去本来可以拥有或者已经拥有的东西。

一个农民独自在原始森林中劳动和生活。他收获了5袋谷物，这些谷物要使用一年。他是一个善于精打细算的人，因而精心安排了5袋谷物的计划：第一袋谷物为维持生存所用。第二袋是在维持生存之外增强体力和精力的。此外，他希望有些肉可吃，所以留第三袋谷物饲养鸡、鸭等家禽。他爱喝酒，于是他将第四袋谷物用于酿酒。对于第五袋谷物，他觉得最好用它来养几只他喜欢的鹦鹉，这样可以解闷。显然，这五袋谷物的不同用途，其重要性是不同的。假如以数字来表示的话，将维持生存的那袋谷物的重要性可以确定为1，其余的依次确定为2、3、4、5。现在要问的问题是：如果一袋谷物遭受了损失，比如被小偷偷走了，那么他将失去多少效用？

这是奥地利经济学家庞巴维克于1888年出版的《资本实证论》中，为论述边际效用时讲的一个故事。故事中的这位农民面前合理的选择，就是用剩下的四袋谷物供应最迫切的四种需要，而放弃最不重要的需要。最不重要的需要，也就是经济学上所讲的边际效用最低的部分。庞巴维克发现，边际效用量取决于需要和供应之间的关系。要求满足的需要越多和越强烈，可以满足这些需要的物品量越少，那么得不到满足的需要就越重要，因而物品的边际效用就越高。反之，边际效用和价值就越低。经济学家认为，人之所以执著地追求幸福，就是因为幸福能给人带来效用，即生理上和精神上的满足。

农夫拥有的五袋谷物，就好像是幸福能为我们带来的不同层级的效用——有健康，有美食，也有精神的享受。我们追求幸福其实就是为了追求需求的满足，幸福效用的实现。不过，幸福终究逃不脱边际效用递减的厄运，好不容易实现的幸福很快就会让你不满足，追求幸福的道路注定永远没有尽头。

其实，人人都有欲望，都想过美满幸福的生活。但是，如果把这种欲望变成不正当的欲求，变成无止境的贪婪，我们就成了欲望的奴隶了。我们所拥有的东西不是越多越好，凡事要适可而止。懂得适可而止，欲望会带给你快乐；不懂得适可而止，欲望只能成为你的包袱。

有一个印第安人酋长对他的臣民说："上帝给每一个人一杯水，于是，你从里面体味生活。"生活确实就是一杯水，无色无味，对任何人都一样。你有权利加盐、加糖，只要你喜欢，但必须适可而止，因为杯子的容量有限。啜饮的时候，你要慢慢地体味，因为你只有一杯水，水喝完了，杯子便空了。

生活中，很多人为了让自己那杯水色香味俱佳，不停地往里面加各种各样的调料。诸如爱情、友情、金钱、喜、怒、哀、乐等等，所以都感觉活得非常"累"。其实，只要你适度地、有选择地放入调料，你的生活便会过得有滋有味。

一个人的精力总是有限的，然而人的欲望却是没有底线的，什么都不愿意放弃的人，往往会被欲望冲昏了头脑。我们会面临着很多的诱惑，不可能一切美好的事物都归自己所有。学会放弃的人，才能让自己过得更加轻松、自在。

有一个聪明的年轻人，很想在一切方面都比他身边的人强，他想成为一名大学问家。可是，许多年过去了，他的其他方面都不错，学业却没有长进。他很苦恼，就去向一个大师求教。

大师说："我们登山吧，到山顶你就知道该如何做了。"

那山上有许多晶莹的小石头，煞是迷人。每见到他喜欢的石头，大师就让他装进袋子里背着，很快他就吃不消了。

"大师，再背，别说到山顶了，恐怕连动也不能动了。"他疑惑地望着大师。"是呀，那该怎么办呢？"大师微微一笑，"该放下，不放下背着石头咋能登山呢？"大师笑了。

年轻人一愣，忽觉心中一亮，向大师道了谢，走了。之后他一心做学问，进步飞快……

经过大师的点拨，年轻人心中顿悟，如果要把所有自己喜欢的东西悉数收入囊中，一旦遇到对自己最重要的东西，才发现自己已经无法承载。可见，要想人生取得更大的成就，就要学会舍得放弃一些对自己来说并不重要的。

如今，职场的竞争非常激烈，大学毕业后的小林进入公司工作已经五年了。

虽说已经是部门的经理，但是由于新技术、新产品不断出现，他经常会感到自己的知识结构老化，力不从心。尤其是最近新入职的员工都已经是研究生学历了，更增加了他的危机感。所以，他也打算读在职研究生提升自己的知识层次。然而，过了半年，他发现自己总是被各种各样的事情所缠绕。工作之余，要么是有人约他出去唱歌，要么是各种各样的聚餐，再有就是出去旅游。总之，经常疲于应付这些事情，根本抽不出时间来集中精力学习准备考研的事情。时间一晃，又是一年过去了。小林冷静下来，认真审视了自己每天的日程安排，发现自己在无关紧要，甚至是毫无意义的事情上占用了太多的时间和精力。反倒把应该用于学习的时间给挤占了。这使他下定决心，必须要改变现状，专心来应对学习。否则，就会一事无成。

时间是最公平的，然而，在同样的时间内，每个人取得的成绩差异却很大。究其原因，对事情的取舍就是其中之一。每个人都可以尝试着把自己每天的日程表列出来，再看看每天在这些事情上所投入的时间和精力，很可能会让你大吃一惊。原来，自己竟然在一些毫无意义的事情上占用了如此多的时间。如果把这些宝贵的时间分配到重要的事情上来，我们可能会取得更好的成绩。这就给了我们一个启发，要放弃一些无关紧要的事情。这里的放弃是要有选择性、有目的性地放下一些事情，即所谓的舍得有方。

有舍才会有得。当你收获了价值更大、更为重要的成果时，你会明白收获的代价就是学会放弃。

人不可能做到无欲无求，但在世俗的生活中抛弃一些内心的欲求，做一个知足常乐者，才能更真切地享受人生。

——腾讯网友离经叛道

保持本色

有时候，尽管你已经十二分客气地对待一个人，但他仍然不会对你产生好感。而且，他甚至还认为你只是一个表面殷勤的伪君子。不要奢望能赢得所有人的好感，因为那几乎是不可能的事情。按照平常自己接人待物的处理方式对待你遇到的每一个人足矣。

——尼采《人性的，太人性的》

"风吹云动心不动，见到境界不动心。"禅的最高境界是心无外物，而人的终极自由是心灵的自由。只有做到不动心，才能得到真正超然物外的洒脱。"不动心"是一个人修养和定力的体现，若一个人无此定力，则可能被外境左右，随外境而动摇。想获得这种禅心，就要做到不为财动，不为情动，不为名动，不为谤动，不为苦动，不为难动，不为力动，不为气动。五色幢幡升空时迎风飘动，一僧说是幡动，一僧说是风动，六祖惠能从旁边经过，笑谈，既非风动，也非幡动，乃二僧心动。风动、幡动，都不过是外境的变迁，不动心，才能时时与清净同在。面对诱惑时，不能动心；面对批评时，也应保持沉稳。修行讲的就是修心，要修心先定心，外不着相为禅，内心不乱为定。不为外物所扰。心定则气闲，气闲则神明，使精神反观自身即是"禅"。

苏东坡被贬谪到江北瓜洲时，和金山寺的和尚佛印相交甚多，常常在一起参禅礼佛，谈经论道，成为非常好的朋友。

一天，苏东坡做了一首五言诗：稽首天中天，毫光照大千；八风吹不动，端坐紫金莲。做完之后，他再三吟诵，觉得其中含义深刻，颇得禅家智慧之大成。

苏东坡觉得佛印看到这首诗一定会大为赞赏，于是很想立刻把这首诗交给佛印，但苦于公务缠身，只好派了一个小书童将诗稿送过江，请佛印品鉴。

书童说明来意之后将诗稿交给了佛印禅师，佛印看过之后，微微一笑，提笔在原稿的背面写了几个字，然后让书童带回。

苏东坡满心欢喜地打开了信封，却先惊后怒。原来佛印只在宣纸背面写了两个字："狗屁！"

苏东坡既生气又不解，坐立不安，索性搁下手中的事情，吩咐书童备船再次过江。哪知苏东坡的船刚刚靠岸，却见佛印禅师已经在岸边等候多时。

苏东坡怒不可遏地对佛印说："和尚，你我相交甚好，为何要这般侮辱我呢？"

佛印笑吟吟地说："此话怎讲？我怎么会侮辱居士呢？"

苏东坡将诗稿拿出来，指着背面的"狗屁"二字给佛印看，质问原因。

佛印接过来，指着苏东坡的诗问道："居士不是自称'八风吹不动'吗？那怎么一个'屁'就过江来了呢？"

苏东坡顿时明白了佛印的意思，满脸羞愧，不知如何作答。

心动则生杂念，导致人很难认清自己。只要我们有一颗不动的心，不生是非分别的梦想，不起憎爱怨亲的颠倒，就能够安稳如山、明净如水、悠闲如云、自在如风。

有一次，汽车大王亨利·福特坐飞机前往英格兰。

在机场问询处，福特想要找当地最便宜的旅馆。当班的接待员认出他是著名的汽车大王于是就说："要是我没搞错的话，你就是亨利·福特先生，我记得很清楚，我看到过你的照片。"福特回答说："是的。"

接待员疑惑地说："你穿着一件看起来像你一样老的外套，还要找一个最便宜的旅馆。可是我曾见过你的儿子上这儿来，他总是询问最好的旅馆，他穿的也是最好的衣服。"

福特说："是啊，我儿子还年轻，好出风头，他还没适应生活。对我而言没必要住在昂贵的旅馆里，我在哪里都是亨利·福特，即便是住在最便宜的旅馆里我也是亨利·福特，也没什么两样。这件外套是我父亲的，但这没有关系，我不需要新衣服，我是亨利·福特，不管我穿什么样的衣服，我还是亨利·福特。"

无论别人如何风光，你都不必去羡慕，更不可以妄自菲薄；无论你自己如何落魄，都不必看低自己，更不可以消沉下去。无论情境怎样变迁，你还是你自己——做好自己才是最重要的。

伊尔·布拉格是美国历史上第一位荣获普利策新闻奖的黑人记者。他勇敢勤奋，功绩卓越，创造了美国新闻史上的一个奇迹。他在回忆自己童年经历时说："我们家很穷，父母都靠卖苦力为生。那时，我父亲是一名水手，他每年都要往返于大西洋各个港口之间。我一直认为，像我们这样地位卑微的黑人是不可能有什么出息的，也许一生只会像父亲所工作的船只一样，漂泊不定。"

伊尔·布拉格9岁那年，父亲带他去参观梵高的故居。在那张著名的吱嘎作响的小木床和那双龟裂的皮鞋面前，布拉格好奇地问父亲："梵高不是世界上最著名的大画家吗？他难道不是百万富翁？"父亲回答他说："梵高的确是世界著名的画家，同时，他也是一个和我们一样的穷人，而且是一个连妻子都娶不上的穷人。"

又过了一年，父亲带着布拉格去了丹麦，在童话大师安徒生墙壁斑驳的故居，布拉格又困惑地问父亲："安徒生不是生活在皇宫里吗？可是，这里的房子却这样破旧。"父亲答道："安徒生是一个砖匠的儿子，他生前就住在这栋残破的阁楼里。皇宫只在他的童话里才会出现。"

　　从此，布拉格的人生观完全改变。他不再自卑，不再以为只有那些有钱有地位的人才会出人头地。他说："我庆幸有位好父亲，他让我认识了梵高和安徒生，而这两位伟大的艺术家又告诉我，人能否成功与贫富毫无关系。"

　　很多时候，贫穷的人常常羡慕富有的人，其实，这没有什么可羡慕的。一个人贫穷并不可怕，可怕的是自己看低了自己。有钱人不一定都能干成大事，白手起家不一定不能成功。成功的原因有很多，最主要是靠个人的努力。

　　在英国有一个非常有名的马戏团，马戏团的台柱子是两个对比鲜明的男女演员，男演员是一个奇丑无比的小丑，女演员是一名貌如天仙的驯兽员。一美一丑两名演员吸引着成千上万的观众，使马戏团的生意日益火暴。

　　由于女演员长得太美了，身后总有大批追求者，那些追求者中有英俊不凡的，有家财万贯的（当然也有小丑，只不过他只敢把爱埋在心里）……但她却一个也看不上，谁也没有料到她竟然爱上了奇丑无比的小丑，并和小丑商量准备举行婚礼。如此美事从天而降，小丑幸福得简直不敢相信这是事实。离婚礼还有一个月的时候，小丑偷偷地找到了一名医术非凡的整容师，花大价钱为自己整了容，小丑想给未婚妻一个惊喜。经过精心整容后的小丑与从前相比已是判若两人，看着镜子里英俊的面容，小丑欣慰地笑了。

　　当小丑信心十足地来到未婚妻面前，把一切都告诉她时，未婚妻先是无比惊奇地看着他，然后十分痛苦地对小丑说："我们分手吧！"小丑大惊失色地问："这是为什么？"

　　未婚妻告诉他："你那些被别人认为奇丑的面貌特点，在我眼里是那样美，那样令我着迷，那是你与生俱来的别人不可能有的个人特点，那是你生命的本色，而你却把它丢了，如今你变得让我认不出来了，你让我感到非常陌生，你走吧！"

　　小丑因为丢掉了自己生命的本色而同时丢掉了爱情。

　　在自然界中，天然的才是最真实的；对于人而言，也是如此。无需为自己的容貌而苦恼，无需为自己的不如意而失落，不要刻意去改变自己，保持平常心，保持自己的本色，就是最美的。

　　有一个学生觉得自己很愚钝，什么东西都学不好，于是他诚惶诚恐地来请教他的老师，他怎样做才能够学到老师所有的智慧。他的老师是一位极具智慧的大师，他听到学生这样的问题，没有急于给他讲大道理，在笑了笑之后，反问那个学生："你认为应该怎样，才能够学会我所有的智慧呢？"那个学生不假思索地回答：希望老师能够一次教会他所有智慧的关键，让他能够完全了解老师所了解的事情！大师只是笑笑并不言语，从桌上拿起了一个苹果，放到嘴边，大大地咬了一口。大师望着他的学生，开始咀嚼着苹果。过了好一会儿，大师才又张开嘴，将口中已经嚼烂的苹果，吐在手掌当中。大师伸出手，将已嚼烂的苹果拿到学生的面前，然后让那个学生把他咀嚼过的苹果吃下去。学生惊惶万状表示不能够按照老师的要求去做。大师哈哈哈大笑起来，不紧不慢地说："我咀嚼过的苹果，你当然知道不能吃；但为什么又想要汲取我的智慧的精华呢？你要想真正使自己变成有智慧的人，你必须亲自去咀嚼的自己的苹果，你才能真正知道其中的滋味，得到其中的乐趣。"

其实，人生有时候就像在打牌，并不是每一次你都能拿到如你所愿的牌，千万不要认为别人能帮你找回运气。请记住，不管你拿到什么样的牌，你要做的就是接受你拿到的牌，并尽最大的努力把它玩好。

曾几何时，在人生之旅中因为种种沉重的打击，你也许曾经迷失了自己。

美国政治家查尔斯·爱迪生在竞选州长时，不想利用父亲（大发明家爱迪生）的声誉来抬高自己，在做自我介绍时这样解释说："我不想让人认为我是在利用爱迪生的名望。我宁愿让你们知道，我只不过是我的父亲早期实验的结果之一。"查尔斯还讲述了关于父亲老爱迪生的一段往事。在1914年12月9日的晚上，一场大火把爱迪生那座规模庞大的工厂几乎全部烧毁了，那一晚，老爱迪生损失了200万美元，那场火也使他许多精心的研究付之一炬。更令老爱迪生痛心的是，因为那些厂房是钢筋水泥所造，当时人们认为那是可以防火的。所以老爱迪生那座工厂保险投资很少，平均每一块钱只保了一角钱。那一年，查尔斯24岁，他的父亲已经67岁。当查尔斯怀着紧张而悲痛的心情跑去找他的父亲时，他发现父亲站在火场附近，满面通红，满头白发在寒风中飘扬。父亲的心血在一夜之间毁于一旦。可是当父亲看到查尔斯的时候，脸上却没有任何的悲伤，却大叫："查尔斯，你妈呢？快去找她，立刻找她来，她这一生不可能再看到这种场面了。"第二天一大早，老爱迪生经过被大火烧成一堆废墟的工厂时，只是淡淡地说："这场火灾绝对有价值。我们所有的过错，都随着火灾而毁灭。感谢上帝，我们可以从头做起。"三周后，也就是那场大火之后的第21天，老爱迪生制造了世界上第一部留声机。

纽约有一位女雕塑家，她的作品在一家著名的美术馆已展出多年，后来这家美术馆的老板过世，美术馆也关了门。这时候，那位40多岁的女雕塑家忽然发现别的美术馆都不要她的作品，她为此感到大为诧异。最后，一位美术品商人对她说，这仅仅是因为她的年纪偏大了，而美术馆或者美术厅要的是能够让批评家去"发现"的新秀，或者是要那些作品售价最高的成名大师。像女雕塑家这样年龄偏大，作品价格又不是能够卖到最高价钱的，他们是不会考虑把她的作品放在美术馆展览的。听了商人的话，虽然心里很不痛快，但是她还是牢牢地把这些话记在心里。她没有因此而消沉下去，而是更清楚地知道了该如何去面对目前的窘况。从此她不再漫无目的地去找出名美术馆展览自己的作品，而是开始学会了自己去推销作品，结果她非常成功地把自己的作品推销了出去。

人生中每次痛苦的经历都不是用来打败你自己的武器，而是你生命中的一笔财富，好好利用它，它可以让你重新寻回真正的自己。

有时候，当你认为这个世界对你太苛刻，而感到无法平静地面对自己、面对别人异样的目光时，不妨给自己一间安静的房间。看看下面这则故事，用心去体会其中的意义。

一位自小就不幸患脑性麻痹的女性，脑性麻痹夺去了她肢体的平衡感，也夺走了她发声讲话的能力。她就是在别人异样的目光中成长的。但是，别人的怜悯和身体上的痛苦并不能遏制她求知的欲望，她最终凭借着自己不懈地努力获得了加州大学艺术博士学位。当她站在一间教室的演讲台上，她那不和谐的肢体动作，偶尔她口中发出的模糊不清的声音，都让人替她感到命运对她是如此不公平。但是她的听力很好，只要对方猜中或说出她的意见，她就会乐得大叫一声，伸出右手，用两个指头指着你，或者拍着手，歪歪斜斜地向你走来，送给你一张用她的画制作的明信片。演讲进行中，有个学生问了她一个极为尴尬地问题："你从小就长成这个样子，请问你怎么看你自己？你都没有怨恨吗？"她用粉笔在黑板上重重地写下这几个字：我怎么看自己？写完这个问题，她停下笔来，歪着头，回头看看那位发问的同学，然后嫣然一笑，又回过头在黑板上龙飞凤舞地写了起来：一，我好可爱！二，我的腿很长很美！三，爸爸妈妈这么爱我！四，上帝这么爱我！五，我会画画，我会写稿！六，我有只可爱的猫！七，我会……八，还有……就在她写下以上这些话后，教室里顿时鸦雀无声。她再次回过头来环视在座的每个学生，再回过头去，在黑板上写下了她的结论：我只看我所有的，不看我所没有的。

请为自己选择一间安静的房间，并找一张舒适的椅子，坐下，闭上眼，然后开始全神注意自己的呼吸。无论真正的自我是何等模样，只要我们努力做个真正的自己，就完全足够了。

在权威面前，在他人置疑的目光中，你还能做到坚持自己的看法吗？

美国的某家报纸举办了一项有奖征答活动，因其所设的巨额奖金而吸引了众多的应征者前来参加。报纸所设的题目是：三位科学家共同乘一个热气球做环球探险，行到中途，因气球漏气、充气不足而即将坠毁，唯一可行的办法就是必须将三人中的某一个抛出去。可是三位科学家都关系着人类兴亡。他们之中的一位是环保专家，他的研究成果可以改善人类的生存环境，避免因环境污染而导致人类的噩运；一位是原子能专家，他的研究成果可以防止因全球性的核战争而给人类带来的灾难；另一位是一个植物学专家，他研究改良的植物品种能在盐碱地或不毛之地生长，能够解决整个人类所需的粮食问题。应答者为此各持己见，有的认为应该扔环保专家，有的则认为要扔原子能专家，还有的人认为最应该扔出去的是植物学专家。就在大家为此争执不下的时候，一个小男孩却认为答案应该是，将最重的科学家扔出去。小男孩因此而最终得到了巨额奖金。

美国总统林肯上任后不久，召集6个部下开会，林肯在会上提出了一个重要法案，而另外几个人的意见都无法统一，于是他们便开始热烈地争论起来。林肯在仔细听取了其他6个人的意见后，仍然感到自己的看法是正确的。在最后决策的时候，6个幕僚一致反对林肯的意见，但林肯仍坚持自己的意见，他说："虽然只有我一个人赞成，但我仍要宣布，这个法案通过了。"表面上看，林肯这种忽视多数人意见的做法似乎过于独断专行，其实，林肯已经仔细地了解了其他6个人的看法并经过深思熟虑，认定自己的方案最为合理。而其他6个人根本就没有认真考虑过这个方案就持反对意见。既然自己是对的，那还有什么犹豫的呢？

很多时候，我们之所以不敢坚持自己的看法，并不是因为我们的看法有误，而仅仅是因为它遭到别人的反对，或者遭到权威的挑战。因此，任何时候，坚持你的看法，这不能不说是一种胜利。

我们不是为别人而活，更不是活在别人的评价中。

——搜狐网友两重心事

乐观生活

悲观主义者赋予万物最黑暗最阴郁的颜色，使用的却是火焰和闪电、天国灵光和一切闪射强光、令人炫目的东西，在他们眼里，光明的存在仅仅是为了增加恐怖，使人感到事物比本来的样子更可怕。

——尼采《曙光》

几十年前，一个身有残缺的美国人，家中遭了小偷，损失了一些财物，一位朋友写信来安慰他，他却回信说："谢谢你的来信，但其实我现在心中很平静，因为：第一，窃贼只偷去我的东西，并没有伤害我的生命；第二，窃贼只偷走部分财物，所幸并非我所有财产；第三，还好是别人来偷我的，而不是我做贼去行窃。"就是这样的乐观态度，让这位残障人士遇到任何事情，都能用正面的态度来应对，进而在日后缔造出了不凡的成就。他就是美国第三十二任总统——罗斯福（1882—1945年）。

罗斯福的开阔心胸和博大胸怀，让他始终对人生心存感恩之情，最终成为美国历史上一位受人尊敬的伟人。试想如果一个人遭遇了小偷，他都可以针对这样倒霉的事而想出三点"不幸中的大幸"来感恩一番，我们又有什么理由常常唉声叹气呢？

西方谚语说："如果断了一条腿，你就该感谢上帝不曾折断你两条腿；如果断了两条腿，你该感谢上帝不曾折断你的脖子；如果断了脖子，那也就没什么好担忧的了。"乐观地面对你的生活吧，这个谚语把人生遭遇到的极端挫折列举出来，使我们意识到人生其实没有什么不能超越的。

一位年轻的高校女教师，本来有着令人艳羡不已的生活，高学历、稳定的工作、美丽的外表、甜蜜的爱情。然而一场突如其来的车祸改变了她的一切。在一次和两个同事开车外出游玩的时候，她所乘的车遭到了对面疾驰而来的卡车的猛烈撞击，造成了惨烈的结果。另外两名同事当场死亡，她虽然保住了一条命，但是高位截瘫。飞来横祸完全改变了她的生活，未婚夫离她而去，工作无法胜任，生活无法自理。她一下子从周围人羡慕的眼光跌落成为大家同情、怜悯的对象。

在经过了内心半年的挣扎后，她终于承认了这个事实，并且下决心开创自己轮椅上的精彩人生。凭借她的聪明才智和乐观豁达的精神，她继续钻研学术，先后发表了数篇有影响力的学术论文，同时在家人的协助下，广泛参与残疾人组织的活动，很快成为了当地残疾人协会的主要负责人。有记者采访她，是什么力量在鼓舞她重新鼓起人生的风帆时，她淡然一笑，回答道："因为比起另外两位死去的同事，我还是幸运的，上天只是夺去了我的双腿，还给我清醒的头脑和周围一直帮助我、鼓励我的家人和朋友。我没有理由萎靡不振！"

人生难免遭遇到坎坷，但坎坷并不是人生的全部。当你看到生活中有诸多不如意的时候，也要看到生活中还有很多值得我们回报的人和事物。学会感恩，当生活中遇到挫折、磨难的时候，我们还有生活赐予给我们的坚强。学会感恩，也就少了一些抱怨、愤恨，能够以一颗从容、淡定的心态面对人生，你会发现生活原来是丰富多彩的，即使遇到一些磨难、挫折，也能够增加我们人生的厚度。

乐观地面对你的生活吧，无论它给了你什么，都是在为你的生命增添色彩。

有一次，一个万念俱灰的人打电话找心理咨询师求助。

他说："我完蛋了，一切都完了，我没有半文钱，我失去了一切。"

咨询师问："你眼睛还看得见吗？"

他说："看得见啊。"

咨询师问："你还能走路吗？"

他说："还能走呀。"

咨询师说："你还能打电话，可见你一定还听得见。"

"没错，我听得见。"

咨询师说："那么，我相信你所有的一切都还在，你唯一失去的不过是钱罢了。"

很多时候，当一个人已经绝望到极点的时候，其实只不过是失去了一些身外之物罢了。对于已经失去的东西，不要过于悲伤，要懂得珍惜自己正在拥有的东西。与生命相比，失去的身外之物根本不算什么。"留得青山在，不怕没柴烧"，只要我们还可以呼吸新鲜的空气，只要还有一双手，一切就可以从头再来。

有一位青年在一家公司工作很出色，他为自己描绘了一幅灿烂的蓝图，对前途充满了信心。突然这家公司倒闭了，这位青年认为自己是世界上最不幸、最倒霉的人，他为此垂头丧气。

他的经理是位中年人，经理拍了拍他的肩说："你很幸运，小伙子！"

"幸运？"青年人叫道。

"对，很幸运！"经理重复一遍，他解释道，"凡是青年时候受挫折的人都很幸运，因为你可以学到如何坚强。如果一直很顺利，到了四五十岁，忽然受挫，那才叫可怜呢，到了那时候再学习，已经有些晚了。"

那位青年终于振作了起来。

事物都是有两方面的。一件事从不好的方面去看就是不幸的，但若从另一方面去看的话则是幸运的。保持积极乐观的心态，凡事都从好的方面去看，就都会有幸运可言。

在师大附中读高一的那个暑假，沙然在舞蹈班里报名学古典舞。沙然有两个任课老师，一个教基本功，一个教组合，都是从舞蹈学院请来的优秀毕业生，教完这个暑假她们就要出国深造了。

第一节课开始前，她们一个班30个人，换好衣服站在了舞蹈教室的大镜子前，兴奋和紧张写了满脸，她们一边窃窃私语，一边等候着老师的到来。

这时，玻璃门闪了一下，班主任谭老师进来了，她含着笑说："请允许我介绍一下你们的老师——陈老师，两个陈老师！"顺着老师的目光望去，只见从右侧的小门里走进来两个大姐姐。天哪，原来是一对双胞胎！她们都穿着黑色的练功服，白色舞蹈鞋，浓黑的长发盘得高高的，用浅绿色的发带束了起来。她们手挽着手，微笑着一起向学生们走去，姿态婷婷袅袅，美丽无比。她们顶多20岁出头，窈窕的曲线，清秀的模样，最重要的是，她们都有一双像混血儿那样漂亮的大眼睛。她们环视一圈，带着谦逊的微笑，跟学生们打招呼。

"我叫陈蕴欢，这是我的妹妹陈蕴乐，你们可以叫我们大陈老师和小陈老师，也可以叫我们大陈姐姐和小陈姐姐。"

大家都笑了，和她们对视的感觉真好，如沐春风。

"上课前先做一组芭蕾舞的手位练习，然后开始准备活动……"

大陈老师仔细讲解着动作的要领。她的肢体轻盈舒展，像打开双翅的仙鹤。她们练习时，她认真地纠正着："右手低一点儿，腰直起来，双脚小八字步打开……"

半个小时后，小陈老师说："好了，下面我们上把杆，先请同学们看我的示范动作。"然后，她扭头小声说："谭老师，麻烦你，把杆在哪儿？"

话音刚落，所有的目光"刷"地望向她，她们惊呆了！

谭老师连忙走过去，扶着小陈老师的手，说："向后转，往前走5步，好，到了！"小陈老师用手丈量着把杆和墙面镜子的距离，点点头说："谢谢你！"

教室里顿时鸦雀无声，沙然的脑海中一片空白，难道……这么漂亮的小陈老师，难道她是……沙然不敢再往下想。然后只见大陈老师也向后转，照着谭老师所说的5步走过去，到第5步时，下意识地伸出手去。

天哪！原来这是一对双目失明的姐妹花。沙然实在无法想象，她们是以怎样的毅力和勇气，付出了多少艰辛和汗水才成为了舞蹈界的新星乃至奇迹。

毫无疑问，这是沙然上的最认真的一堂课，她们的一举一动时时刻刻牵引着沙然的视线，牵扯着沙然的心弦。

课间休息时，她们安安静静地坐在木地板上。沙然倒了两杯茶，放在她们手里，她们一如既往地微笑着说："谢谢你！"沙然竟有些哽咽了，忍不住说："老师，我真的没有想到……上帝对你们太不公平了。"

片刻，小陈老师说了一句让沙然终生难忘的话："当你敲门时，上帝不在家，你是埋怨懊悔无休止地哀叹可怜的命运，还是继续敲继续等，用尽所有的努力直到打动他？前者让你付出了撕心裂肺的代价，后者让你在付出撕心裂肺代价的同时，也赢得了刻骨铭心的收获。也许，这就是人生。"

面对命运，即使是不幸的命运，我们也不应该抱怨或自暴自弃，而应该坦然地接受命运，并且坚强而乐观地活着。做自己的主人，快乐地生活，这是一种智慧，也是一种有意义的人生。

> 人生在世，不如意之事十有八九，或事业遭遇挫折，或生活遭遇磨难，或情感遭遇失意。不管你是微笑着面对生活，还是痛苦诅咒生活，明天的太阳依然会升起，生活不以人们的意志为转移。与其沉溺在痛苦中，不如勇敢地面对苦难，乐观地面对生活。
>
> ——网易网友演绎轮回

善于发现

> 曾经完全舍弃某些东西很久的人差不多可以想象得到一种极大的快乐，当他意外地再度遇到自己发现过的东西，而且这是每个发现者

都会感受到的快乐！我们要比那在阳光下躺得太久的蛇更聪明。

——尼采《快乐的曙光》

　　法国某位年轻的团长为了熟悉他的部队，经常到基层视察，很多基层部队就用大炮射击表演的方式来欢迎这位团长。看得多了，这位团长从中发现了一个奇怪的现象：每次看炮兵进行射击表演的时候，他总会发现有一名士兵一动不动、自始至终地站在大炮旁边，好像这名士兵是专门来观看大炮表演的。团长以前不是炮兵，他不明白个中的缘由，就问那些军官，军官们回答说教科书上历来都是这么规定的。

　　团长带着这个让他不满意的答案到图书馆去查阅了大量的资料。终于，他解开了这个谜团：从前，大炮都需要用马车来拉着前进，而一旦到了战场准备射击的时候，大炮炮座的旁边需要有一名士兵站在那里。一旦大炮完成一次射击时，因为后坐力原因，大炮的位置都会发生改变，这名士兵的作用就是要向前拉一下马的缰绳，使射击后发生位置变动的大炮复位，以免影响射击的准确度。现在，大炮完全改成了机械化的操作，已经根本不再需要士兵站在一边了。可是，由于教科书长久以来没有及时适应时代的变化做出相应的修改，结果就出现了一直都有一名士兵站在大炮边的滑稽事件。

　　团长立即把自己的发现报告给了法国的最高军事机构，领导机关不仅立即纠正了这种做法，还对团长的发现给予了表彰。

　　在日常生活和工作中，我们自身的许多随众行为和习以为常的行为，很可能就是阻碍我们有所突破、有所发展、有所创新的根本原因。如果发现小疑问，并把小疑问一查到底，往往就能解决大问题。

　　150年前的一个圣诞节，一位美国小男孩到商店选中了一双深蓝色袜子，想作为礼物送给母亲。可是母亲接过礼物后，脸色突变并气愤地说："你太无礼了，你难道不知道清教徒禁忌深蓝色吗？"小男孩说："禁忌深蓝色？我买的明明是红色的！"母子二人争执起来。

　　小男孩去找哥哥做裁判，哥哥也说袜子是红色的。于是母亲气冲冲地去问邻居，结果邻居们异口同声说袜子是深蓝色的。这件事引起了小男孩的深思，最后他得出结论：自己和哥哥的眼睛肯定有毛病——对颜色辨别不出。

　　小男孩进一步想，还有没有其他人的眼睛也有同样的毛病呢？男孩长大以后，经过调查和研究，写出了《论色盲》的科学论文，根据视差原理，第一个提出了色盲问题。这个因眼疾而成名的人，就是对气象、物理和化学三科都曾做出不少贡献的美国科学家道尔顿。后来人们为了纪念他，以他的名字命名色盲症为"道尔顿症"。

智者其实并不比我们聪明多少，只是他们比我们善于用眼睛发现问题，用心解决问题。只有在生活中保持好奇和探寻真相的心灵，才能发现常人所不能发现的东西。当一个人拥有了一双慧眼，并且能用心去解决问题时，那么他的世界就是光明与精彩的。

有一位古董商路过一片树林，遇见一位樵夫正在那儿砍柴。樵夫边砍柴边抱怨说："我的命怎么这么苦，每天不得不辛苦地砍柴，我所有的财产就只有这把又旧又钝的斧头。老天啊！你对我真是太不公平了！"

古董商走累了，坐在树旁休息，樵夫手中的斧头引起了他的注意，因为那不是一把普通的斧头，那是前人所留下的宝物。

古董商走上前去："年轻人，我出10两银子买你这把斧子。"

"别开玩笑了！"樵夫低着头，继续砍他的柴。

古董商想了想，又开口说："那100两吧！"

樵夫呆住了，抬起头看了一下对方，心想，这怎么可能？于是他摇摇头，继续砍他的柴。

古董商为了表示自己的诚意，就将身上所有的钱全都掏了出来。

这时，樵夫忍不住放声大哭。古董商慌忙对樵夫说："你不卖，我不为难你，你又何必如此伤心呢？"

樵夫痛心地回道："我不是舍不得那把斧头，而是难过自己的无知，一把在你心中值几百两的宝贝，我却当它一文不值，还终日抱怨！"

再来看下面的这个故事。

在美国西北蒙大拿州比鲁特山边的达比镇，人们好多年都习惯于仰望那座晶山。晶山之所以获得这个名称，是因为它被风雨侵蚀，暴露出一条凸出的狭窄的微微发光的晶体岩脊，看上去就有点像岩盐。多少年来，没有一个人去弯下身子捡起一块发亮的石块，好好地把它研究一下。

直到1995年，达比镇举办了一个矿石展览会，康顿和汤普生这俩年轻人看到矿物展品中的绿玉标本上附着的卡片，得知绿玉可用于原子能工业。他们想到了晶山，想到了那发着绿光的晶体岩，想到了晶山上的矿物会有大用途，于是他们立刻在晶山上立柱，表示所有权。最终，经专家检验分析，认定晶山是极有价值的世界最大的铍的矿产地之一。

很多时候，宝藏往往就在我们的眼前，许多人却视而不见，还一味地抱怨上天的不公。不要再把时间花在叹息和抱怨上，用慧眼去审视周围的一切，转动大脑，你就会发现，宝藏就在身边。其实，只要善于寻找，哪里都有宝藏；如果不用心，跑到天涯海角也没用。

有两个孩子从家中偷了一些水果和奶制品，跑到野外去玩。那时还没有保存食物的方法，看着吃剩的食物在阳光下坏掉，他们没有一点儿办法。

后来，两个孩子上了中学，他们依然是好朋友。一次，沿着冰封的湖畔散步，那个叫图德的孩子突然说："还记得咱们从家里偷东西出来吃的事吗？"另一个孩子说："当然记得，只可惜剩下的食物都坏掉了！"图德指着湖面问："看见那些冰了吗？""这里的冬天到处都是冰，没有什么大惊小怪的。"图德兴奋地说："为什么不把这些冰收集起来，运到炎热的加勒比海的一些港口去销售呢？"那个孩子嘲笑他说："别傻了，冰到了那里早化成水了！"可图德的目光依然注视着湖面上的冰。

几年后，也就是1806年，21岁的图德再次找到当年的朋友，想让他和自己一起做卖冰的生意，可朋友再次拒绝了他，并劝他别异想天开。后来，在别人的资助下，图德花了一万美元将130吨冰用船运往酷热的马堤尼克岛。

此后，图德在15年的时间里，把冰的生意做成了世界行业，在船所能到达的地方，满足人们对冰镇饮料、冰藏水果和冷藏肉类的需求。

到了1858年，图德把15万吨冰先后装上了380条大船运往美国、菲律宾和澳大利亚等50多个国家和地区，而图德也因此成为世界冰王和亿万富翁。图德的做法给科学家们以启发，终于引出了冰箱的问世。当年那个朋友却依然过着普通的生活，他没想到，那些被他忽视的冰，会成就一个人的梦想。

天才与常人的区别，就在于他们有一双善于观察的眼睛和一颗善于思考的心。对于一些事物，有些人只能看到表面，想到当前；而有些人却能看到内涵，想到以后。擦亮眼睛，打开心扉，抓住机会，就能开创属于自己的一片天地。

一天，一群冒险家来到了一座不知名的孤岛上。运气非常不济，一不留神，他们的船撞上暗礁沉了。所幸的是，出事地点离这个孤岛不远，他们赶紧爬上了这个孤岛。

接下来的情形比想象中的还要糟糕。这座孤岛满目疮痍，一滴淡水也没有，在炎炎烈日的曝晒下，他们每个人都渴得嗓子直冒烟。

渐渐地，他们再也支撑不住了，一个接一个昏倒在孤岛上。

不知过了多久，其中一个人隐隐约约听到一阵"咕咚咕咚"的流水声。"水，水，水……"他从岛上滚下去，"扑通"一声，掉在了孤岛附近的海水之中。

干裂的嘴唇突然接触到了湿润的甘甜，他打了个激灵，一下子清醒过来，他试着咽了一口海水，没错，是真真切切的淡水。

为什么海水会是淡的呢？结果，他们循着声音在一块巨石旁找到了一个水缸般大的洞，那洞正"汩汩"地往外冒着水。他们用手捧了一捧水尝了尝，是淡水！这时，所有人都才明白，那里冒出的是地下水。所以，孤岛周围的海水实际上就是淡水。

人们往往习惯于用过去的思维来考虑问题，用经验来面对现实的难题。其实，当我们陷入困境时，结果往往并不是我们想象中的那样悲观。很多时候，只有善于发现，才能走出困境。

在美国东郊有一所非常著名的学府，它的名字几乎为全世界的知识分子所知晓，进入这所学校需要平均90分以上的成绩，它一门课的学费，相当于普通家庭整月的开销，它的学生常穿着印有校名的T恤行走在街上……

但是，这个学校有着严重的困扰，因为它紧邻一个治安极坏的贫民区：学校的玻璃经常被顽童打破，学生的车子总是失窃，学生在晚上被抢已不是新闻。

"我们这么伟大的学校，怎能有那么糟糕的邻居？"董事会愤怒地一致通过："把那些不文明的邻居赶走！"方法很简单——以学校雄厚的财力把贫民区的土地和房屋全部买下，改为校园。这样，他们的校园变得更大了，但是问题不但没有解决，反而变得更严重。这是为什么呢？原来，那些贫民虽然搬走了，却只是向外移，隔着青青的草地，学校又与新贫民区相接，加上校园扩大后难于管理，治安就更乱了。

董事会失去了主意，请来当地的警察共谋对策。

"当你们与邻居相处不好时，最好的方法不是把邻居赶走，更不是将自己封闭起来，而应该试着去了解、沟通，进而影响、教育他们。"警官说。

校董们相顾半晌，哑然失笑，他们这一刻才发现，身为世界最著名学府的董事，竟然忘记了教育的功能。于是，他们设立了平民补习班，送研究生去贫民区调查探讨，捐赠教育器材给邻近的中小学，并辅导就业，还开辟部分校园作为运动场，供青少年使用。

没过几年，这所学校的治安环境就大大地改观了，而邻近的贫民区，也眼看着步入了小康。

逃避问题或只从表面上解决问题，永远都解决不了实质性的问题。在面对某些束手无策的问题时，我们更应该用正确的态度来面对它——从根本上解决问题。只有这样，才能减少其他不良情况的发生，也才能解决好问题。

生活中处处有惊喜，我们应该有一双善于发现的眼睛，去体味生活中的乐趣。

——搜狐网友悲欢离合

承受痛苦

信仰彼岸世界的人可创造的无非是痛苦和无能。那昙花一现的幸福幻想，只有最痛苦的人才经历体验。

——尼采《查拉图斯特拉如是说》

有一则寓言故事，讲的是在同一座山上，本来有两块相同的石头，它们几乎是从一个模子里印出来的一样，没有什么差别。可是三年后它们的身价却有天壤之别。一块石头受到很多人的敬仰和膜拜，而另一块石头却遭受到别人的唾骂。那块境遇不好的石头心理极不平衡，它忍不住向它的同伴抱怨："老兄呀，曾经在三年前，我们同为一座山上的石头，今天我们之间的差距是如此巨大。这让我痛苦极了。"另一块石头却答道："老兄，还记得吗？三年前，来了一个雕刻家，你害怕一刀刀割在身上的痛，所以你告诉他只要把你简单雕刻一下就可以了，而我那时总在畅想并期待自己未来的模样，一点儿也不在乎割在身上的痛，所以今天咱们之间才会产生如此之大的区别。"

英国劳埃德保险公司曾从拍卖市场买下一艘荷兰船，这艘船1894年下水，在大西洋上曾138次遭遇冰山，116次触礁，13次起火，207次被风暴扭断桅杆，然而它却从来没有沉没过。劳埃德保险公司基于它不可思议的经历及在保费方面带来的可观收益，最后决定把它从荷兰买回来捐给国家。现在这艘船就停泊在英国萨伦港的国家船舶博物馆里。不过，使这艘船名扬天下的却是一名去那里观光的律师。当时，那位律师刚打输了一场官司，委托人也于不久前自杀了。尽管这不是他的第一次辩护失败，也不是他遇到的第一例自杀事件，然而，每当遇到这样的事情，他总有一种负罪感。他不知该怎样安慰这些在生意场上遭受了不幸的人。当他在萨伦船舶博物馆看到这艘船时，忽然有一种想法，为什么不让他们来参观参观这艘船呢？于是，他就把这艘船的历史抄下来和这艘船的照片一起挂在他的律师事务所里，每当商界的委托人请他辩护，无论输赢，他都建议他们去看看这艘船。

在大海上航行的船只没有不带伤的，但是经历越多的苦难，它就越能向人们展示它的坚韧。其实，人生又何尝不是如此呢？在人生的旅途上每个人必定会经历不同的苦难，经历越多，你的人生就会越丰富，也越能显示出生命本身的不朽。

在贫困日子里，你是否在怨天尤人，是否甘心于把自己的一生交付困顿愁苦的生活？看看下面这两则故事，希望能从此为身陷贫困的你打开一扇窗。

美国人富勒家中有7个兄弟姐妹，他从5岁开始工作，9岁时会赶骡子。他有一位了不起的母亲，她经常和儿子谈到自己的梦想："我们不应该这么穷，不要说贫穷是上帝的旨意，我们很穷，但不能怨天尤人，那是因为你爸爸从未有过改变贫穷的欲望，家中每一个人都胸无大志。"这些话深植于富勒心中，他一心想跻身于富人之列，开始努力追求财富，12年后富勒接手一家被拍卖的公司，并且还陆续收购了7家公司。他谈及成功的秘诀，还是用多年前母亲的话回答："我们很穷，但不能怨天尤人，那是因为爸爸从未有过改变贫穷的欲望，家中每一个人都胸无大志。"富勒在多次受邀演讲中说道："虽然我不能成为富人的后代，但我可以成为富人的祖先。"

有一位法国年轻人很穷，很苦。后来，他以推销装饰肖像画起家，在不到10年的时间里，迅速跻身于法国50大富翁之列，成为一位年轻的媒体大亨。不幸，他因患上前列腺癌，于1998年去世。他去世后，法国的一份报纸刊登了他的一份遗嘱。在这份遗嘱里，他说：我曾经是一位穷人，在以一个富人的身份跨入天堂的门槛之前，我把自己成为富人的秘诀留下，谁若能通过回答 "穷人最缺少的是什么" 而猜中我成为富人的秘诀，他将能得到我的祝贺，我留在银行私人保险箱内的100万法郎，将作为睿智地揭开贫穷之谜的人的奖金，也是我在天堂给予他的欢呼与掌声。

遗嘱刊出之后，有48561个人寄来了自己的答案。这些答案，五花八门，应有尽有。绝大部分的人认为，穷人最缺少的当然是金钱了，有了钱，就不会再是穷人了。另有一部分认为，穷人之所以穷，最缺少的是机会，穷人之穷是穷在背时上面。又有一部分认为，穷人最缺少的是技能，一无所长所以才穷，有一技之长才能迅速致富。还有的人说，穷人最缺少的是帮助和关爱，是漂亮，是名牌衣服，是总统的职位等等。

在这位富翁逝世周年纪念日，他的律师和代理人在公证部门的监督下，打开了银行内的私人保险箱，公开了他致富的秘诀，他认为：穷人最缺少的是成为富人的野心。在所有答案中，有一位年仅9岁的女孩猜对了。为什么只有这位9岁的女孩想到穷人最缺少的是野心？在接受100万法郎的颁奖之日，她说："每次，我姐姐把她11岁的男朋友带回家时，总是警告我说不要有野心！不要有野心！于是我想，也许野心可以让人得到自己想得到的东西。"

谜底揭开之后，震动法国，并波及英美。一些新贵、富翁在就此话题谈论时，均毫不掩饰地承认：野心是永恒的 "治穷" 特效药。是所有奇迹的萌发点，穷人之所以穷，大多是因为他们有一种无可救药的弱点，也就是缺乏致富的野心。

当你陷入难以选择的境地时，不妨试着选择你最有可能实现的那一件事情。

在困境中，千万不要像笼中困兽那样，急躁不安，呼天抢地地抱怨。这样做，只会让你在困境中陷得更深。明智的做法，就是始终要保持一份坚持不懈的耐心。

出身贫寒的松下，年轻时到一家电器工厂去谋职，这家工厂人事主管看着面前的小伙子衣着肮脏，身体又瘦又小，觉得不理想，便信口说："我们现在暂时不缺人，你一个月以后再来看看吧。"这本来是个推辞，没想到一个月后松下真的来了，那位负责人又推托说："有事，过几天再说吧。"隔了几天松下又来了，如此反复了多次，主管只好直接说出自己的态度："你这样脏兮兮的，是进不了我们工厂的。"于是松下立即回去借钱买了一身整齐的衣服穿上再来面试。负责人看他如此实在，只好说："关于电器方面的知识，你知道得太少了，我们不能要你。"

不料两个月后，松下再次出现在人事主管面前："我已经学会了不少有关电器方面的知识，您看我哪方面还有差距，我一项项来弥补。"这位人事主管紧盯着态度诚恳的松下看了半天才说："我干这一行几十年了，还是第一次遇到像你这样来找工作的。我真佩服你的耐心和韧劲。"松下幸之助这种不轻言放弃的精神打动了主管，他得到了这份工作，并通过不断努力逐渐成为电器行业非凡的人物。

有一个年轻人在自行车店当学徒。有人送来一辆有毛病的自行车，年轻人除了将车修好，还把车子擦洗得漂亮如新，其他学徒笑他多此一举。后来车主将自行车领回去的第二天，也把年轻人给拉走了。

在人生的每个阶段，我们都有可能陷入到不同的困境中，逃避现实无法把你从困境中救出来，同样，声嘶力竭般的抱怨，幽怨的哀叹，同样于事无补。请记住，困境中的你更需要有超乎寻常的坚持和耐心，那样你才会在困境中为自己打开一扇可以看到希望的窗口！

释迦牟尼佛曾教给我们忍耐的三重境界：

第一，是对人为的加害要能够忍受。忍人家对你的侮辱、对你的陷害。能忍，绝对有好处。原因何在？因为能忍，所以心地清净，容易得定，修道容易成就，乃是最大的福报。

第二，是自然的变化。如冷热、寒暑的变化，能够忍；饥饿、干渴要能忍；遇到天然的灾害，也要能够忍耐。

第三，耐心也是精进的预备功夫，有耐心才谈得上精进。

那么，究竟忍是如何的呢？中国人对于忍有特殊的理解，通常认为，所谓的"忍"是"忍辱"。没有忍辱，就不能负重，没有忍耐，就什么事情都不能成就。忍是一个人获得成就的不可回避的过程。

明代禅宗憨山大师就讲："荆棘丛中下脚易，月明帘下转身难。"要行人所不能行，忍人所不能忍，进入这个苦海茫茫中来救世救人，那可是最难做到的。

其实，一切成就也都来源于"忍"。小不忍则乱大谋。孔子的克己复礼是忍耐，他的思想至今在人间散发着理性的光芒，成为众人奉行之本。忍不是懦弱无能，忍是不屑堕入无间地狱的诱惑。忍是以退为进，忍耐是上善。忍就是相信时光的力量，不是依靠自己，而是相信冥冥之中自有公道。

能屈能伸，大丈夫之道也。忍得一时方能成就伟业，相反，不能忍耐、毛毛躁躁，最终只能错失良机、遗恨千古。莫大的祸患，都来源于不能忍耐一时。

刘邦在取得基本胜利后按兵不动、将功劳经常赠与项羽是忍耐，终厚积薄发成汉高祖一代帝业；项羽急不可待，最终却是霸王别姬、饮恨乌江；韩信甘愿受胯下之辱是忍耐；司马迁受到宫刑忍耐而出《史记》；刘备与曹操青梅煮酒论英雄是忍耐，之后韬光养晦，才有与曹操、孙权三足鼎立之局。

事业失败需要忍耐，感情受挫需要忍耐，人生磨难需要忍耐，经济合作需要忍耐，人际关系需要忍耐，家庭生活需要忍耐。在人生的历程中，我们会遇到一些需要忍耐的事情，借以历练自己的心智。学会忍耐，在生命历程中实践忍耐，你就能够在不久的将来成就你的人生。

　　痛苦是人生一件无价之宝，当我们默默地承受了痛苦，往往就会变得坚强自信。

——腾讯网友无处安放

开放自己的心灵

有所放弃

即使是在风景最美的地方，住三个月之后也会厌倦，而任何辽阔的海岸都会引起我们的贪念和妄想。所拥有的东西大都因拥有而变小，我们的快乐试图经由不断地在我们身上变新而维持其自身。当我们对拥有的东西产生厌倦的同时，我们也对自身产生厌倦。

——尼采《快乐的科学》

禅宗认为，一个人只有万缘放下，才能够逍遥自在，万里行游而心中不留一念。人的聚散离合，都是基于种种因缘关系，有因必有果，"因"既有内因，又有外因，还有不可抗拒的"无常"，事情的发展不会总是按照我们的主观想象进行，沟沟坎坎不可避免，大多数时候，万事如意只是一个美好的心愿罢了。

有个书生和未婚妻约好在某年某月某日结婚。但到了那一天，未婚妻却嫁给了别人，书生为此备受打击，一病不起。这时，一位过路的僧人得知这个情况，就决定点化一下他。僧人来到他的床前，从怀中摸出一面镜子叫书生看。书生看到茫茫大海，一名遇害的女子一丝不挂地躺在海滩上。路过一人，看了一眼，摇摇头走了。又路过一人，将衣服脱下，给女尸盖上，走了。再路过一人，过去，挖个坑，小心翼翼地把尸体埋了。书生正疑惑间，画面切换。书生看到自己的未婚妻，洞房花烛，被她的丈夫掀起了盖头。书生不明就里，就问僧人。僧人解释说："那具海滩上的女尸就是你未婚妻的前世。你是第二个路过的人，曾给过她一件衣服。她今生和你相恋，只为还你一个情。但她最终要报答一生一世的人，是最后那个把她掩埋的人，那个人就是她现在的丈夫。"书生听后，豁然开朗，病也渐渐地好了。

书生之所以会病倒，是因为他不能承受这样的打击，也无法坦然地放下曾经的感情，但是前世的因造就今生的果，前世只有以衣遮身的恩情，今生也就只有短暂相恋的回报。书生放下了，也就解脱了，病自然也就好了。适时地放开不仅是治病的良药，有时甚至会成为救命的法宝。

过去有一个人出门办事，跋山涉水，好不辛苦。有一次经过险峻的悬崖，一不小心掉到了深谷里去。此人眼看生命危在旦夕，双手在空中攀抓，刚好抓住崖壁上枯树的老枝，总算保住了性命，但是人悬荡在半空中，上下不得，正在进退维谷、不知如何是好的时候，忽然看到慈悲的佛陀站立在悬崖上慈祥地看着自己，此人如见救星般，赶快求佛陀说："佛陀！求求您慈悲，救我吧！" "我救你可以，但是你要听我的话，我才有办法救你上来。" 佛陀慈祥地说。"佛陀！到了这种地步，我怎敢不听你的话呢？随你说什么？我全都听你的。" "好吧！那么请你把攀住树枝的手放下！" 此人一听，心想，把手一放，势必掉到万丈深坑，跌得粉身碎骨，哪里还保得住性命？因此更加抓紧树枝不放，佛陀看到此人执迷不悟，只好离去。

悬崖深谷得重生看似一种悖论，实际上却蕴涵着深刻的禅理。佛法中有言：悬崖撒手，自肯承担。"悬崖撒手" 是一种姿态，美丽而轻盈。放手之后，心灵将获得一片自由飞翔的广袤天空，在瞬间释放与舒展。有所舍得，才能有所收获。放得下的人，不仅要放下自己，还要放下周遭所有的一切。放下也并非完全失去自我，而是指不再存对抗心，也不再有舍不得，要随时随地对任何事物没有丝毫的牵挂或舍不得，能如此，才谈得上是自在，是解脱。敢于放下，果断放下，心里真正地放下，放下的一刹那，你会感到天地原来如此广阔，你会发现你的脚步是如此轻盈平稳，你的心房是如此安稳温馨。

有一条河流从遥远的高山上流下来，流过了很多个村庄与森林，最后它来到了一个沙漠。它想："我已经越过了重重的障碍，这次应该也可以越过这个沙漠吧！" 当它决定越过这个沙漠的时候，它发现自己的身体渐渐消失在泥沙之中，它试了一次又一次，总是徒劳无功，于是，它灰心了："也许这就是我的命运了，我永远也到不了传说中那个浩瀚的大海。" 它颓废地自言自语。这时候，四周响起了一阵低沉的声音："如果微风可以跨越沙漠，那么河流也可以。" 原来这是沙漠发出的声音。小河流很不服气地回答说："那是因为微风可以飞过沙漠，可是我却不可以。" "因为你坚持你原来的样子，所以你永远无法跨越这个沙漠。你必须让微风带着你飞过这个沙漠，到达你的目的地。你只要愿意放弃你现在的样子，让自己蒸发到微风中。" 沙漠用它低沉的声音这样说。小河流从来不知道有这样的事情，"放弃我现在的样子，然后消失在微风中？不！不！" 小河流无法接受这样的事情，毕竟它从未有这样的经验，叫它放弃自己现在的样子，那么不等于是自我毁灭了吗？"我怎么知道这是真的？" 小河流这么问。

"微风可以把水汽包含在它之中，然后飘过沙漠，等到了适当的地点，它就把这些水汽释放出来，于是就变成了雨水。然后，这些雨水又会形成河流，继续向前进。"沙漠很有耐心地回答。"那我还是原来的河流吗？"小河流问。"可以说是，也可以说不是。"沙漠回答，"不管你是一条河流还是看不见的水蒸气，你内在的本质从来没有改变。你之所以会坚持你是一条河流，因为你从来不知道自己内在的本质。"此时小河流的心中，隐隐约约地想起了自己似乎也是由微风带着自己，飞到内陆某座高山的半山腰，然后变成雨水落下，才变成今日的河流。于是，小河流终于鼓起勇气，投入微风张开的双臂，消失在微风之中，让微风带着它，奔向它生命中的归宿。

固执与自我是我们迈向成功的绊脚石。我们的生命历程往往也像小河流一样，想要跨越生命中的障碍，达到某种程度的突破，向理想中的目标迈进，也需要有"放下自我（执拗）"，迈向未知领域的智能与勇气。当环境无法改变的时候，你不妨试着改变自己。只有懂得变通，懂得顺应潮流，才能找到一条生存之道。学会转换思维，灵活地跨越生命中的各种障碍，对一个人的成长是至关重要的。有时不切实际地执拗，是一种愚昧与无知，放弃则是一种智慧。

法国的一个乡村下了一场非常大的雨，洪水淹没了全村。一位非常虔诚的神父在教堂里祈祷，眼看洪水已经淹到他的膝盖了。一个救生员驾着舢板船来到教堂，跟神父说："神父，快！赶快上来！不然洪水会把你淹没的！"

神父说："不！我要守着我的教堂，我深信上帝会救我的。上帝与我同在！"

过了不久，洪水已经淹过神父的胸口了，神父只好勉强站在祭坛上。

这时，一个警察开着快艇过来，说道："神父，快上来！不然你真的会被洪水淹死的！"神父说："不！我相信上帝一定会来救我。你还是先去救别人好了！"

又过了一会儿，洪水把教堂整个淹没了，神父只好紧紧抓着教堂顶端的十字架。

一架直升机缓缓飞过来，丢下绳梯之后，飞行员大叫："神父，快！快上来！这是最后的机会了，我们不想看到洪水把你淹死！"

神父还是执拗地说："不！我要守着我的教堂！上帝会来救我的！你赶快先去救别人，上帝会与我同在的！"神父刚说完，洪水就把他淹死了。

神父因为无谓的执拗而葬送了自己的性命，我们何尝不是如此？在灯红酒绿的现代社会中，人们习惯了对名利和权势的追求与执著，往往为了虚荣强作体面，为了优越感沽名钓誉，结果使自己的心灵和身体在忙碌中承受着巨大的压力，失去了自由和灵性。当身体不再能承受太重的负荷时，一味地追求会适得其反，所以要放下该放下的，让生活充满轻松和快乐。

提放自如，并非一件简单的事情。提起需要承担责任的勇气，放下也需要斩断妄念的魄力。人生因果不可思议，因缘不可思议，所以当提即提，当放即放。有时，我们需要放下，有时需要拿起，而我们却常常该拿起时拿不起，该放下时放不下。放下时不执著于放下，自在；拿起时不执著于拿起，也自在。

大多数人，总是提不起意志和毅力，却放不下成败；提不起信心和愿心，却放不下贪心和嗔心。他们渴望成功的辉煌，惧怕失败的窘迫，却又不能为了成功而坚定意志，付出努力；他们热衷于享乐，渴望获得而不愿付出，一旦愿望落空，即会怨天尤人，怨恨心搁在心中，挥之不去。这样的人，度己不成，又不肯接受他人的教导，难堪大任。

什么应该提起，什么应该放下，都不是灵光一现就能确定的。

首先，要把去恶行善的心提起，把争名逐利的心放下。"诸恶莫作，众善奉行，自净其意，是诸佛教。"去恶行善是佛教的基本教义之一，行善是分内事，止恶也是该主动承担的责任。善恶的标准不能以个人的价值观为判断，而应该以佛法因果为准则。名利的纠缠如毒蛇猛兽，只要贪心起，必定会招致厄运。古语云："嚼破虚名无滋味"，真正的智者应该孑然一身，不受虚名牵绊，也不为富贵诱惑。

其次，要把成己成人的心提起，把成败得失的心放下。成就自己是为了成就别人，只有充实了自己，才能有足够的能力去帮助别人。在充实提高的过程中，失败是难免的，要能够在成功中积累经验，在失败中汲取教训，而并不只是沉醉在成功的快乐或者失败的痛苦中不能自拔。

最后，要把众人的幸福提起，把自我的成就放下。佛陀的慈悲心与智慧心是所有信徒应该学习的，只有这样，才能时刻把世人的幸福挂在心上，而抛却自我的观念。

释迦牟尼成佛后，走在街上，遇见了一个愤怒的婆罗门。这个婆罗门一直仇视佛教，已经到了疯狂的地步。他看到众生都这么尊敬释迦牟尼，心头更是难受，便生出一个毒计，想害死释迦牟尼。

婆罗门和众生一样，跟在释迦牟尼的身后，在释迦牟尼没有注意的时候，蹑手蹑脚地靠近释迦牟尼，趁释尊讲佛法的时候，便抓了两大把沙子，向他的眼睛扔去。

终究应准了那句话：善有善报，恶有恶报。就在沙子扔出去的那一瞬间，突然来了一阵风向婆罗门吹来，沙子全部都吹到婆罗门的眼中，他疼痛不已，倒在地上。

他气急败坏地在地上翻滚，整个脸都涨得通红。

众生看到这一幕，都嘲笑他。面对这么多锐利的目光，那个狠毒的婆罗门不得不向释迦牟尼跪下。

这时，释迦牟尼平静而洪亮的声音响起："如果想玷污或是陷害善良的东西，最终会伤害了自己，众生切记！婆罗门，你也起来吧。"

婆罗门听后感慨万千，也终于大彻大悟。

觉悟之前的婆罗门，并没有清醒地认识到什么是应该在乎的，什么是应该放下的，所以才会被自己的心魔所困，以至误入歧途。释迦牟尼面对提放已经自如自在，所以才能够平静面对心怀不轨的婆罗门，并诚恳地教诲他，使婆罗门得以开悟。

人生的境界有高有低，境界高者像一面镜子，时刻自我观照，不断自省，又像一支蜡烛，燃烧自己，泽被四方。世事变幻，风云莫测，缘起缘灭，众生在岁月的洪流中渐行渐远，一路鲜花烂漫鸟语虫鸣，也仍旧不能湮没斗转星移、沧海桑田的无常。承担与放下都非易事，都需要勇气与魄力，而做到提放自如，淡然处之，更非常人所能达到。

一天，山前来了两个陌生人，年长的仰头看看山，问路旁的一块石头："石头，这就是世上最高的山吗？""大概是的。"石头懒懒地答道。年长的没再说什么，就开始往上爬。年轻的对石头笑了笑，问："等我回来，你想要我给你带什么？"石头一愣，看着年轻人，说："如果你真的到了山顶，就把那一刻你最不想要的东西给我。"年轻人很奇怪，但也没多问，就跟着年长的往上爬去。斗转星移，不知又过了多久，年轻人孤独地走下山来。石头连忙问："你们到山顶了吗？""是的。""另一个人呢？""他，永远不会回来了。"石头一惊，问："为什么？""唉，对于一个登山者来说，一生最大的愿望就是战胜世上最高的山峰，当他的愿望真的实现了，也就没了人生的目标，这就好比一匹好马折断了腿，活着与死了，已经没有什么区别了。""他……""他自山崖上跳下去了。""那你呢？""我本来也要一起跳下去，但我猛然想起答应过你，把我在山顶上最不想要的东西给你，看来，那就是我的生命。""那你就来陪我吧！"年轻人在路旁搭了个草房，住了下来。人在山旁，日子过得虽然逍遥自在，却如白开水般没有味道。年轻人总爱默默地看着山，在纸上胡乱抹着。久而久之，纸上的线条渐渐清晰了，轮廓也明朗了。后来，年轻人成了一个画家，绘画界还宣称一颗耀眼的新星正在升起。接着，年轻人又开始写作，不久，就因文章清秀隽永一举成名。许多年过去了，昔日的年轻人已经成了老人，当他对着石头回想往事的时候，他觉得画画写作其实没有什么两样。最后，他明白了一个道理：其实，更高的山并不在人的身旁，而在人的心里，只有忘我才能超越。

故事中从山上跳下去的那位登山者，执著地追求着攀登上世界最高峰的荣誉，而一旦愿望实现，他却不能将之放下，再继续前行，所以他自认为只有绝路可寻；而另一位年轻人之前也有了轻生的念头，但因为不能违背和石头的承诺，所以他才有机会了悟真正的禅机——世界上更高的山在人的心里，收放之间，总能不断得到提升，只有坦然放下一切名利世俗的牵绊，才能真正提起生命的意义。

能够放下的人，就是有智慧的人，是自在的人，是解脱的人；能够提起的人，是有慈悲的人，是负责的人，是奉献的人。提放自如，是经历了大风大浪之后的大彻大悟，是感悟人生喜乐哀愁之后的身心空灵，也是一种走到蜿蜒小径尽头之后的豁然开朗，曲径通幽处，别有洞天。

菩提达摩来到中国之后，受梁武帝之邀到了南京。武帝："请问大师，什么是佛教的最高真理？"菩提："世间空空的，并没有什么最高真理。"武帝："那么，你是谁呢？"菩提："不认识。"菩提达摩口中的"不认识"，一方面可能是谦恭之说，不肯承认自己是圣人；另一方面，则可能是真的不认识自己，不知道自己，还未达到"圣"的境界。世间一切烦恼，皆由有我而起。若能够体验到菩提达摩话中的"无我"境界，无论忧愁还是喜悦，一切自然会随风消散。常人达不到佛法中"无我"的至高境界，却也懂得买醉来求得一时的忘忧。常言说借酒消愁愁更愁，醉酒之时的"忘我"自然不能等同于佛家的"无我"，但是那一刻对自我的遗忘却是相似的，就像平时我们安慰一个失意之人，总是说"睡一觉就好了"，事实上睡醒后烦恼照旧，但睡梦中确实曾获得暂时的解脱。忘我，是一种刻意而为之的无奈；无我，则是水到渠成的自在。

从前有一个和尚犯了法，由一名差役负责押送他到流放地。一路上，差役十分谨慎，生怕犯人会从自己的手里逃脱。他心思缜密，每次吃饭休息不仅对犯人寸步不离，而且常常清点随身物品，每次清点都会自言自语："和尚还在，公文还在，佩刀还在，枷锁还在，包袱还在，雨伞还在，我也在。"和尚每每听到他反复念叨都忍俊不禁，同时暗暗寻找着逃跑的机会。终于快到目的地了，和尚对差役一路劳顿颇感不安，于是要出钱请他好好吃一顿，以表示自己的感激和歉意，并起誓绝对不会逃跑。快到驻地，差役也放松了警惕，在和尚不断地劝说与奉承下很快酩酊大醉。和尚摸来差役的钥匙，打开了枷锁，临逃走之前想起了差役每次的念叨，不由兴起，想跟差役开个玩笑，于是用佩刀剃光了他的头发，又把枷锁戴在了他的身上。差役大醉醒来，吃惊不小。他猛一拍自己的头，然后又看到了自己身上的枷锁："和尚还在！"他顿时释然，继而习惯性得清点："公文还在，佩刀还在，枷锁还在，包袱还在，雨伞还在，我还……我呢？"差役不知所措，见人就问："你看见我了吗？"

差役执著于事物的表象以至于丢失了自己，他的"无我"是滑稽的，既令自己苦恼，又引得旁人发笑。真正的"无我"虽同样难以求得，甚至让人心生抗拒，但一旦体会到了将"我"放下的通透，就能够达到一种澄明之境。忘我以至无我，又在无我中做好我该做的一切，如空中飞鸟，不知空是家乡，水中游鱼，忘却水是生命，这种无我也许十分荒唐，而在这一刻悟了的人，却体验到了红尘之外的快乐。一切现象因缘所生，变化无常，索性把我放下，把环境忘记，把无常当做常态，自在与快乐将会紧随身后。

生活中很多再平常不过的事情中其实都有禅理，只是疲于奔波的众生早已丧失了于细微处探究竟的兴趣和能力。佛家所言，其实今天的我们已经不再是昨天的我们，为了在今天取得进步、重建自我就必须放下昨天的自己；为了迎接新兴的，就必须放下旧有的。想要喝到芳香醇郁的美酒就得放下手中的咖啡，想要领略大自然的秀美风光就要离开喧嚣热闹的都市，想要获得如阳光般明媚开朗的心情就要驱散昨日烦恼留下的阴霾。

放得下是为了包容与进步，放下对个人意见的执著才能包容，放下旧念的执著才会进步。表面看来，放下似乎意味着失去，意味着后退，其实在很多情况下，退步本身也是在前进，是一种低调的积蓄。

一位学僧斋饭之余无事可做，便在禅院里的石桌上作起画来。画中龙争虎斗，好不威风，只见龙在云端盘旋将下，虎踞山头作势欲扑。学僧描来抹去几番修改，却仍是气势有余而动感不足。正好无德禅师从外面回来，见到学僧执笔前思后想，最后还是举棋不定，几个弟子围在旁边指指点点，于是就走上前去观看。学僧看到无德禅师前来，于是就请禅师点评。禅师看后说道："龙和虎外形不错，但其秉性表现不足。要知道，龙在攻击之前，头必向后退缩；虎要上前扑时，头必向下压低。龙头向后曲度愈大，就能冲得越快；虎头离地面越近，就能跳得越高。"学僧听后非常佩服禅师的见解，于是说道："师父真是慧眼独具，我把龙头画得太靠前，虎头也抬得太高，怪不得总觉得动态不足。"无德禅师借机开示："为人处世，亦如同参禅的道理。退却一步，才能冲得更远；谦卑反省，才会爬得更高。"另外一位学僧有些不解，问道："师父，退步的人怎么可能向前？谦卑的人怎么可能爬得更高？"无德禅师严肃地对他说："你们且听我的诗偈：手把青秧插满田，低头便见水中天；身心清净方为道，退步原来是向前。你们听懂了吗？"学僧们听后似有所悟。

进是前，退亦是前，何处不是前？无德禅师以插秧为喻，向弟子们揭示了进退之间并没有本质的区别。做人应如水，能屈能伸，既能在万丈崖壁上挥毫泼墨，好似银河落九天，又能在幽静山林中蜿蜒流淌，自在清泉石上流。

只有放弃眼前利益，才能获得长远大利——要想成功，就要学会放弃。为了更好的明天，放弃眼前的小利，只有勇于舍弃的人才是智慧的人。成功者永远是一群具备高瞻远瞩眼光的人。

两个不如意的年轻人，一起去拜望师父："师父，我们在办公室被欺负，太痛苦了，求您开示，我们该不该辞掉工作？"师父闭着眼睛，半天才吐出五个字："不过一碗饭。"回到公司，一个人递上辞呈回家种田，另一个安然不动。日子真快，转眼十年过去了。回家种田的徒弟以现代方法经营，加上品种改良，居然成了农业专家。另一个留在公司的徒弟忍辱负重，努力学习，居然当了经理。有一天，他们见面了。"奇怪，师父给我们同样'不过一碗饭'这五个字，我一听就懂了。不过一碗饭嘛，日子有什么难过？何必待在公司？所以辞职。"农业专家问经理："你当时为何没听师父的话呢？""我听了啊，"经理笑道，"师父说'不过一碗饭'，我想不过为了混碗饭吃，老板说什么是什么，少赌气，少计较就成了，师父不是这个意思吗？"两个人又去拜望师父，师父已经很老了，仍然闭着眼睛，半天才回答他们的疑问："不过一念间。"

明智的舍弃，是一种智慧。我们时刻需要选择，选择放弃什么，坚守什么，只有学会放弃，才能真正获得。

执著地对待生活，紧紧地把握生活，但又不能抓得过死，松不开手。人生这枚硬币，其反面正是那悖论的另一要旨：我们必须接受"失去"，学会放弃。

英国退役军官迈克莱恩曾是一名探险队员。1976年，他随英国探险队成功登上珠穆朗玛峰。而在下山的路上，却遇上了狂风大雪。每行一步都极其艰难，最让他们害怕的是，风雪根本就没有停下的迹象。这时，他们的食品已为数不多，如果停下来扎营休息，他们很可能在没有下山之前，就被饿死；如果继续前行，大部分路标早已被大雪覆盖，不仅要走许多弯路，而且，每个队员身上所带的增氧设备及行李等物，会压得他们喘不过气来，这样下去就会因疲劳而倒下。在整个探险队陷入迷茫的时候，迈克莱恩率先丢弃所有的随身装备，只留下不多的食品，轻装前行。他的这一举动几乎遭到所有队员的反对，他们认为现在离下山最快也要10天时间。这就意味着这十天里不仅不能扎营休息，还可能因缺氧而使体温下降，导致冻坏身体。那样，他们的生命将是极其危险的。而面对队友的顾忌，迈克莱恩很坚定地告诉他们："我们必须而且只能这样做，这样的雪山天气十天半月都有可能不会好转，再拖延下去，路标也会被全部掩埋，丢掉重物，就不允许我们再有任何幻想和杂念，只要我们坚定信心，徒手而行，就可以提高行走速度，这样也许还有生的希望。"队员们最终采纳了他的意见，一路上相互鼓励，忍受疲劳和寒冷，不分昼夜前行，结果只用了8天时间，就到达了安全地带。

若干年后，伦敦英国国家军事博物馆的工作人员找到迈克莱恩，请求他赠送任何一件与英国探险队当年登上珠穆朗玛峰有关的物品，不料收到的却是莱恩因冻坏而被截下的10个脚趾和5个右手指尖。当年的一次正确的放弃，挽救了所有队员的生命；也是由于这个选择，他们的登山装备无一保存下来，而冻坏的指尖和脚趾，却在医院截掉后，留在了身边。这是博物馆收到的最奇特而又最珍贵的赠品。

生活本身即是一种悖论：一方面，它让我们依恋生活的馈赠；另一方面，又注定了我们对这些礼物最终的舍弃。失去了这种东西，必然会在其他地方有所收获。关键是你要有乐观的心态，相信有失必有得。要舍得放弃，要正确对待你的失去，失去才能得到，有时舍弃不过是获得的第二张脸，失去也就是另一种获得。

我们常常很执著于自己得到了什么，却很少想过我失去过什么。如果人生只有得到，而从来没有过失去，你就无法体验人生的酸甜苦辣，也无法珍惜得到的幸福。学会放弃，才能与收获结缘。

一个青年非常羡慕一位富翁取得的成就，于是他跑到富翁那里询问成功的诀窍。富翁弄清楚了青年的来意后，什么也没有说，而是转身从厨房拿来了一个大西瓜。青年有些迷惑不解，不知道富翁要做什么，他只是睁大眼睛看着，只见富翁把西瓜切成了大小不等的三块。"如果每块西瓜代表一定的利益，你会如何选择呢？"富翁一边说一边把西瓜放在青年面前。"当然选择最大的那块！"青年毫不犹豫地回答。富翁笑了笑说："那好，请用吧！"于是富翁把最大的那块西瓜递给了青年，自己却吃起了最小的那块。当青年还在津津有味地享用最大的那一块的时候，富翁已经吃完了最小的那一块。接着，富翁很得意地拿起了剩下的一块，还故意在青年眼前晃了晃，然后又大口吃了起来。其实，那块最小的和最后那一块加起来要比最大的那一块分量大得多。青年马上就明白了富翁的意思：富翁开始吃的那块西瓜虽然没有自己吃的那块大，可是最后却比自己吃得多。如果每块代表一定程度的利益，那么富翁赢得的利益自然要比自己的多。吃完西瓜，富翁讲述了自己的成功经历，最后对青年语重心长地说："要想成功就要学会放弃，只有放弃眼前的小利益，才能获得长远的大利益，这就是我的成功之道。"

成功需要积累，它不是一蹴而就的。在走向成功的路上，要分清长远利益和眼前利益。为了最终的成功，必须懂得舍弃。

生活就是这样，很多时候鱼和熊掌不可兼得。这就要求我们要懂得放弃，因为有"舍"才会有"得"。

第二次世界大战的硝烟刚刚散尽时，以美英法为首的战胜国首脑几经磋商，决定在美国纽约成立一个协调处理世界事务的联合国。一切准备就绪后，大家才发现，这个全球至高无上、最权威的世界性组织，竟没有自己的立足之地，没有钱买一块地皮，刚刚成立的联合国机构还身无分文。让世界各国筹资吧，牌子刚刚挂起，就要向世界各国搞经济摊派，负面影响太大。况且刚刚经历了二战的浩劫，各国政府都财库空虚，许多国家财政赤字居高不下，在寸土寸金的纽约筹资买下一块地皮，并不是一件容易的事情。联合国对此一筹莫展。

听到这一消息后，美国著名的家族财团洛克菲勒家族经商议，果断出资870万美元，在纽约买下一块地皮，将这块地皮无条件地赠与了这个刚刚挂牌的国际性组织——联合国。同时，洛克菲勒家族亦将毗连这块地皮的大面积上地全部买下。对洛克菲勒家族的这一出人意料之举，美国许多大财团都吃惊不已。870万美元，对于战后经济萎靡的美国和全世界，都是一笔不小的数目，而洛克菲勒家族却将它拱手赠出，并且什么条件也没有。这条消息传出后，美国许多财团主和地产商都纷纷嘲笑说："这简直是蠢人之举！"并纷纷断言："这样经营不要十年，著名的洛克菲勒家族财团，便会沦落为著名的洛克菲勒家族贫民集团！"但出人意料的是，联合国大楼刚刚建成完工，毗邻地价便立刻飙升起来，相当于捐赠款数十倍、近百倍的巨额财富源源不尽地涌进了洛克菲勒家族财团。这种结局，令那些曾经讥讽和嘲笑过洛克菲勒家族捐赠之举的财团和商人们目瞪口呆。

这是典型的"因舍而得"的例子。如果洛克菲勒家族没有做出"舍"的举动，勇于牺牲和放弃眼前的利益，就不可能有"得"的结果。放弃和得到永远是辩证统一的。然而，现实中许多人却执著于"得"，常常忘记了"舍"。要知道，想要把一切都占为己有的人，最终可能会为物所累，导致一无所获。

人生总有不可避免的缺憾，你怎样面对呢？逃避不一定躲得过，面对不一定最难受；孤单不一定不快乐，得到不一定能长久；失去不一定不再有，转身不一定最软弱。别急着说别无选择，别以为世上只有对与错，许多事情的答案都不是只有一个。换个思维，也许有另外的收获。

> 放弃虽表面上看似软弱，实则是一个人有力量的表现，它需要极大的勇气和胆识，特别是在成功和胜利接踵而至时，懂得放弃，才更具大将风度，更显英雄本色。
>
> ——腾讯网友暖意序言

燃烧希望

> 如果你的内心总是充满黑暗，缺乏灼热的激情，即使希望在你的周围，你也不可能感知。所谓的希望之光最终还是靠内心的火热去点燃。
>
> ——尼采《愉悦的知识》

高考过后，伟并没有取得自己预计的成绩，因此，进了一所不起眼的大学。

几个月过去了，伟放寒假回到了家里。父亲向伟问起了大学里的生活，伟告诉父亲说："其实真的很没劲。"父亲听了孩子的话后，脸上透出惊愕的表情。沉默了一会儿后，父亲转过身操起了一把大铁钳，从炉中夹起了一块被烧得通红通红的铁块，放在铁垫上狠狠地锤了几下，随之丢入了身边的冷水中。"滋"的一声响，水沸腾了，一缕缕白气向空中飘散。

父亲说："你看，水是冷的，然而铁却是热的，铁块丢进水中之后，水和铁就开始了较量，水想使铁冷却，同时铁也想使水沸腾。现实中，又何尝不是如此呢？生活好比冷水，你就是热铁，如果你不想自己被水冷却，就得让水沸腾。"

想不到父亲竟说出这么饱含哲理的话，让伟感动不已。

从第二个学期开始，伟就好像变了一个人似的，不断努力学习，内心也一天天地充实丰富起来。

一个人工作时间长了或者受周围其他人的影响，容易变得松懈。这会让生活和工作失去色彩，甚至磨灭了斗志。这时候，我们要换种心情，从抑郁中走出来，走进自然，触摸阳光。只有点燃冷却的斗志，生命才会充满神奇的力量。

数九寒天，一座城市被敌军围困，情况危急，假如明天下午仍得不到援兵，城市就将完全失陷。

守将决定派一名士兵去河对岸的另一座城市求援。这名士兵马不停蹄地赶到河边的渡口，但却看不到一只船。平时，渡口总会有几只木船摆渡，但是由于兵荒马乱，船夫全都逃难去了。士兵心忧如焚。他的头发都快愁白了，假如过不了河，不仅自己会成为俘虏，就连城市也会落在敌军手里。

太阳落山，夜幕降临。黑暗和寒冷，更是加剧了他的恐惧与绝望。这是一生当中最难熬的一夜，他觉得自己今天真是四面楚歌、走投无路了。更糟的是，起了北风，到了半夜，又下起了鹅毛大雪。他瑟缩成一团，紧紧抱着战马，借战马的体温取暖。他甚至连抱怨自己命苦的力气都没有了，只有一个声音在他心里重复着："我要活下来！"他暗暗祈求："上天啊，求你再让我活一分钟，求你让我再活一分钟！"当他气息奄奄的时候，东方渐渐露出了鱼肚白。

他牵着马走到河边，惊奇地发现，那条阻挡他前进的大河上面，已经结了一层冰壳。他试着在河面上走了几步，发现冰冻得非常结实，他完全可以从上面走过去。他欣喜若狂，牵着马从上面轻松地走过了河面。

最后，城市得救了，得救于他的忍耐和等待。

人生中有很多事，得失往往只有一线之隔，坚持一下，也许就是完全不同的结局。在成败之间，竖立着的往往只是一层迷雾，许多时候，我们败给的不是对手，而是绝望和放弃。很多时候，尤其是在面临困难的时候，我们需要的只是忍耐。

一位青年向一位禅师求教：

"大师，有人赞我是天才，将来必有一番作为；也有人骂我是笨蛋，一辈子不会有多大出息。依您看呢？"

"你是如何看待自己的？"禅师反问。

青年摇摇头，一脸茫然。

"譬如同样一斤米，用不同眼光去看，它的价值也就迥然不同。在炊妇眼中，它不过做两三碗大米饭而已；在农民看来，它最多值1元钱罢了；在卖粽子人的眼里，包扎成粽子后，它可卖出3元钱；在制饼者看来，它能被加工成饼干，卖5元钱；在味精厂家眼中，它可提炼出味精，卖8元钱；在制酒商看来，它能酿成酒，勾兑后，卖40元钱。不过，米还是那斤米。"

大师顿了顿，接着说："同样一个人，有人将你抬得很高。有人把你贬得很低，其实，你就是你。你究竟有多大出息，取决于你到底怎样看待自己。"

青年顿时豁然开朗。

一个人有没有出息，或有多大出息，不是别人说了算的，这取决于自己对自己的看法。每个人的能量都是未知的，只要我们肯挖掘，就会有不可预知的奇迹出现。

某学者毕业于名牌大学，他非常执著于自己的科研工作，进了一所高校工作。众所周知，搞科研往往要经历无数次的失败，才有可能获得成功。并且，成功只属于少数人，大多数人经历了失败之后，仍然是没有突破的。所以，学者就要耐得住寂寞、清贫。后来，这位学者结婚了，工资虽然非常少，但是妻子也非常支持他的工作，两人的生活虽然很清苦，倒也充满了温馨、幸福。结婚一年后，妻子怀孕了，两个人欣喜若狂。没想到，这时厄运降临到了他们的头上。为了寻找实验所需要的材料，学者必须要到遥远的西部矿区取回材料。为了尽快进行实验，年轻的学者告别了妻子赶往外地。谁知，他走后，持续多日的暴雨，发生了洪涝灾害。一个电闪雷鸣的晚上，妻子被突然暴发的洪水冲走了。当学者回到家的时候，昔日温馨的小家已经不存在了，知书达理的妻子和未出世的孩子也变成了一抔黄土。学者痛心疾首，懊悔不已。如果不去找材料，待在家里好好照顾妻子，可能根本不会出现这样的结局。

在经历了丧妻之后不久，他又继续进行他的研究。旁人很不解地问他，为什么还要做下去呢？同行的人很多都放弃了，能够出成果的可能性是非常渺茫的。学者非常平静地说："即使只有一丝希望，我也要抓住。只有研制出新成果，才能告慰夫人的在天之灵。"

这位学者始终在高校工作，继续锲而不舍地进行他的实验。尽管他的研究经过了很多次的失败、很多次新的尝试，但是仍然没有突破性的进展。很多人劝他改做其他的项目，他总是摇摇头，表示自己无法舍弃这个没有做出成果的实验。在之后的岁月中，学者为了这个实验吃尽了苦头，但他始终心怀希望，不放弃每一个成功的机会。终于，他坚持了毕生的实验有了突破性的进展，为国家、社会做出了很大的贡献。

当人们纷纷向老学者讨教为什么他能够穷尽毕生的精力，坚持不懈地进行此项研究时，老人缓缓地回答道："只要你每天都给自己一个希望，你就一定能够坚持下来，获得最后的成功。"

给自己一个希望并不难。我们每个人都有自己的梦想，都有自己希望达到的目标。很多人在追求目标的过程中，最初都是热情高涨，之后会因为种种原因，感到目标如此地渺茫而中途放弃。很少有人能够每天给自己一个希望。希望能够让自己化解各种艰难险，遇到再大的困难、再大的阻力，也要坚持下去。正因为如此，成功才属于少数人。

> 一个最困苦、最微贱、最为命运所屈辱的人，只要还抱有希望，便可无所畏惧。
>
> ——网易网友残缺韵律

觉悟灵魂

> 我了解因为被黑暗所围绕而寻求静息的人——想要睡觉的人都是先使寝室黑暗，或者就是直接钻进洞穴里去。给那些不知道而又想知道最需追求什么的人一个暗示！
>
> ——尼采《快乐的科学》

每天清晨给你的额头洒上一点儿香波，清洗掉所有消极、自私、狭隘的想法，经过这一番清洗，让自己每天有一个愉快的开始，那么一天里所有的事都会变好。

有一位名叫哈里的演员，每次在观众面前表演，想到的都是他自己有多么伟大，对于观众没有特别的兴趣。他这种自我中心的想法，也感染了观众。可是，渐渐地观众不喜欢他了，再后来他就失掉了演出机会。经过一段时间的反省，他心里忽然冒出一个想法：真正去爱观众，看看结果怎样。由于他当时的境况十分糟糕，几乎到了没有任何选择的地步，于是他愿意对这个想法尝试一下。几天后，他接到一个电话，是邀他去参加一个演出。尽管扮演的是一个小角色，但是他还是欣然接受了。在那场戏开幕之前，他在后台边上看着观众席。忽然，他看到坐在最前排的一个生意人，看上去好像很不开心。看样子，那个生意人好像是被太太拖来的，对于即将开始的表演心不在焉，似乎一直想办法赶紧溜到别的地方去。于是哈里暗下决心："今晚我一定会让你快乐。我要将爱投向你让你度过一个愉快的夜晚。"那次表演哈里用心地去演好自己的角色，他成功地做到了让观众真正地接纳他。那一次表演成了他事业的一个转折点。

《新约全书》中讲，那个时代的罗马士兵，有权要求被征服的犹太公民替军人背行李走一里路。沿着大路向前走，结果每走一里路，就又能找到一个犹太人，再接替前一个人把行李背下去。这样，接连不断。后来，耶稣就劝告其信徒们，行李不要只按要求背一里路，是应该自觉自愿地再背一里路。这到底是为什么？

如果我们心甘情愿，再把行李背远一里，就很有可能让行李的主人回心转意。而这种结果是我们所期望的。与此同时，我们背行李时也要改变自己的态度，只有自己改变了，我们才能得到更广泛的自由。

是的，每天给你的额头洒上一点儿香波，清洗自己的灵魂，改变自己处世的态度，如果这样，相信不管处在怎样的处境中，你都能顺利地为自己开辟一片新的天地。

有时候，我们会陷入徘徊、迷惘之中，甚至迷失了人生的方向，这个时候，我们应该如何去面对呢？

有一个人在工作中事事不顺心，于是，有一天他对着同事抱怨：他厌恶现在的工作，也厌恶这家公司，所以他决定辞职离开现在的公司。同事十分赞成他离开这家苛刻的公司，但是认为他现在离开还不是最好的时机，等到时机到来再离开不迟。那个人对于同事的建议感到不解，他的同事接着说："如果你现在走，公司的损失并不大。你应该趁着在公司的机会，拼命去为自己拉一些客户，成为公司独挡一面的人物，然后带着这些客户突然离开公司，公司才会受到重大损失，非常被动。"听了同事的一番话，那个人觉得十分在理。于是他暂时把辞职一事放在一边，开始努力工作，经过半年多的努力工作，他终于有了许多好客户。再后来，同事就提醒那个人：现在时机已经成熟了，他要离开那家公司正是时候。想不到那个人却浅浅一笑：老总跟他谈过话，准备升他做总经理助理，所以他暂时没有离开的打算了。而这也正是同事的初衷。其实真正地投入到自己的工作中去，你才有可能找到自己的价值，而找到了自己的价值，你就自然能把握住自己的人生。

一路行走一路歌是一种人人向往的境界，而事实上，一路行走一路愁却是大多数现代人的常态。步履匆匆，以至于忽视了路边美景；身在花丛，却嗅不到满园芬芳。古人说"月影松涛含道趣，花香鸟语透禅机"，禅门语"青青翠竹，尽是法身；郁郁黄花，无非般若"，细沙中包含的那一方世界，野花中蕴藏的那一座天堂，你是否看到了呢？生活中禅机无处不在，无处不可修行，万物皆是如来，只怕人不"悟"。

从开悟修到彻悟，断了烦恼，度了众生，自利利他圆满。人的慧根不同，所受的障碍不同，悟的程度不同，境界也会有深有浅，悟境如人饮水，冷暖自知，只有曾经悟过的人才知道悟真正是什么。

"老僧三十年前未参禅时，见山是山、见水是水；及至后来，亲见知识，有个入处，见山不是山、见水不是水；而今得个休歇处，见山只是山、见水只是水。"后世对这段公案的解释颇多，从中可以窥探到悟境的端倪。

有一位僧人不明白其中的含义，于是去向一位禅宗大师请教。

大师解释说："最先的状态和最后的状态是相似的，只是在过程中截然不同。最初，我们看到的山是山，最后看到的山还是山。但是在这过程之中，山不再是山，水不再是水，为什么呢？

弟子摇头不知。

禅师继续说："因为一切被你的思维和意识搅乱了、混淆了，好像阴云密布、云雾缭绕，遮住了事物的本来面目。但是这种混淆只存在于过程中。在沉睡中，一切都是其本原；在三昧中，一切又恢复其本原。正是关于世界、思想、自我的认识使简单的事物复杂了。"

弟子自以为明白了禅师的解释，于是叹气说："唉，这么说来，凡夫俗子和开悟者之间也没有什么区别嘛！"

"说得对！"禅师回答，"确实没什么区别，不过是开悟者离地六寸。"

开悟者"离地六寸"，自然和站在地上的凡夫俗子有所不同，他们离地的过程正是不断修行的过程，"离地六寸"的位置也正是悟后的境界。在尚未修禅之时，我们眼中看到的是一个物理化的世界，山水就是山水，世间一切历历分明，存在即为合理，不需要做任何的探讨与解释；在第二个阶段，经过了一段时间的禅修之后，禅定过程中的澄明境界与清净修为常常会令人产生幻觉，认为世间一切不过是过眼浮云，浮光掠影般闪过，如梦如幻，极不真实，第三个阶段，禅修得悟，人已经达到了自由境界，身体和灵魂已实现了独立、清澈和自在，一切无可无不可，与我无碍无牵绊。

悟是可遇而不可求的，越是追求得紧越是会陷入难以自拔的泥潭。不要刻意去追求什么，开悟的过程本身就是目标。开悟不是有形的财富珍宝，不是将手掌攥紧就可以掌控的，它既需要个人努力地修行，也需要顿悟的机会。顿悟虽是在一瞬间完成的，但这之前长期的修行也是不可或缺的。端正自己的心态，树立正见，只待时间一到，自会水到渠成。

每个人的心里都有这样一片荒地，不去打理，荒地自然寸草不生。而一旦开始用心去经营、去管理，只待一夜春风，心灵的荒漠也会成为美丽的花园。生活中总有层层迷雾遮蔽着我们的心神，一朝开悟，就会发现原来曾经的阴霾之上都是同样湛蓝的天空，那时候再回首一路寻找的旅程：尽日寻春不见春，芒鞋踏遍岭头云，归来笑拈梅花嗅，春在枝头已十分。

在一座禅院里，徒弟请示禅师道："为什么我不能很快地认识自己？"

禅师回答道："我给你说个譬喻，如一室有六窗，室内有六只猕猴，蹦跳不停，室外有六只猩猩与之回应，如是六窗，俱唤俱应。六只猕猴，六只猩猩，实在很不容易很快认出哪一个是自己。"

徒弟听后，知道禅师是说吾人内在的六识（眼、耳、鼻、舌、身、意）和追逐外境的六尘（色、声、香、味、触、法），鼓噪繁动，彼此纠缠不息，如空中金星蚱蜢不停，如此怎能很快认识哪一个是真的自己？

因此便起而札谢道："适蒙和尚以譬喻开示，无不了知，但如果内在的猕猴睡觉，外境的猩猩欲与它相见，且又如何？"

禅师便下绳床，拉着那个小徒弟，手舞足蹈似的说道："好比在田地里，防止鸟雀偷吃禾苗的果实，竖一个稻草假人，所谓'犹如木人看花鸟，何妨万物假围绕'？"

徒弟终于言下契入。

生活中，很多人的心情都容易受到外界的影响，更有甚者，将对自己的认识和评价建立在他人的态度之上。为什么人最难认清自己？主要是因为真心蒙尘。就像一面镜子，被灰尘遮盖，就不能清晰地映照出物体的形貌。真心不显，妄心就会成为人的主人，时时刻刻攀缘外境，心猿意马，不肯休息。

心不动才能真正认清自己，遇到顺境不动，遇到逆境也不动，不受任何外在的影响。现代人的状况大多相反，遇到顺境的时候高兴得不得了，遇到逆境的时候痛苦得不得了，这就带来许多痛苦。其实，我们遇到的任何外境都一样，如果我们能够了解这一点，就不会被六识所诱惑，亦不会被六尘所蒙蔽。

由此可见：外面再美的景致，也无法使我们真正的休心息虑，只是空费草鞋钱。世间的各项视听娱乐，无法使我们内在悠然清心，不过徒增声色的贪得、是非的爱染。看一池荷花，于污泥之中生，观者有人欢喜有人忧，然而一池荷花就在那里，不动、不痴、不染，荷花还是荷花。人如能像荷花一般，不为繁华蒙蔽，不为别人的眼光而活，活出真我，生活的禅便算是被参透了。

寺庙里来了一位中年男子。他找到老和尚，诚恳地说："法师，我能否给寺庙捐100万元？"

老和尚合掌道："施主，你心中有什么事吗？"男子脸上微微掠过一丝不快，道："这个您就不用管了吧？"老和尚说："施主不要介意，我只是不希望你浪费金钱——请告诉我，你的钱是准备捐献给谁呢？"男子听了很意外："这不是明摆着吗？"老和尚笑了："具体地说，是捐给我本人，还是捐给整个寺院，还是……献给神？"男子眉头微皱："法师你在开玩笑吧？"老和尚说："常人做事必有目的，你的目的何在呢？"男子终于生气了："看来你不愿接受，算了。寺院多着呢！"说完，转身就走。老和尚没有挽留他，继续拂拭烛台。

大约一刻钟后，那男子又回来了，态度恢复了和善。老和尚合掌道："施主还有事吗？"男子有点惭愧地说道："请法师原谅我刚才的冒失。我确实真心想捐助寺院100万元。你要问目的，就算是建设寺院吧。"老和尚说："寺院的建筑目前状况良好，如果想让这100万元尽快发挥作用的话，不如捐献给失学儿童。"男子一听，很高兴："不瞒法师，我捐助过88个失学儿童，现在，我只想献给寺院。"老和尚说："如果我们接受了捐款，你会有什么感受呢？"男子说："我会觉得宽慰。"老和尚说："好了，我能不能认为你是在用钱买宽慰呢？"男子犹豫了片刻，点点头。老和尚合掌道："施主，请别介意我直言——通常来这里捐钱的人，都是直接把很少的钱塞进功德箱里，因为钱很少。而你，是用100万来买宽慰，是不是因为心中的罪恶感很强呢？"

男子有些恼怒，但无言以对。老和尚诚恳地说："施主，按理说，你是在做善事，可是，善事不等于善心，如果想以一两件善事抵消罪恶，那么，这个善就不是真善，而是恶的帮凶。所以，你捐献100万以后，罪恶不但难以减轻，甚至可能加重。"

后来，男子把100万捐助给了失学儿童。

真正的善良之举不是一时的心血来潮，而是能够坚持长期做善事，且终身不悔。善事不等于善心，如果想以一两件善事来抵消罪恶，获得心理安慰，这样只会加重罪恶。善良是一种对他人精神上的关怀与给予，是对他人心灵与精神的洗涤，也是对自己良心的抚慰。真正的善心才是无价之宝。

有一个阿拉伯故事，它虽然没有《天方夜谭》中的故事神奇，却具有深刻的教育意义。

阿伯德·卡德的母亲给了他40枚银币，又让他发誓任何时候都不撒谎："上帝会看着你的，孩子，在没有接受上帝的审判之前，我们是没有机会见面了。"

于是，这个年轻人开始了他人生的第一次外出。几天之后，他遇到了强盗。

强盗问他："你身上有钱吗？"

由于发誓不能撒谎，阿伯德·卡德就老老实实地说："在我的外套里面有40枚银币。"

强盗们反而不相信他的话。

"告诉我，你身上到底有没有钱？"强盗头子再次问阿伯德·卡德。

"我说过了，我的外套里缝着40枚银币。"

这次，强盗们半信半疑地搜查了阿伯德·卡德，他们真的搜出了银币。

强盗惊奇地问阿伯德·卡德："你为什么不打自招啊？"

"因为我在母亲面前发过誓——永远都不撒谎。"

强盗头领听到这些话，心中有所悟语"连个孩子都如此守信用，而我们却在违背小时候对上帝许下的诺言。现在我们要握着这个小孩的手重新发誓"！

其他强盗也深为感动，像他们的首领一样一个接一个地对上帝重新发了誓，而站在他们面前的却是一个小孩。

这就是阿伯德·卡德身上所表现出来的高尚的品质——诚实。

诚实不仅是一种力量的象征，它也更显示着一个人的高度。生命在诚实中才能绽放出光彩。好人自会有好的回报。当一个人走正直诚实的生活道路时，就会得到一个好的结果，心灵也会获得一个好归宿。

张萍的一位研究经济学的朋友要找十个人做诚信试验，问张萍能不能帮忙。张萍说可以，但不知道怎样做试验。朋友说很简单，就是在不同的商店买十次东西，每一次买东西都付两次钱，看有多少人拒绝第二次付款，然后把结果告诉他就行了。

张萍先走进一家服装店，给孩子买了一件二十元的衬衫。付过钱出来后，一会儿张萍又进去说："对不起，刚才我买衣服忘了给钱。"店主是一个中年妇女，慈眉善目的。张萍等她说："你已经付过钱了。"可是中年妇女只是看着张萍，说："行，快交钱吧。"张萍只好乖乖地又一次把二十元钱给了她。

张萍一连试了九个店主，竟然没有一个人拒绝第二次付款。态度最好的那个，也只是淡淡地说："你真是个好人。"那神情不知道是赞扬还是嘲笑。

只剩最后一次了，张萍想找个熟人试试。大街对面有一个卖饮料的小店，是张萍高中时的一位同学开的，老同学和她的儿子正坐在店里。张萍走进老同学的饮料店，买了一瓶矿泉水就出来了。几分钟后，张萍再进去说："哎呀，老同学，我刚才买矿泉水忘了给钱。"老同学说："算我送给你喝吧。"张萍要把试验进行到底，就说："那怎么行？"掏出两块钱递过去。老同学竟然伸手来接，张萍真不想松手，因为一松手，老同学在张萍心里的形象就矮小了。就在那张纸币一半在张萍的手里，一半在老同学的手里时，她儿子说："妈妈，阿姨不是给过钱了吗？那张钱还在你的手里呢。"老同学的另一只手上，确实握着张萍刚刚给的两块钱。

老同学非常尴尬，不得不松开手。张萍很后悔用熟人来做试验，她尴尬地出了饮料店。张萍刚走到街上，就听到那个讲信用的小男孩在店里放声大哭，一定是老同学打他了。

在今天，无论做什么事，都讲究诚信。也只有这样的人，才会得到人们的信赖和认可。那些不讲诚信的人，在与人交往中，注定是要失败的。诚信是一面镜子，一旦打破它，人格便会出现裂痕。

她有幸考上了重点大学，不幸的是父亲在她进校不久，遇上了车祸身亡。

家中无力供她上学，在她准备退学回家时，社会送来了关怀，老师和同学也慷慨捐款捐物。

大家的赠物她舍不得使用，藏在箱子里。每天打开箱子看看这些赠物，就想到自己周围有那么多的关怀、爱心，心中就不由自主地生出一种感激之情。这种感激之情又驱使她去战胜困难，顽强拼搏。这个在物质上贫困的女孩，却变成一个精神的富有者。

她心怀感恩，终于读完了大学，还以优异的成绩留学美国。她说："大家给我的一切，是我的精神财富，永远留在我的心里。我要努力学好本领，回报祖国，回报父老乡亲。"

感恩之情，是滋润生命的营养素，生命会因感恩而展现出生机和活力。一个人有感恩之情，才能懂得感谢别人，甚至懂得感谢对手，这样才能与周围的环境和谐相处。

明代学者徐文长写过一首五律《读庄子》："庄周轻死生，旷达古无比。何为数论量，生死反大事？乃知无言者，莫得窥其际。身没名不传，此中有高士。"徐氏说庄子"轻生死"，这个"轻"字并非轻视、侮蔑之意，而是表示一种淡然的态度。这是一种参破生死的态度，早已经消除了对生的执著和对死的恐惧。

庄子的妻子去世后，老朋友惠施来吊丧，结果看见庄子席地而坐，两腿叉开。这是一种很不合礼仪的坐法，惠施有些不满了。结果庄子竟然还"鼓盆而歌"。惠施很生气："你妻子给你生儿育女，与你共同生活，身老而死。你不哭就算了，还敲着盆子唱歌，真是过分。"庄子便告诉老朋友自己的想法，他认为人的生死变化，如同四季运行，春夏秋冬不断变换交替也是自然而然的事情。这是天命，既然天道如此，又何必哭泣呢？看透生死，节哀顺变，一切随遇而安，就不会在人生的旅途中为生死而饱受困扰。一个人活在这个世界上，是顺着生命的自然之势来的；年龄大了，到了要死的时候，也是顺着自然之势去的。

生死的问题看空了，随时随地心安理得、顺其自然，自己就不会被后天的感情所扰乱了。活着的时候，把握拥有的一切，要回去的时候就回去，所以一切环境的变化、身心的变化也都没有关系，因为这些都是自然本来的变化。这个道理弄通了，就会达到"哀乐不能入"的境界。

从古到今，幽游人世无所挂碍，逍遥自在超凡绝顶的，必然是庄子。庄子自称"无不将也，无不迎也，无不毁也，无不成也"，一个人可以不被任何事物难倒，庄子的自在境界难道不高明吗？

庄子的境界，就如同一个婴儿生下来不到一百天，手里拿着一个东西时好像很牢，但是他没有用力，若有若无之间，这就是自在。做人也是同样的道理，在若有若无之间把握住万物的根本，自在自得道。

人们为什么要若有若无地去把握身边的事物？这是因为宇宙间万千事物时刻在变化。任何时间，任何地方，一切的事情都在变化，没有什么是永恒存在的。

一次，佛陀带着几位侍者出行。当时正值中午，天气非常热，佛陀觉得口渴，就告诉侍者阿难："我们不久前曾跨过一条小溪，你回去帮我取一些水来。"

阿难回头去找那条小溪，但小溪实在太小了，有一些车子经过，溪水被弄得很污浊，水不能喝了。于是阿难回去告诉佛陀："那小溪的水已变得很脏而不能喝了，请您允许我继续走，我知道有一条河就离这里只有几里路。"

佛陀说："不，你回到同一条小溪那里。"阿难表面遵从，但内心并不服气，他认为水那么脏，只是浪费时间白跑一趟。他走到那里，发现水虽没有刚才浑浊了但仍有许多泥沙，还是不可以喝的，又跑回来说："您为什么要坚持？"佛陀不加解释，仍然说："你再去。"阿难只好遵从。

当他再走到那条溪流边，那些溪水就像它原来那么清澈、纯净——泥沙已经沉到了河底。阿难笑了，赶快提着水回来，拜在佛陀脚下说："您给我上了伟大的一课，无论是林中的小溪还是生命中的河流，没有什么东西是永恒的。"

溪水的污浊只是一时的，随着时光的飞逝，它会再次恢复清明。人们如果执著于眼前变化，就不可能把握事物的整体，所以若有若无、与时俱进地施行和改变自己的行为，这才是做人的最好方法。时光每时每刻都在改变，要求一生幸福，那是不可能的事情，因为幸福就像轻飘飘的羽毛一样难以把握，而艰难痛苦就像脚下的大地一样始终不离左右，所以人一生都是身在祸福之中。福祸不定，世事无常，只有认识了事物变化发展的本质，用变化和发展的眼光看待一切事物，才不会偏离生活的轨道。

喜欢月光的明亮，就要接受月亮有黑暗与不圆满的时候；喜欢水果的甜美，也要容许水果有苦涩成长的过程。真正幸福的人生，难以圆满。有苦有乐的人生是充实的，有成有败的人生是合理的，有得有失的人生是公平的，有生有死的人生是自然的。

一只飘摇的生命之舟，从时空的长河中缓缓驶来。舟中有一个刚刚诞生的生命，他不会说、不会笑、不会跳、不会闹，也不会思考，他只是沉睡着。远处传来一个声音："你从何处来？要到何处去？"刚诞生的小生命重复道："我从何处来？要到何处去？"生命之舟在时空的长河中默默前行。忽然，又传来一个声音："等一等！我们想与你一同旅行，请载我们同去！"随着声音传来的方向看去，只见痛苦与欢乐、爱与恨、善与恶、得与失、成功与失败、聪明与愚钝，手拉着手游向生命之舟。痛苦从左边上了船，欢乐从右边上了船；爱从左边上了船，恨从右边上了船……待这些人生的伴侣们进到了船舱，这只飘摇的生命之舟沉重了许多，舱中的气氛顿时活跃了，哭声和笑声接连从舟中传出来。忽然，又一个喊声传来："等一等，等一等，还有我们。"众人寻声望去，只见清醒与糊涂、路人与朋友双双携手游来。清醒从左边上了船，糊涂却迟迟不肯上去。路人从左边上了船，朋友也迟迟不肯上去。"喂！怎么回事？朋友！糊涂！你们快上来呀！"一个声音招呼着他们。"不！除非糊涂先上去，我才会上去！否则，生命是容不下我的！"朋友说。"不！我也不想上去，我知道我是不受欢迎的！"

糊涂说。"请上船吧，糊涂！你知道你在我的一生中多么重要吗？我要得到朋友，首先要得到你，我要成就一番事业，没有你是万万不行的。"船中的生命呼唤着。于是，糊涂犹犹豫豫地上了船，朋友紧跟着也上去了。飘摇的生命之舟，在时空长河中满载着前行。这时，后面又传来了呼唤声："等一等我，别忘了我！我一直在追随着你哪！"这是死亡的呼喊。在死亡的追赶下，生命之舟一路向前。显然它不肯为死亡停驻，不知是装作没有听见死亡的呼喊，还是不愿听见死亡的声音，但无论如何，死亡依然紧紧地跟在它的后面，寸步不离。

这只飘摇的生命之舟，必须满载着痛苦与欢乐、爱与恨、善与恶、得与失、成功与失败、聪明与愚钝、清醒与糊涂、路人与朋友，在人生的得意与失意间破浪前行。凭山临海不系舟，山水系不住生命之舟，个人的心愿意志也系不住，它有着自我的轨迹，我们只能将其尽量圆满，却不能彻底改变。若想在这茫茫旅途中获得真实的幸福，唯有认清并接受生命中必然存在的缺陷。

很多人都执著于追求完美的人生，凡事要求完美固然很好，但事事追求完美，有时反而因噎废食，流于吹毛求疵，不管于自己还是于他人，都是一种不必要的辛苦。人生本就有缺陷、有快乐，在追求完美人生的同时，要能够认清人生苦乐参半的实相。

知足常乐，是一种难能可贵的修为。对于习惯于沉沦生存欲望的人类来说，能够做到知足实在不是件容易的事情。知足是常态，事能知足心常惬。懂得了这一点，也就有能获得常人难以获得的坦然和宁静。

知足就懂得珍惜，珍惜万事万物会使心灵得到前所未有的满足，是一种难能可贵且能给人带来幸福的生活态度。

很久以前，在西方净土，乌达雅纳王妃夏马伐蒂向阿难陀供养五百件衣服，阿难陀欣然接受了。

乌达雅纳王听说后，他怀疑阿难陀可能是出自贪心才接受了这些衣服。于是他探望了阿难陀，对阿难陀说："尊敬的阿难陀，你为什么一下子接受五百件衣服呢？"

阿难陀回答说："大王，有许多比丘都穿着破衣服，我准备把这些衣服分给他们。"

"那么，破旧的衣服做什么用呢？"

"破旧的衣服做床单用。"

"旧床单呢？"

"做枕头套。"

"旧枕头套呢？"

"做床垫。"

"旧床垫呢？"

"做擦脚布。"

"旧擦脚布呢？"

"做抹布。"

"旧抹布呢？"

"大王，我们把旧袜布撕碎了混在泥土中，盖房子时抹在墙上。"

阿难陀对一块布尚且如此珍惜，可以推想他对其他事物的珍惜程度。生活本就是在珍惜和知足中才能累积起富裕，令人过得安心。有一颗知足且懂得珍惜的心，人才能过得快乐。

知足常乐是一种看待事物发展的心情，不是安于现状的骄傲自满的态度。《大学》曰"止于至善"，是说人应该懂得如何努力达到最理想的境界，懂得自己该处于什么位置是最好的。知足常乐，知前乐后，也是透析自我、定位自我、放松自我，才不至于好高骛远，迷失方向，碌碌无为。

知足是一种处世态度，常乐是一种幽幽释然的情怀。这种情绪贵在调节。可以从纷纭世事中解放出来，独享个人妙趣融融的空间，对内发现自己内心的快乐因素，对外发现人间真爱与秀美自然，把烦恼与压力抛到九霄云外，感染自身及周围的人群，促进人际关系的逐步亲近平和，进一步拥抱浅景淡色与花鸟虫鱼。对事，坦然面对，欣然接受；对情，琴瑟各鸣，相濡以沫；对物，能透过下里巴人的作品，品出阳春白雪的高雅。做到知足常乐，待人处世中便充满和谐、平静、适意、真诚。这是一种人生底色。当我们都在忙于追求、拼搏而找不着北的时候，知足常乐，这种在平凡中渲染的人生底色所孕育的宁静与温馨，对于风雨兼程的我们是一个避风的港口。休憩整理后，毅然前行，来源于自身平和的不竭动力。真正做到知足常乐，人生会多一份从容，多一些达观。

古人的"布衣桑饭，可乐终身"是一种知足常乐的典范。"宁静致远，淡泊明志"中蕴涵着诸葛亮知足常乐的清高雅洁；"采菊东篱下，悠然见南山"尽显陶渊明知足常乐的悠然；"老天待我至为厚矣"表达了沈复知足常乐的真情实感。更多的时候，知足常乐融合在平平淡淡才是真的意境中。知足常乐，是一种人性的本真，无论行至何方、所处何位，知足常乐永远都是情真意切的延续。

中国古代故事里那个杞人忧天的人，总是受到人们的嘲笑。其实，换一个角度来看，他的行为恰恰体现出一种常人所没有的对苍生的悲悯心态和对潜在危险的一种担忧。

与忧天者的备受嘲笑不同，悲天悯人在中国人的眼里却是一种高尚的情操，那种对人类的无等差的关怀令人动容。中国古代著名诗人屈原就是凭借他的悲天悯人成就了经典的《离骚》，他的人生故事也得以千古流传。

幼年时期，屈原就有悲天悯人的情怀。屈原年少时，正逢连年饥荒，家乡的百姓们吃不饱、穿不暖，时有沿街乞讨、啃树皮、食埃土者，看见这一切，屈原不禁伤心落泪。他发誓要为这些人做点什么，来缓解他们的痛苦。

一天，屈原家门前的大石头缝里突然流出了雪白的大米，百姓们见状，纷纷拿来碗瓢、布袋接米，将米背回了家。不久，屈原的父亲便发现家中粮仓中的大米越来越少，他很奇怪，便留意观察，看是否是有人偷米。有一天夜里，他发现屈原正从粮仓里往外背米，便将屈原叫住，一问才知道原来是屈原把家里的米灌进石缝里。乡亲们知道了真相都很感动，夸赞屈原。父亲没有责备屈原，只是对他说："咱家的米救不了多少穷人，如果你长大后做官，把国家管理好，天下的穷人不就有饭吃了吗？"

父亲的话激励了屈原，自此他勤奋治学，长大后楚王得知他很有才能，便召他为官，让他管理国家大事。屈原为国为民尽心尽力，为后世之人称颂，真正做到了由小善转为大善的境界。他自幼怜悯他人，此乃小爱，乃人之常情的爱；而他后来爱国，则因爱人而由小变大，精神得到了升华，这是令后人敬仰的大爱。

孟子曾经说："存其心，养其性。"意思是保存赤子之心，修养善良之性。我们生来便有一颗赤子之心，不沾俗尘，不染污土，而仁爱是首先要培养出来的性情。为他人奉献善心，为社会造福祉，他人和社会必定会以善回报你。

悲天悯人，是要将福祉惠泽天下的芸芸众生。人只是这个世界微小的一部分，花草鸟兽作为世界的一分子，也应受到福祉的惠泽。孔子曾说"子钓而不纲，弋不射宿"，意思是说孔子钓鱼，但不用绳网捕鱼；孔子射鸟，但不射栖宿巢中的鸟。在孔子的眼里，一草一木皆生命，岂有不加以爱惜的道理。

对生命的悲悯并非人性的道德完善，也并非居高临下的施舍，而是对生命的平等的尊重和深切的关怀。很多时候，我们在关怀其他生命的同时，也是对我们自身的关怀与尊重。

慈悲分为三类。第一类是众生缘慈，是缘众生而起慈心。感悟到这种慈悲，心中便始终存在"众生"这个实体，相信每个人都有独一无二的个体，每个人都有自己的观念，这种慈悲心，也是针对这些个体而言的。第二类是法缘慈，是缘于法的因缘起灭而起的慈心。个体还是个体，但是眼中的众生已经不存在永恒不变的主体，因体验到"无我"而认识到法空，因此，见到"无我"的众生承受着因法无常而带来的痛苦，也会起慈悲心。第三类是无缘慈，是缘于我法皆空、因缘和合、轮回变换而起的慈心。菩萨在这层境界上生起慈悲心，发愿救众生于苦海。

怀第一类慈悲心的人，见到街上的乞丐，必会心生怜悯，然后掏出口袋中的钱去帮助他们；怀第二类慈悲心的人，见到一本书，不会认为它是一件实体的物质，而会认为这本书是由一页页写满黑字的白纸装订而成，书非实体，而白纸黑字却是实物；怀第三类慈悲心的人，见到一个在梦魇中苦苦挣扎而不能醒来的人，会顿觉世间众生皆是如此，在苦海中颠沛流离，却不得脱身，纠缠着心智的外物本是幻象，但是人的痛苦却真真切切。

禅意人生之中。慈悲是浑浊世界里的一盏明灯，既能照亮自己脚下的路，也能为他人指引方向。

一个赶夜路的僧人行走在一条漆黑的路上。因为伸手不见五指，僧人被身边经过的行人连续撞了好几下。当他正在懊恼的时候，前面却有一盏灯笼缓缓地移了过来。僧人好奇地向前看去，又听见有人在小声嘟囔："真是个疯子！明明眼瞎看不见，每天出门却还要提着灯笼！"

僧人好奇心大起，于是等到那个提灯笼的人走到自己身边时，就上前问道："您真的是盲人吗？"那个人说："是啊，从出生到现在我没有看见过一点儿光亮，甚至不知道光为何物，对我来说，白天和黑夜都是一样的。"

僧人更困惑了，他问："既然这样你为什么要提着灯笼赶路呢？"

盲人说："我听说每到黑夜，所有的人就都成了盲人。白天能看到世界的人往往走不好夜路，而对于我来说什么时候都是一样的，所以我的灯笼能让他们更好地看清楚脚下的路。"

僧人感叹说："原来您是为了别人啊，您真是菩萨心肠！"

盲人说："不是，不完全是为了别人，也是为了我自己。"

僧人不解，询问原因。

盲人问："你刚才走过来的时候有没有被人碰撞过？"

僧人说："有，因为大家都看不到夜路，所以难免碰撞。"

盲人说："这就对了，我从来没有被人碰到过。因为我的灯笼既为别人照了亮，也让他们看到了我，这样别人就不会因为看不到而碰到我了。"

僧人顿悟："我辛苦奔波就是为了求佛，原来佛就在我身边啊！"

僧人的感悟其实正说明了一个道理，佛的境界是时刻将布施放在第一位，而且明明是布施人，明明在时刻将自己的东西授予他人，却仍然心存感激。

一个寒冷的冬夜，有一个乞丐到寺院里找到荣西禅师，向他哭诉说家中妻儿已经多日不曾进食，眼看就要饿死了，不得已来请求禅师救助。

荣西禅师听到这些慈悲之心顿生，非常同情他的遭遇，但是自己身边既无金钱，也没有多余的食物，他左右为难地环顾四周，突然看到了准备用来装饰佛像的金箔，于是他对乞丐说："把这些金箔拿去换些钱，再给你的妻子孩子买些食物吧！"

乞丐离开之后，一直站在旁边的弟子终于忍不住怨气，对荣西禅师说："师父，您怎么可以对佛祖不敬呢？"

荣西禅师心平气和地对弟子说："我之所以这么做，正是出于对佛祖的一片敬重之心啊！"

弟子愤愤地说："这些金箔本来是用来装饰佛像的，可您就这样送给了乞丐，我们要用什么来装饰佛像呢？难道这就是您对佛祖的敬重之心吗？"

荣西禅师正色说："平日里你们诵读的经文，修习的佛法都到哪里去了？难道没有真正理解吗？佛祖慈悲，割肉喂鹰、以身饲虎都在所不惜，我们怎么能为了装饰佛身而置人性命于不顾呢？"

真正的信仰，不是仅仅挂在嘴边的，更不是顶礼膜拜。它应该存在于具体的事情之中，甚至存在于一件极普通、极平常的小事之中。真正慈善的人，不会拘泥于礼节和形式，他们会将自己的善念化为一汪清泉，让其流进所有干渴的心灵。荣西禅师布施的不仅是金箔，更是一颗慈悲心。这种发自内心的善意的关怀，定能带给他人更多的温暖。

其实，能够布施的何止是金箔呢？一种思想，一种智慧，一种信念，一束光，一杯水，乃至一句话，都可以与人分享。

美国著名作家欧·亨利曾经在《最后一片叶子》里讲述了一个善意的谎言，同样也是一种仁慈的布施。

穷学生琼西身患肺炎，她看到窗外对面墙上的常青藤叶子不断地被风吹落，心中充满了忧伤。她说，当最后一片叶子落下时，自己的生命也将和它一起陨落。

住在隔壁的画家贝尔曼听琼西的同学谈起此事之后，在最后一片叶子落下之前的深夜，冒着暴雨，用自己心灵的画笔在墙上画出了一片"永远不会凋落"的常青藤叶。

后来，琼西的病痊愈了，而那位伟大的画家却因为在暴雨的晚上感染了肺炎，不久之后便永远地合上了双眼。

善良的贝尔曼为琼西编造了一个善良而真实的谎言，用一片精心勾画的绿叶装饰了那干枯的生命之树，维持了即将熄灭的生命之光。

一颗仁慈的布施之心有如日月，像冬天的太阳，像十五的明月，不但能为大地带来光明，还能温暖万物。若能与这样的仁慈之人交往，就如同寒冬里受到太阳的照耀，如同黑夜里有了明月的朗照。

> 把自我完全融入宁静中去，美妙无穷的幸福就会向你招手。
>
> ——搜狐网友梦绕魂牵

宽容待人

> 真的，人是一条污水河。你必须是大海，才能接受一条污水河而不致自污。
>
> ——尼采《查拉图斯特拉如是说》

一天，在开往费城的火车上，一个妇人中途上了车，她走进一节车厢，坐在了座位上。对面是一位略显肥胖的男子正在吸烟。这位妇女禁不住咳了几声，可是，那个男子丝毫没注意到她的暗示。最后，妇人忍不住开口说："你大概不知道这趟车有一节吸烟车厢吧，这里是不让吸烟的。"那个男子一声不吭，掐灭了香烟，扔出了窗外。

这时，列车员过来对妇人说，这里是格兰特将军的私人车厢，请她离开。她听了大吃一惊，心里很害怕，站起身往门口走。而格兰特将军仍像刚才一样，没有给她任何难堪。

宽容并非大人物的专利，普通人也同样有之。

格林夫妇带着两个儿子在意大利旅游，不幸遭劫匪袭击。7岁的长子尼古拉死于劫匪的枪下，就在医生证实尼古拉的大脑确实已经死亡的10个小时内，孩子的父亲立即做出了决定，同意将儿子的器官捐出。4小时后，尼古拉的心脏移植给了一个患先天性心肌畸形的14岁孩子；一对肾分别使两个患先天性肾功能不全的孩子有了活下去的希望；一个19岁的濒危少女，获得了尼古拉的肝；尼古拉的眼角膜使两个意大利人重见光明。就连尼古拉的胰腺，也被提取出来，用于治疗糖尿病……

"我不恨这个国家，不恨意大利人。我只是希望凶手知道他们做了些什么。"格林说。而他的妻子玛格丽特的庄重、坚定、安详的面容，和他们四岁幼子脸上小大人般的表情，尤其令意大利人的灵魂震撼！虽然失去了自己的亲人，但事件发生后他们所表现出来的宽容与大度，令全体意大利人深感羞愧。

生活中，我们要学会宽容、大度。一个人若能有宽宏的度量，他的身边便会集结起大群知心朋友。大度，表现为对人、对事能"求同存异"，不以自己的特殊个性或癖好对待他人。大度，也表现为能听得进各种不同意见，尤其能认真听取相反的意见。大度，还要能容忍他人的过失，尤其是在他人对自己犯有过失时能不计前嫌，一如既往。大度，更应表现为能够虚心接受批评，发现自己的过失，便立即改正，和他人发生矛盾时，能够主动检查自己，而不文过饰非、推诿责任。大度者，能够关心人，帮助人，体贴人，责己严，责人宽。

俗语说："将军额上能跑马，宰相肚里能撑船。"宽容、大度是一种境界、一种美德，它能使复杂的事情变简单，使人生跃上新的台阶。

在人类社会中，人与人之间由于利益的争夺往往会形成竞争的关系。也许你的竞争对手会以君子的风度正当竞争，也许你的竞争对手会恶意诽谤。对此，我们是该以牙还牙、睚眦必报，一旦有机会就落井下石，还是宽容对方？

年轻有为的亨利大学毕业之后，应聘到了波特的公司做销售。亨利工作能力很强，也非常努力，很快销售业绩节节攀升，受到了老板波特赏识。在公司工作5年后，亨利已经成长为公司的中层管理人员，不仅掌握着公司运营的情况，而且对产品的销售渠道也了如指掌。正当公司上上下下对其十分看好之际，亨利却突然不辞而别，应聘到竞争对手的公司工作。很快大家意识到，亨利很可能会将公司的机密，尤其是产品的销售信息泄露出去。不久之后的事实也证明，亨利的确是利用对波特公司的资料挖走了很多大客户。他的这个举动对波特的产品销售造成了很大的打击。公司的员工对亨利颇为怨恨，建议波特也采取一些手段打击一下他的嚣张气焰。波特并没有采纳他人的建议，而是非常冷静地告诉员工不要把精力都用在如何报复对方上，而是要静下来反思自己的产品为何在市场上不受欢迎，要想方设法提高产品的质量，重新占领市场。

波特经过几年的惨淡经营，提升产品的质量，不断对产品进行更新换代，逐渐夺回了被亨利公司抢占的订单，在业内的销售业绩排名也逐渐上升。而此时亨利所在公司的情况却每况愈下，在关系到公司生死存亡的一个项目上，亨利需要寻求帮助，否则不仅要面临失业，他所在的公司也要面临倒闭的绝境。看到昔日曾经伤害过自己的对手能有今日的惨境，波特并没有幸灾乐祸，而是慷慨相助，帮助对方挽回了局面。公司员工感到大为不解，不明白波特为什么要这样做。波特解释道，正是由于对方的竞争，自己才被迫奋起直追，公司才会有今日的成就。如果对方公司宣布破产，对自己来说也没有好处。没有了强有力的竞争对手，公司就会停滞不前，早晚也会被其他公司吞并的。

如果我们始终不能对过去发生的事情释怀，只会激化双方之间的矛盾，于人于己都没有好处。宽待敌人是一件很困难的事情，因为自己曾经饱受对方的伤害，留下的阴影一时难以抹去。但是，换个角度去考虑事情，也许你会发现你曾经恨之入骨的敌人，带给自己的并非只有伤害。正是由于敌人的虎视眈眈，才让你没有放松警惕，而是不断提升自己，迎接他人的挑战。在一定程度上，一个人的水平、能力不仅取决于自己，还取决于对手的状况。保持强有力的竞争关系，才能克服懈怠的弱点，不断要求进步。

清朝乾隆年间，郑板桥正在外地做官。忽然有一天，他收到在老家务农的弟弟郑墨的一封来信。弟兄俩经常通信，然而这一次却非同寻常。原来弟弟想让哥哥出面，到当地县令那里说说情。这一下子弄得郑板桥很不自在。这郑墨粗识文墨，原也不是个好惹是生非之徒，只是这次明显惨受人欺侮，心里的怨恨实在咽不下去。

原来，郑家与邻居的房屋共用一堵墙。郑家想翻修老屋，邻居出来干预，说那堵墙是他们祖上传下来的，不是郑家的，郑家无权拆掉。其实，这契约上写得明明白白，那堵墙是郑家的，邻居借光盖了房子。这官司打到县里，尚无结果，双方都难免求人说情。郑墨自然想到了做官的哥哥，想来有契约在，再加上哥哥出面说情，官官相护嘛，这官司就必赢无疑了。郑板桥考虑再三，给弟弟写了一封劝他息事宁人的信，同时寄去了一个条幅，上写"吃亏是福"四个大字。同时又给弟弟另附了一首打油诗：

千里告状只为墙，

135

让他一墙又何妨；

万里长城今犹在，

不见当年秦始皇。

郑墨接到信，羞愧难当，当即撤了诉状，向邻居表示不再相争。那邻居也被郑氏兄弟的一片至诚所感动，表示也不愿继续闹下去。于是两家重归于好，仍然共用一墙。这在当地一直传为佳话。

《易经》说："地势坤，君子以厚德载物。"说明一个人在做人做事方面应该顺应自然，胸怀博大，宽以待人。一个人的能力是有限的，但心胸开阔、宽容待人就能得到别人的尊重和爱戴，别人也就会努力工作，尽心为你效劳。而且，有德之人更能明白别人所追求的利益，并能尽力给予最大的满足。

在生活中，人们对处处抢先占小便宜的人一般没有什么好感，反而对其处处设防，这样，不就吃了大亏吗？从另一方面来说，爱占小便宜的人，心情经常会处于比较恶劣的状态，因为这样的人觉得自己总在吃亏，心中就会积存不满和愤怒，这对自己也会是很大的伤害。再有，太多计较小利的人绝不会有什么出息，因为你的眼光都集中到收集和占有眼前的每一点微小的利益上，它势必影响你向远处看、向高处看，从而去获取更大的成功和利益。

很多时候，吃点小亏对你自己的利益其实不会造成什么损失。人心是一杆秤，如果你能使自己做到不斤斤计较，对别人不过分苛求，待人宽厚，你周围的人就会信赖你、尊重你，你就会有一个宽松和谐的生活氛围，时时有很快乐的感觉。

为人处世，不免有形形色色的矛盾、烦恼，如果斤斤计较每一件事，那生命无疑是一桩累赘，且充斥着悲剧色彩。

1945年5月的某一天，罗勒·摩尔和其他87位军人在贝雅号潜艇上。当时雷达发现有一个日军驱逐舰队正往他们的方向开来，于是他们就向其中的一艘驱逐舰发射了5枚鱼雷，但都没有击中，这艘舰也没有发现他们。但当他们准备攻击另一艘布雷舰的时候，布雷舰突然掉头向潜艇开来，可能是日本飞机看见这艘位于60英尺水深处的潜艇，用无线电告诉了这艘布雷舰。

潜艇立刻潜到150英尺地方，以免被日方探测到，同时也准备应付深水炸弹。他们在所有的船盖上多加了几层栓子。5分钟之后，突然天崩地裂，6枚深水炸弹在他们的四周爆炸，他们都吓坏了。

按常识，如果潜水艇在不到500英尺的地方受到攻击，深水炸弹在它17英尺之内爆炸的话，差不多是在劫难逃。罗勒·摩尔吓得不敢呼吸，他在想："这回完蛋了。"在电扇和空调系统关闭之后，潜艇的温度升到近40度，但摩尔却全身发冷，牙齿打战，身冒冷汗。15小时之后，攻击停止了，显然那艘布雷舰的炸弹用光以后就离开了。

这15小时的攻击，对摩尔来说，就像有1500年。他过去所有的生活都一一浮现在眼前，他想到了以前所干的坏事，所有他曾担心过的一些很无聊的小事。他曾经为工作时间长、薪水太少、没有多少机会升迁而发愁；他也曾经为没有办法买自己的房子，没有钱买部新车子，没有钱给妻子买好衣服而忧虑；他非常讨厌自己的老板，因为这位老板常给他制造麻烦；他还记得每晚回家的时候，自己总感到非常疲倦和难过，常常跟自己的妻子为一点小事吵架；他甚至为自己额头上的一块小疤发愁过……

摩尔说："多年以来，那些令人发愁的事看来都是大事，可是在深水炸弹差点儿把我送上西天的时候，这些事情又是多么的荒唐、渺小。"就在那时候，他向自己发誓，如果他还有机会见到太阳和星星的话，就永远永远不会再忧虑。在潜艇里那可怕的15小时里的感悟，比他在大学读了4年书所学到的要多得多。

我们可以相信一句话：人生中总是有很多的琐事纠缠着我们，但是我们不能与它斤斤计较，因为心胸狭窄是幸福的天敌。

在非洲大草原上，有一种极不起眼的动物叫吸血蝙蝠。它身体很小，却是野马的天敌。这种蝙蝠靠吸动物的血生存，它在攻击野马时，常附在马腿上，用锋利的牙齿极敏捷地刺破野马的腿，然后用尖尖的嘴吸血。无论野马怎么蹦跳、狂奔，都无法驱逐这种蝙蝠。蝙蝠从容地吸附在野马身上，直到吸饱吸足，才满意地飞去。而野马常常在暴怒、狂奔、流血中无可奈何地死去。动物学家们在分析这一问题时，一致认为吸血蝙蝠所吸的血量是微不足道的，远不会让野马死去，野马的死亡是它暴怒的习性和狂奔所致。

与野马类似，生活中，将许多人击垮的有时并不是那些看似灭顶之灾的挑战，而是一些微不足道的、鸡毛蒜皮的小事。人们的大部分时间和精力无休止地消耗在这些鸡毛蒜皮的小事之中，最终让大部分人一生一事无成。

从前有一个富翁，他有三个儿子，在他年事已高的时候，富翁决定把自己的财产全部留给三个儿子中的一个。可是，到底要把财产留给哪一个儿子呢？饱经沧桑的富翁是经过一辈子的艰难打拼才挣得了庞大的家业。为了能够从三个儿子中选择出来一位值得托付家业的后继者，他想出了一个办法：他要三个儿子都花一年时间去游历世界，回来之后看谁做了最高尚的事情，谁就是财产的继承者。

此后，三个儿子都听从父亲的安排，各自选择了各自的行程，游历了世界上很多地方，增长了见识，开阔了视野。一年时间很快就过去了，三个儿子都陆续回到家中。富翁要遵照自己之前说好的方式让三个人都讲一讲自己的经历。三个儿子都选择了自认为高尚的事情讲给父亲听。

先是大儿子，他得意地说："我在游历世界的时候，遇到了一个陌生人，他十分信任我，把一袋金币交给我保管，可是那个人却意外去世了，我就把那袋金币原封不动地交还给了他的家人。"

轮到二儿子，他也自信满满地说："当我旅行到一个贫穷落后的村落时，看到一个可怜的小乞丐不幸掉到湖里了，我立即跳下马，从河里把他救了起来，并留给他一笔钱。"

最后，轮到三儿子了。他听了两个哥哥的发言，似乎对自己所做的事情并不是十分自信。因此三儿子显得很犹豫地说："我，我没有遇到两个哥哥碰到的那种事，在我旅行的时候遇到了一个人，他很想得到我的钱袋，一路上千方百计地害我，我差点死在他手上。可是有一天我经过悬崖边，看到那个人正在悬崖边的一棵树下睡觉，当时我只要抬一抬脚就可以轻松地把他踢到悬崖下，但我想了想，觉得不能这么做，正打算走，又担心他一翻身掉下悬崖，就叫醒了他，然后继续赶路了。这实在算不了什么有意义的经历。"富翁听完三个儿子的话，点了点头说道："诚实、见义勇为是一个人应有的品质，称不上是高尚。有机会报仇却放弃，反而帮助自己的仇人脱离危险的宽容之心才是最高尚的。我的全部财产都是老三的了。"

富翁从对三个儿子为人处世能力的比较中，最终认可、肯定了三儿子宽广的胸襟。可见，心胸开阔并非人人都能做到，宽容是一笔巨额的财产，是至善人性达到的一种境界，是人性之花历经沧桑之后依然盛开的那份通透与恬然。人生道路漫长而坎坷，难免会在某个时刻与他人结下矛盾，甚至仇恨。但是，要明白一旦种下仇恨，困在仇恨中的有对方，还有自己，于人于己都有弊无利。活在仇恨里的人是愚蠢的。你在憎恨别人时，心里总是愤愤不平，希望别人遭到不幸、惩罚，却又往往不能如愿，失望、莫名的烦躁之后，你便失去了往日那轻松的心境和欢快的情绪，从而心理失衡。另一方面，在憎恨别人时，由于疏远别人，只看到别人的短处，在言语上贬低别人、在行动上敌视别人，结果使人际关系越来越僵，以致树敌为仇。宽容地帮助曾经伤害过你的人才不失为人生大智慧，以德化怨，春风化雨，是成熟人性臻至化境的象征，宽容的人生收获的必是满城桃李。

要想生活的洒脱、奔放并不能仅仅建立在物质的基础上，更为重要的是拥有宽容之心，以博大的胸怀容忍他人的过失，才能在精神上丰裕富足，才能以自由、奔放的心态，任意驰骋。而不是以狭隘、自私的心态来对待周围的人和事，沉溺于蝇营狗苟、鸡毛蒜皮的琐事从而背负上精神的枷锁。

要达到精神上的自由、奔放的人生境界，就要首先有一颗宽广的心，学会包容、学会接纳。

丙吉是汉宣帝的丞相，他的车夫好喝酒，喝醉了以后，有些行为就很不检点。

有一次车夫驾车随丙吉外出，酒醉后呕吐到丞相的车上，相府的主管听说后，就把车夫大骂了一顿，并想辞退他。丙吉说："他如果因为醉酒失事而遭辞退，还有哪里会收容他呢？总管你忍一忍吧，不过就是把车上的垫褥弄脏了罢了。"仍然留他作车夫。

这个车夫家在边疆，经常目睹边疆发生紧急军务的情况。那天出门，恰好看见驿站骑手拿着红白两色的口袋，将边境的紧急文书送来。他就随后跟到皇宫正门，从负责警卫传达的公车那里知道敌人已经侵入云中、代郡等地。他马上回到相府，将情况告诉丙吉，并说："恐怕敌人所侵犯的边郡中，有些太守和长史已经又老又病，无法胜任用兵打仗的事了，丞相最好是预先查看一下。"

丙吉认为他说得很对，就召来负责高级官吏任免事项的官员，查阅边境郡县官员的档案，对每个人都仔细地逐条审查。不久，汉宣帝召见丞相和御史大夫，询问敌人所入侵的郡县官员的情况，丙吉一一正确答复。

御史大夫仓促间十分窘迫，无言禀告，只得降职让贤。而丙吉能以时时忧虑边疆、忠于职守被称道，全凭车夫的提醒之功。

每个人都不是十全十美的，都会有些过失。在与人相处时，宽恕别人的过失是一种胸怀，是一种大度。宽恕别人的过失，别人必然会心存感恩，所以往往还能收到大回报。

一天下午，当库克驾驶着蓝色的宝马回到公寓的地下车库时，又发现那辆黄色的法拉利停得离他的泊位那么近。"为什么老不给我留些地方？"库克心中愤愤地想。

这天，库克比那辆黄色的法拉利先回到家。当他正想关掉发动机，那辆法拉利开了进来，驾车人像以往那样把她的车紧紧地贴着库克的车停下。库克实在无法忍耐，外加他正患感冒头疼得厉害，况且他还刚收到税务所的催款单。于是，库克怒目瞪着黄色法拉利的主人大声喊道："瞧你！是不是可以给我留些地方？

你离我远些！"

　　那位黄色法拉利的主人也瞪圆双眼回敬库克："和谁说话呢？"她边尖着嗓门大叫边离开车子。"你以为你是谁，是总统？"说完，对库克不屑一顾地扭转身子走了。

　　库克咬咬牙心想："我会让你尝尝我的厉害。"第二天，库克回家时，黄色的法拉利正好还未回车库，库克把车子紧挨着她的停车位停下，这下她会因为水泥柱子而打不开车门的。

　　接着的几天，那辆黄色的法拉利每天都先于库克回到车库，也逼得库克好苦。

　　"老这样下去能行吗？该怎么办呢？"不过库克立即有了一个好主意。第二天早晨，黄色法拉利的女主人一坐进她的车子，就发现挡风玻璃上放着一个信封。

　　　　亲爱的黄色法拉利：

　　　　　　很抱歉我家的男主人那天向你家女主人大喊大叫。他并不是有意针对哪个人的，这也不是他惯有的作风，只是那天他从信箱里拿到了带来坏消息的信件，我希望您和您家的女主人能够原谅他。

　　　　　　　　　　　　　　　　　　　　您的邻居蓝色宝马

　　第三天早晨，当库克走进车库，一眼就发现了挡风玻璃上的信封，他迫不及待地抽出信纸。

　　　　亲爱的蓝色宝马：

　　　　　　我家的女主人这些日子也一直心烦意乱，因为她刚学会驾驶汽车，因此还停不好车子。我家女主人很高兴看到您写的便条，她也会成为你们的好朋友的。

　　　　　　　　　　　　　　　　　　　　您的邻居黄色法拉利

　　从那以后，每当蓝色的宝马和黄色的法拉利再相见时，他们的驾车人都会愉快地微笑着打招呼。

　　在生活和工作中，有的人总是与别人斤斤计较，结果周围的人都成了他的敌人，自己成了孤家寡人。面对矛盾，一个淡淡的微笑，一句轻轻的歉语，往往便会获得他人的包涵和谅解。

宽容地对待一切是一种睿智，是一种修养，也是一种美德。但是宽容不代表放纵，因此宽容必须以自身灵魂的高贵为前提。

——新浪网友反派角色

理解他人

我的灵魂平静而明亮，宛似清晨的群山。可是他们认为，我冷酷，是开着可怕玩笑的嘲讽者。于是，他们盯着我看，并且发笑。他们一面笑，一面恨我。他们笑里藏冰。

——尼采《查拉图斯特拉如是说》

世界上如果没有宽容和信任，一切亲情、友情、爱情都将失去存在的基础，每个角落都是尔虞我诈的欺骗，社会将毫无温情可言。

只因偶尔的过错就完全否定自己的朋友，以至于不再信任他了，这不仅是对朋友的背叛，也是对自己的背叛。

有一个出名的地痞，整日游手好闲，酗酒闹事，人们见到他唯恐躲避不及。一天，他醉酒后失手打伤了前来讨债的债主，被判刑入狱。

入狱后，地痞幡然悔悟，对以往的言行感到深深懊悔。

一次，他成功地协助监狱管理人员制止了一次犯人的集体越狱出逃，获得减刑的机会。

地痞从监狱中出来后，回到小镇上重新做人。他先是想找个地方打工赚钱，结果全被拒绝。食不果腹的地痞又来到亲朋好友家借钱，遭到的是一双双不相信的眼睛，他那充满希望的心，开始滑向失望的边缘。这时，地痞少年时代的朋友听说了，就取出了100美元送给他，地痞接钱时没有显出过分的激动，他平静地看了一眼"昔日的朋友"后，消失在镇口的小路上。

数年后，地痞从外地归来。他靠100美元起家，苦命拼搏，终于成了一个腰缠万贯的富翁，不仅还清了亲朋好友的旧账，还领回来一个漂亮的妻子。他来到了昔日的朋友家，恭恭敬敬地捧上了100美元，然后，流着泪说道："谢谢你！你是我真正的朋友，是你的宽容之心和真诚的信任给了我站起来的勇气。"

从这个故事中我们可以发现，宽容他人，信任他人，即是对人性的肯定，其意义超过了金钱的支援。

要做到胸襟开阔，一般需要认识到"人无完人"，做到"得理让人"，"宽容别人"。

当然，人非圣贤，要去爱我们的敌人的确有点强人所难；但出于自身的健康与幸福，学习宽恕敌人，甚至忘了所有的仇恨，也可以算是一种明智之举。有句名言说："无论被虐待也好，被抢掠也好，只要忘掉就行了。"

每个人都对生活充满了憧憬，希望自己的生活之路是铺满鲜花、洒满阳光。但是，人生的道路不可能永远是一帆风顺的，总会有艰难坎坷。一旦遭遇不幸，唉声叹气、满腔愤怒，甚至处心积虑地报复对方。采取这种方式都无济于事，只会让生活更加雪上加霜。相反，如果以一颗宽容的心，原谅曾经伤害过我们的人，不仅可使对方免受心理的愧疚，也能让自己轻松面对生活。

柴可夫斯基年轻的时候，才华横溢、器宇轩昂，赢得了许多年轻姑娘的芳心。其中一位28岁的姑娘安东尼娜对柴可夫斯基的痴迷近乎疯狂，她采取各种手段展开了追求，这位姑娘甚至以死相逼。柴可夫斯基最终被姑娘的一片痴心所打动，接受了她的追求，并与她结了婚。但两人婚后的生活并不幸福。婚后不久，安东尼娜就露出了她贪婪虚荣的真面目。她丝毫不体贴丈夫，对他的饮食起居不管不问。她整日所关注的就是一些生活琐事，对街头趣闻津津乐道，对柴可夫斯基专注的音乐一无所知。柴可夫斯基的创作灵感受到了很大的影响，迫于无奈他不得不悄悄离开家，躲避生活中妻子的纠缠。

谁知不久，安东尼娜竟然背叛丈夫和他人通奸，并生了一个孩子。丑闻传出去之后，大家都对安东尼娜深恶痛绝，为柴可夫斯基感到惋惜。许多人都劝柴可夫斯基与其离婚，但善良的作曲家却没有那样做。他用一颗宽容的心供养着安东尼娜，令世人对他的宽容大度和善良肃然起敬。

当然，柴可夫斯基所遇到的失败婚姻是个极端的个案。很多人不会遇到他的这种不幸，但是在婚姻生活中矛盾、摩擦却是几乎不可避免的。恋爱中的情侣之间充满了甜言蜜语、山盟海誓。一旦走入婚姻的殿堂，浪漫的爱情很快会被婚姻中的柴米油盐酱醋茶所冲淡。于是，夫妻之间常常要为家务活谁干、如何赡养父母等琐事而争执不休，甚至大打出手。每个人都不得不面对生活中琐事带来的烦恼，不和谐的音符时常会光顾我们的生活。长此以往的结果便是昔日甜蜜、温馨的恋情荡然无存，夫妻反目成仇。

面对爱人偶然的一次错误，何不宽容一下呢？因为爱若在，很多东西是值得去原谅的！作为丈夫多刷一次碗、多送一次孩子去幼儿园、多洗几次衣服并不会就此降低丈夫的尊严；作为妻子多为丈夫熨几次衣服、多关心公婆的健康状况也不会丝毫减少女性的独立地位。其实，家庭生活中根本没有衡量对错的绝对标准，唯一衡量的标准就是真情。遗憾的是，如此简单的道理很多人并不明白。

要想使生活中充满快乐、幸福的音符，就要学会退让、学会妥协、学会原谅。家庭就应该是一个互敬互爱、相互关心、相互体贴的温馨港湾。

"她不可能卖得好，我敢打赌，如果超过一百万本，我把鞋子吃下去。"这是一位脱口秀主持人针对当时美国总统克林顿的妻子希拉里写的自传的辛辣评价。上天往往喜欢捉弄把话说绝的人，希拉里的自传没过几个星期就畅销了一百万本。主持人该品尝鞋子的味道了。

没错，他的确吃鞋子了。不过，鞋子的质地不同寻常，主持人吃下的是总统夫人特意为他定做的鞋子形状的蛋糕。那味道好极了，因为它里面加了一种特殊的调料——宽容。

面对主持人的嘲讽，希拉里并没有给他以猛烈的回击或等着看他吃鞋子，而是用一种幽默宽容的方式巧妙地化解了这场矛盾。希拉里因宽容而更加让人敬佩，蛋糕鞋子因宽容而更加美味可口。

理解不是什么都要剑拔弩张，什么都要斤斤计较，什么都要以牙还牙，什么都要勾心斗角，而是去包容，去化解。在这个世界上，只有理解才会使人与人能友好地相处，也只理解才能化解与他人之间的误会与矛盾。

在一个偏远的山村，张姓与李姓两家是三代世仇，两户人家一碰面，经常大打出手。

有一天傍晚，老张与老李从市集里出来，碰巧在返村的路上遇见了。两个仇人一碰面，倒没有开打，不过，也各自保持距离，互相不搭理对方。两人一前一后走在小路上，相距约有几米之远。天色已经相当暗了，是个乌云蔽月的夜晚，走着走着突然老张听见前面的老李"啊呀"一声惊叫，原来是他掉进溪沟里了。老张看见后，连忙赶了过去，心想："无论如何总是条人命，怎么能见死不救呢？"老张看见老李在溪沟里浮浮沉沉，双手在水面上不断挣扎着。这时，急中生智的老张连忙折下一段柳枝，迅速将枝梢递到老李的手中。

老李被救上岸后，感激地说了一声"谢谢"，然而猛一抬头后才发现，原来救自己的人居然是仇家老张。老李怀疑地问："你为什么要救我？"老张说："为了报恩。"老李一听，更为疑惑："报恩？恩从何来？"老张说："因为你救了我啊！"老李丈二金刚摸不着脑袋，不解地问："咦？我什么时候救过你啦？"老张笑着说："刚刚啊！因为今夜在这条路上，只有我们两个人一前一后行走。刚才你遇险时，倘不是你那一声'啊呀'，第二个坠入溪沟里的人肯定是我了。所以，我哪有知恩不报的道理呢？因此，真要说感谢的话，那理当先由我说啊！"

此刻，月亮从乌云里露出脸来，在月光的照射下，地面上映着老张与老李的影子，当年曾互相打斗过的双手，如今却是紧握在一块儿了。

人与人之间有矛盾是正常的，关键是对待矛盾采取什么态度。很多时候，只要我们主动伸出和解之手，那么，我们就会减少一个敌人，而增加一个朋友。

在生活中，人们往往会因为一些琐事与他人结下矛盾，甚至仇恨。俗话说，冤家宜解不宜结。当遇到一些能够改善这种敌对关系的机会时，却又常常面临两难的境地：是化解矛盾？还是继续增加仇恨呢？而这两种选择方式会带来两种截然不同的结果。化解矛盾换来的是和气，继续增加仇恨的结果则是双方无一从中获益，两败俱伤。我们有时很难说服自己克服人性的弱点，因为化解矛盾就意味着要以宽广的胸襟，将过去的恩恩怨怨置于脑后，化干戈为玉帛。

张、王两家都是经营饭店的，门店紧挨着。两家的竞争激烈程度可想而知，为了争夺客源，两家使出了浑身的解数，明争暗斗。这边张家刚刚把饭店装修完，那边王家也立即开始准备装修。王家新增加了烤鸭的菜品，张家也不甘示弱，马上也请师傅开始烤鸭子。张家正准备贴出夏季喝啤酒免费的告示，那边王家也打出横幅说明菜品一律九折优惠。

看到采用公开的手段很难击垮对方，张家就在私下里四处散播王家炒菜用的是地沟油的谣言。这个消息传出去后，王家的客人立即减少了很多，大家都跑到张家来用餐。王家得知这个事情的真相后，恨得咬牙切齿，明明自己用的是新轧榨出来的植物油，怎会是地沟油呢？遂想出了更狠的一招来还击对方。他找人做了传单四处分撒，内容是张家做菜用的肉都是以低价买来的过期的肉。这一招也很奏效，张家的客源也一下子从爆满到门庭冷落。

看到周边的饭馆生意都很好，唯独他们两家的生意冷冷清清，他们百思不得其解。这时，有人告诉他们两家，其实大伙心里很清楚，你们各自使出的招数都是为了打垮对方。但是，这样打压别人抬高自己的做法，只会让旁观者认识到这两家人都是心胸狭隘、自私自利的人，吃饭的客人谁也不想与这样的人多打交道。一语点醒梦中人，两家恍然大悟，如此费尽心机地争来夺去的结果只能是两败俱伤。

在激烈的市场竞争中，竞争对手常常会处于剑拔弩张的状态。为了占领市场先机，可能会想方设法诋毁对方，将对方陷入不利的境地。这样做的结果可想而知，即使暂时赚取利润也是一时的，最终的结果难免会两败俱伤。明智的办法就是化解矛盾，停止恶意的中伤。

以德报怨，学会用和平的方式去处理生活中的冲突与愤怒。相逢一笑泯恩仇，化解矛盾其实是非常容易做到的。只是很多时候，我们很难过自己这道坎，难以消解自己心中的结也就不可能得到和气、融洽的人际关系。学会用真诚待人，学会化解矛盾、摩擦，理解是相互的，渴望别人理解你，你也要主动理解别人。

——腾讯网友忽冷忽热

轻松而深刻的生活

享受生活

> 没有比不懂得享受更糟糕的事情，即便是面对那些痛苦的事情，只要你转过身，你依然可以，而且应该享受此时此刻的美好。
>
> ——尼采《愉悦的知识》

南山脚下有一座寺庙，庙的周围除了杂草丛生的荒地外，什么也没有。因为寺庙环境的荒凉，香火也日渐减少，就连寺庙里的和尚也有一些转到别的寺庙去了。

后来，寺庙里来了一位双目失明的和尚。有一天，他偶然间听到寺庙住持的叹息，为本寺的"凄清"，为本寺周围的"荒地"。从那以后，那和尚在诵读经书之余，便摸着锄头在周围的荒地上拓荒，一锄一锄地翻地，然后，一粒一粒地播下花种，日复一日。

在别人的嘲笑中，他播下的种子发了芽，长了茎，绿了叶。在一个春光明媚的早晨，当寺庙的和尚出来做功课时，全都惊呆了。周围的荒地上都开满了各式各样的鲜花，那些花在春日的阳光和柔风下，绽放出千万种风情。因为那片鲜花，寺庙的香火空前昌盛起来。

那双目失明的和尚却很平静，因为他早就知道，无论鲜花怎样美丽，他都无法看到。他这样做，只不过是告诉世人：在这个世界上是不存在荒地的，除非他的心灵已杂草丛生。

一位诗人说过这样一句话："凡是有生活的地方都有快乐和宝藏。"正如海边沙滩的贝壳，拾起来串成一串，便是一条美丽的项链。生活中，我们缺少的，就是一颗赏花般的心，如果用赏花般的心态来对待生活，我们的世界将充满阳光和幸福。心就是一个人的翅膀，心有多大，世界就有多大。如果不能打碎心中的壁垒，即使面前是一片大海，也找不到那一片蔚蓝和波光粼粼。

亚里士多德说，生命的本质在于追求快乐，而使得生命快乐的途径有两条：第一，发现使你快乐的时光，增加它；第二，发现使你不快乐的时光，减少它。阳光心态的人不是没有黑暗和悲伤的时候，只是他们追寻阳光的状态不会被黑暗和悲伤遮盖罢了。

德国思想家席勒说："只有当人是真正意义上的人时，他才游戏。只有当人游戏时，他才完全是人。"

由于人的价值观不同，所以人们对快乐的理解不同：有人以为吃鲍鱼、燕窝、鱼翅是莫大的幸福，有人却为每天吃鲍鱼、燕窝、鱼翅而痛苦。有人以为骑自行车上下班是一种卑微，有人却因为压力而不可能享受这种轻松自然。

因此，快乐可以分为两类：自然快乐和强迫快乐。如果事情的发展尽如人意，那么自然要享受快乐，不用刻意研究快乐的路径。如果事情的发展不尽如人意，而自己又不想承受挫折产生的心灵痛苦，就要想出一些办法，让自己快乐起来。这种快乐就称为强迫性快乐。如果自己能够在顺心如意的情况下快乐，又能够在背时厄运的情况下保持平和，那我们的生活质量就会得到提高。

金钱并不是唯一能够满足心灵的东西，虽然它能为心灵的满足提供多种手段和工具，但在现实生活中，我们不能只顾享受金钱而不去享受生活。享受金钱只能让自己早日堕落，而享受生活却能够使自己不断品尝人生的幸福。享受金钱会使自己被金钱的恶魔无情地缠绕，整天为金钱所困惑，为金钱而难受，为金钱而痛苦。享受生活的人更在意心灵的宁静与快意。享受金钱的人最后会被金钱妖魔化，没有好的下场。享受生活的人会感觉人生是无限美好的，于是越活越有味道。

美国石油大王洛克菲勒出身贫寒，在他创业初期，人们都夸他是个好青年。当黄金像贝斯比亚斯火山流出的岩浆一般流进他的口袋里时，他变得贪婪、冷酷。深受其害的宾夕法尼亚州油田地方的居民对他深恶痛绝。有的受害者做出他的木偶像，亲手将"他"处以绞指之刑，或乱针扎"死"。无数充满憎恶和诅咒的威胁信涌进他的办公室。连他的兄弟也十分讨厌他，而特意将儿子的遗骨从洛克菲勒家族的墓地迁到其他地方，并说："在洛克菲勒支配下的土地内，我的儿子变得像个木乃伊。"

由于洛克菲勒为金钱操劳过度，身体变得极度糟糕。医师们终于向他宣告一个可怕的事实，以他身体的现状，他只能活到50多岁。医生建议他改变拼命赚钱的生活状态，他必须在金钱、烦恼、生命三重中选择其一。这时，离死不远的他才开始省悟到是贪婪的魔鬼控制了他的身心，他听从了医师的劝告，退休回家，开始学打高尔夫球，上剧院去看喜剧，还常常跟邻居闲聊。经过一段时间的反省，他开始考虑如何将庞大的财富捐给别人。于是，他在1901年，设立了"洛克菲勒医药研究所"；1903年，成立了"教育普及会"；1913年，设立了"洛克菲勒基金会"；1918年，成立了"洛克菲勒夫人纪念基金会"。他后半生不再做钱财的奴隶，喜爱滑冰、骑自行车与打高尔夫球。

到了90岁，洛克菲勒依旧身心健康，耳聪目明，日子过得很愉快。他逝世于1957年，享年98岁。他死时，只剩下一张标准石油公司的股票，其他的产业都在生前捐掉或分赠给继承者了。

对待金钱必须要拿得起放得下。赚钱是为了活着，但活着绝不是为了赚钱。如果人活着只把追逐金钱作为人生唯一的目标和宗旨的话，那么人将是一种可怜的动物，人将会被自己所制造出来的这种工具捆绑起来，被生活所遗弃。

有些人谈到富有，单纯指的就是拥有钱财。实际上，金钱本身并不代表富有，唯有具备与金钱价值相等的东西才是真正的财富。人之所以工作，是为了在人生的各个领域中，生活得更有意义，并充分发挥自己的潜能。使得人人生活得更为美好。我们必须领悟：财富是无所不在的。大自然赋予人类的一切均为财富，若能充分享受这些恩惠，就算得上是一个内心充盈的人、一个最富有的人。

> 享受生活，需要一种心境。平静地坐看时光流逝，平静地细数人世坎坷，这些都是享受生活的意境。生活的意义，不在权势和金钱，不在物质和名利，而在用一颗平淡无华的心情，去领悟生活中的风雨兼程与风和日丽。
>
> ——网易网友微笑向暖

顺其自然

> 从瞬时的恐惧向短暂的放纵的转化就叫做滑稽。相反，在悲剧现象中，人从巨大的、持续的放纵迅速转入巨大的恐惧；然而，在终有一死的生灵中，巨大持续的放纵要比恐惧的缘由少得多，所以世界上滑稽比悲剧多得多；人们笑比悲痛经常得多。
>
> ——尼采《人性的，太人性的》

有人说，世上从来没有命定的不幸，只有死不放手的执著。所以，不要总是羡慕他人的自在与洒脱。他们获得幸福的原因也很简单：不执著于"缘"。懂得放下，就可以开始新的人生，也便易得逍遥，快乐无穷。

真正的"放下"，是做了好事马上丢掉，有了痛苦的事情，也马上丢掉。所以得意忘形与失意忘形都是没有修养，都是不够的；换句话说，便是心有所住，不能解脱。一个人受得了寂寞，受得了平淡，这才是大英雄本色。

真正的人生应该以"随"为念。世间没有永恒不变的东西，也没有绝对的真理和绝对完美的事物，人所能做到的就是"随"，顺时顺应，随性而走。

庄子临终前，弟子们已经准备厚葬自己的老师。庄子知道后笑了笑，说："我死了以后，大地就是我的棺椁，日月就是我的连璧，星辰就是我的珠宝玉器，天地万物都是我的陪葬品，我的葬具难道还不够丰厚？你们还能再增加点什么呢？"学生们哭笑不得地说："老师呀！若要如此，只怕乌鸦、老鹰会把老师吃掉啊！"庄子说："扔在野地里，你们怕飞禽吃了我，那埋在地下就不怕蚂蚁吃了我吗？把我从飞禽嘴里抢走送给蚂蚁，你们可真是有些偏心啊！"

一位思想深邃而敏锐的哲人，一位仪态万方的散文大师，就这样以一种浪漫达观的态度和无所畏惧的心情，从容地走向了死亡，走向了在一般人看来令人万般惶恐的虚无。其实这就是生命。

既然人生不过是路过，那就用心享受旅途中的风景吧。每个人的一生都像一场旅行，你虽有目的地，却不必去在乎它，因为你的人生不只拥有目的地而已，你还有沿途的风景和看风景的心情，如果完全忽略了一路的风情，人生将会变得多么单调和无趣，活着还怎么称得上是一种享受呢？

每一道风景从眼前过了，每段缘分与自己重逢再离别，你仔细回味一番，充分享受个中的滋味，不必对得失耿耿于怀，在痛苦时想快乐，快乐时忆苦楚，始终保持心情的平和，生命才会充满温暖柔和的色彩。等到缘分过了，风景没了，等待你的还有另一波风光和快乐，之前的一切便可放下，享受眼前此刻。开始的背后是放下，为什么人们悟不到呢？

时间公平地对待每一个瞬间，但人在生命的旅程中却不能停滞不前，总沉湎于过去。只有不停地向前走，才能摆脱重重阻碍，得见白云处处、春风习习的旅行终点。

面对生命，圣贤之辈没有认为活很痛快，也没有认为死很痛苦，生死已不存在于心中。"生者寄也，死者归也。"活着是寄宿，死了是回家。明白了生死交替的道理，就懂得了生死。

道家有种观点："物壮则老"，意思是指一个东西壮成到极点，自然要衰老，"老则不道"，老了，生命要结束，另一个新的生命要开始。所以，真正的生命不在现象上，我们要看透生死，"安时而处顺，哀乐不能入也"，这才是最高的修养。

　　一位中年人和一位年轻人都不幸身患绝症，他们住在同一间病房。中年人的生命只有一个月的时间了，年轻人则还有三个月的时间。年轻人对自己即将终结的生命感到很沮丧，不断抱怨老天对他的不公平。尽管他的父母为了给他治病几乎倾家荡产，累得筋疲力尽、心力交瘁，但他还是对父母充满了怨恨、指责，抱怨他们没有给他好的身体，也没有挣更多的钱给他治病。每次来探望他的时候，父母听到的都是他的愤恨。老人家只能默默流泪。

　　另一位中年人则表现得很平静，每次对前来探望他的家人、朋友都非常平和，经常谈笑风生，非常幽默，根本看不出一个即将死去的人的悲凉。一次，年轻人的父母在受完儿子的责骂走后，中年人终于忍不住地对年轻人说："你死了，不仅是对你父母的解脱，也是对你自己的解脱。"年轻人很愤恨地问道："你为什么这么说？"中年人平静地解释道："你的内心充满了怨恨，丝毫没有怜惜你的父母，他们是在承受着你的折磨；而你自己在折磨他人的同时，也在折磨自己。生命只剩下最后了，你却还是没有看到美好的东西，难道你这是在珍惜生命吗？"

　　生命的本质不在于现象，生是规律，死是必然，任何事物都无法逃脱生死交替的轮回。只不过是人不愿面对。

　　对我们而言，肉体的死亡是不可避免的。我们总是惧怕死亡，对死亡过度恐慌。活着为什么紧张？因为生命如流水一样逝去，无可挽回。尘世生命是短暂的，但在禅的视野里，生命是永恒的，生和死是定义肉体生命的。演员变换了，戏照常进行，浪潮翻腾着，但海洋依旧。既然肉体的死亡和朽灭是谁也避免不了的事，那么自欺欺人又有什么用？难道哄哄自己就能阻止死亡的到来吗？

　　认识到这永恒的生命，如天地自然中万有造化的生生不息、循环往复的生命规律，就能从绝望虚无的深黑泥淖中脱离出来，就是飞越了生死的悬隔。

　　美国五星上将布莱德雷，从小就立志要做个将军，为此他拼尽全力考入了西点军校。但出人意料的是，他在毕业后却没有像其他人那样，扎根于军营中，以期一路升迁上去，而是把大多数时间用在了执教上，在他头20年的军人生涯中，当教官的时间就占去了13年，这在美国的将军中是极少见的情况。表面上看，布莱德雷似乎一直盘旋在军营之外，失去了许多晋升的机会（从1924年到1936年，他一直停留在少校军衔上）和实战的锻炼，但他却在军校里得到了更多。

1920年，布莱德雷进入西点军校任数学系教官，当时的校长是麦克阿瑟。在西点的4年中，通过教学，布莱德雷的数学水平大有长进，更重要的是，数学从根本上说是逻辑学，它可以培养一个人的合理思维，提高一个人的推理能力。在以后的岁月里，每当他遇到难题时，他在数学上的造诣颇有助于他更清楚更有条理地进行思考，这使得他成为了美国将军中心思最缜密、做事最有条理的人之一。

在业余时间，布莱德雷还兼任着体育教练，这使他得以在不经意中锻炼了组织和指挥能力，而他在带队过程中的细致的思想工作和周密准备，也使他后来得以成为一个既注意进攻又强调后备的攻守平衡的将军。在他的带领下，球队还获得了橄榄球锦标赛的冠军。

1929年，布莱德雷来到本宁堡步校，这成了他人生的转折点，因为他在这里遇见了一生中最重要的人——副校长马歇尔。作为美国历史上最伟大的军事领袖之一，马歇尔将军是个知人善任、独具慧眼的人，在本宁堡的岁月里，他在训练军官方面做出了巨大的贡献，对国家的军事命运有着深远影响。在本宁堡的教官和步校学员中，当时受马歇尔赏识的共有160人，这些人后来都在第二次世界大战中成为了将军，其中就有布莱德雷。

布莱德雷最初被分配在史迪威领导的战术系，负责高年级军官的实战进攻演练，由于他的出色表现，不到一年，就被马歇尔提升为兵器系主任，成为马歇尔的"四大金刚"之一。虽然马歇尔不久就调离了军校，但他却记住了布莱德雷的名字。1939年7月，马歇尔出任美国陆军参谋长，布莱德雷感到自己的机会来了，果然，马歇尔很快就指名要来了布莱德雷，让他负责马歇尔办公室的工作。此后不久，布莱德雷就被马歇尔下放到本宁堡步校任校长，旋即又出任美军第82师师长。

这个结果很有戏剧性：在绕了一个大圈后，布莱德雷成了西点军校同届毕业生中第一个当师长的人，跑到了那些一直在走直线的同学前面。此后，布莱德雷一路飙升，在短短几年间，就从师长升为军长（1943年4月）、集团军司令（1943年10月）、第12集团军群司令（1944年8月），并于战后出任陆军参谋长（1948年）和参谋长联席会议主席（1949年），远比巴顿和麦克阿瑟要春风得意。多年之后，当布莱德雷回首往事时，对13年的教官生涯颇感难忘，在他看来，那是一条攀向山顶的最短的曲线。

走直线的人，不能说他离成功就最近，因为这中间会发生什么事情谁都无法预料。绕着弯子走路的人，也不能说他这样就不会成功。在人生中，很多时候，曲线往往才是最短的直线——多经历一些曲折，成功的可能性反而越大。

19世纪，德国有个叫亨利·谢里曼的商人。早在幼年时期，他就深深迷恋于《荷马史诗》的故事，并暗下决心，一旦他有了足够的收入，就投身于考古研究。谢里曼很清楚进行考古发掘和研究是需要很多钱的，而自己的家境却十分贫寒，在现实与理想之间，没有直线可走，他决定走曲线。于是，从12岁起，谢里曼就自己挣钱谋生，先后做过学徒、售货员、见习水手、银行信差，后来他在俄罗斯开了一间私人的商务办事处。虽然谢里曼从事商业和投机买卖，面对的都是一些琐碎的、毫无浪漫可言的事务，但他却从未忘记过自己童年时的理想，没有忘记过研究古代希腊。利用业余时间，他自修了古代希腊语，而通过穿梭于各国之间的商务活动，他还学会了多门欧洲语言，这些都为日后的"奇迹"打下了基础。

后来，谢里曼终于在经营俄罗斯的石油业中积攒了一大笔钱，当人们以为他会大大享受一番时，他却放弃了有利可图的商业，把全部时间和钱财都花在追求儿时的理想上。他始终坚信荷马的那些话，认为通过发掘，是能够找到《伊利亚特》和《奥德赛》中所列举的所有城市的遗址、荷马所记的英雄的坟墓甚至进行战争的地方的。1870年，他开始在特洛伊挖掘。不出几年，他就发掘了九座城市，并最终挖到了两座爱琴海古城迈锡尼和梯林斯。这样，歇业商人谢里曼就成为了发现高度发展的爱琴文明的第一人。谢里曼的发现在世界文明史中具有重要意义，这使他取得了作为一般商人所无法想象的青史留名的成就。此时，人们才真正明白了为什么痴迷考古的谢里曼要花费那么多时间去赚钱，因为像许多事业一样，考古研究特别是发掘需要大量的资金投入，也需要衣食无忧的心态。

世间并没有真正意义上的障碍，有的只是不同的心态，不同的路径。人有时候应该像水一样前进，如果前面是座山，就绕过去；如果前面是平原，就走过去；如果前面是张网，就渗过去；如果前面是道闸门，就停下来，等待时机。

> 短暂地放飞自己的心情，没有了那么多的心理负担，路可以走得更好更远，生活会变得轻松，更有活力。
>
> ——搜狐网友若即若离

勇于挑战

在果的面前，人们总是只相信果以外之其他的因。

——尼采《快乐的科学》

人生可以由自己决定的吗？可以，只要你愿意！你需要做的，仅仅是把你所决定的付诸实践就够了。

一位名叫迈克尔·赖马斯特的人，他的愿望就是要把自己手上的事情做好。迈克尔从1965年开始在一个肉铺负责切肉。这份工作不仅辛苦而且乏味，但是迈克尔从未因此而抱怨过，他也从不迟到早退。有一次，迈克尔因车祸受伤，但是他并不因为这样而请假不上班，车祸的第二天，他就去上班了。接下去的6个星期里，他都是腿打着石膏上班的。他就是这么一个热爱工作而忘记石膏存在的人。迈克尔甚至会在节假日去肉铺查看，以确保其他工作人员是否做好各种配合工作。后来，他的老板以价值11300美元的崭新福特汽车相赠，以犒赏他鞠躬尽瘁的工作热忱。迈克尔称得上是一位极其敬业的雇员了，因为他整整25年来，从未请过事假、休假、病假，更不用说是迟到早退了。

有一个40岁的人被医师告知患了绝症，最多再活3年时间。因此他为了使自己最后的生命更有意义，拟出一个3年工作计划：写一本书、学一门外语、搞一项发明、办一个工厂、游30座名山、看50座城市等等，而且计划出后便立即付诸行动。在过了2年零8个月的时候，10项目标全都完成。可当他再到医院复诊时，却发现是医师当时拿错了病历，自己根本没有患病。短短的两年多时间里，他完成了自己在40岁以前难以完成的10项大目标。

富兰克林有一个习惯，每天晚上都把一天的情形重新回想一遍。他发现他有13个很严重的错误，下面是其中的3项：浪费时间，为小事烦恼，和别人争论冲突。聪明的富兰克林发现，除非他能够减少这一类的错误，否则不可能有什么成就。所以他一个礼拜选出一项缺点来搏斗，然后把每一天的输赢做成记录。在下个礼拜，他另外挑出一个坏习惯，再接下去做另一场战斗。富兰克林每个礼拜改

155

掉一个坏习惯的战斗持续了两年多。后来，他成为美国历史上最受人敬爱也最具影响力的人物之一。

其实很多事情并不是我们做不到，而是我们缺少真正去行动的勇气和耐心。来吧，大胆地做一些能够决定你人生的事情，你的人生会因此更加丰富。

一天，上帝宣旨说，如果哪个泥人能够走过他指定的河流，他就会赐给这个泥人一颗永不消逝的金子般的心。这道旨意下达之后，泥人们久久都没有回应。不知道过了多久，终于有一个小泥人站了出来，说他想过河。"泥人怎么可能过河呢？你不要做梦了。""你知道身体一点儿一点儿失去时的感觉吗？""你将会成为鱼虾的美味，连一根头发都不会留下……"然而，小泥人决意要过河。他不想一辈子做泥人，他想拥有自己的天堂。但是，他也知道，要到天堂，得先过地狱。

小泥人来到了河边。犹豫了片刻，便将双脚踏进了水中。一种撕心裂肺的痛顿时蔓延全身。他感到自己的脚飞快地溶化着。"快回去吧，不然你会毁灭的！"河水咆哮着说。小泥人没有回答，只是沉默地往前挪动，一步一步……这一刻，他忽然明白，他的选择让他连后悔的资格都没有了。如果倒退上岸，他就是一个残缺的泥人；在水中迟疑，只能加快自己的毁灭。而上帝给他的承诺，是那么遥不可及。

小泥人孤独而倔犟地走着。这条河真宽啊，仿佛耗尽一生也走不到尽头似的。小泥人向对岸望去，看见了美丽的鲜花、碧绿的草地和快乐飞翔着的小鸟。也许那就是天堂的生活。可是他付出一切也几乎不能抵达。上帝没有赐给他出生在天堂当花草的机会，也没有赐给他一双当小鸟的翅膀。但是，这能够埋怨上帝吗？上帝允许他做泥人，而他自己却放弃了安稳的生活。小泥人以一种几乎不可能的方式向前挪动着，一厘米，一厘米……鱼虾贪婪地啄着他的身体，松软的泥沙使他每一瞬间都摇摇欲坠，无数次，他都被波浪呛得几乎窒息。小泥人真想躺下来休息一会儿。可他知道，一旦躺下他就会永远安眠，连痛苦的机会也没有了。他只能忍受，忍受，再忍受。奇妙的是，每当小泥人觉得自己就要死去的时候，总有什么东西使他能够坚持到下一刻。不知道过了多久，小泥人突然发现，自己居然上岸了。他如释重负，欣喜若狂，他终于得到了那颗金灿灿的心。

一个没有勇气的人，一定不会取得任何成就。任何时候，都不要失去勇气，即使一件事你没有什么把握，也要把勇气放在心头。

四时有更替，季节有轮回，严冬过后必是暖春，这是大自然的发展规律。在我们人类眼中，事物的发展似乎也遵循着这一条规律，否极泰来、苦尽甘来、时来运转等成语无不反映了人们的一种美好愿望：逆境达到极点就会向顺境转化，坏运到了尽头好运就会来到。所以，我们坚信，没有一个冬天不可逾越，没有一个春天不会来临。这是对生活的信心，也是对生活的希望，有了信心与希望，就算事情再糟糕，我们也会有面对现实的勇气和决心。

约翰是一个汽车推销商的儿子，他活泼、健康，热衷于篮球、网球、垒球等运动，是中学里一个众所周知的优秀学生。后来约翰应征入伍，在一次军事行动中，他所在部队被派遣驻守一个山头。激战中，一颗炸弹飞入他们的阵地，眼看即将爆炸，约翰果断地扑向炸弹，试图将它扔开。可是炸弹却爆炸了，他重重地倒在地上，他右腿右手全部炸掉了，左腿变得血肉模糊，也必须截掉了。一瞬间他想哭，却哭不出来，因为弹片穿过了他的喉咙。人们都以为约翰再也不能生还，但他却奇迹般地活了下来。

是什么力量使他活了下来？是格言的力量。在生命垂危的时候，他反复诵读："如果你懂得苦难磨炼出坚韧，坚韧孕育出骨气，骨气萌发不懈的希望，那么苦难会最终给你带来幸福。"约翰一次又一次默念着这段话，心中始终保持着不灭的希望。然而，对于一个三截肢（双腿、右臂）的年轻人来说，这个打击实在太大了。在深深的绝望中，他又看到了一句格言："当你被命运击倒在最底层之后，再能高高跃起就是成功。"

回国后，他从事了政治活动。他先在州议会中工作了两届。然后，他竞选副州长失败。这是一次沉重的打击。但他用这样一句格言鼓励自己："经验不等于经历，经验是一个人经过经历所获得的感受。"这指导他更自觉地去尝试。紧接着，他学会驾驶一辆特制的汽车并跑遍全国，发动了一场支持退伍军人的事业。那一年，总统命他担任全国复员军人委员会负责人，当时他34岁，是历届担任过此职务的人中最年轻的一个。约翰卸任后，回到自己的家乡。1982年，他被选为州议会部长，1986年再次当选。

后来，约翰成为亚特兰城一个传奇式人物。人们可以经常在篮球场上看到他摇着轮椅打篮球。他经常邀请年轻人与他做投篮比赛。他曾经用左手一连投进了18个空心篮。他常引用一句格言说："你必须知道，人们是以你自己看待自己的方式来看你的。你对自己自怜，人家则会报以怜悯；你充满自信，人们会待以敬畏；你自暴自弃，多数人就会嗤之以鼻。"

一个只剩一条手臂的人能成为一名议会部长，能被总统赏识担任一个全国机构的要职，是这些格言给了他力量。同时，他的成功也成了这些格言的有力佐证。

天无绝人之路，生活有难题，同时也会给我们解决问题的能力与方法。约翰之所以能够生存下来并创造事业的辉煌，是因为他坚信人生没有过不去的坎儿，坚信冬天之后春天会来临。他在困难面前没有低头，昂首挺进，直至迎来了生命的春天。

生活并非总是艳阳高照，狂风暴雨随时都有可能来临。每一个人都需要将自己重新打理一下，以一种勇敢的人生姿态去迎接命运的挑战。请记住，冬天总会过去，春天总会来到，太阳也总要出来的。度过寒冬，我们一定会生活得更好。

> 人只有在自信与敢于挑战自己时才是最美的，不要为生活和人生找借口，勇于挑战和面对才是生活应有的姿态。
>
> ——搜狐网友悲伤结局

合理休息

> 现在的人多以休息为耻，即使是长时间的静坐思考也几乎会引起良心的苛责。思考乃是以表码来计时的，就如同在用餐时两眼所盯的只是报纸上财政金融方面的新闻：我们的生活与那些"害怕让机会溜走"的人无异。做任何事都可以，总比不做事的好。这个原则也是每个文化以及较高的人可能会因之而窒息的累赘。
>
> ——尼采《快乐的科学》

利奥·罗斯顿是美国最胖的好莱坞影星。1936年，在英国演出时，他因心肌衰竭被送进汤普森急救中心。抢救人员用了最好的药，动用了最先进的设备，仍没挽回他的生命。

临终前，罗斯顿曾绝望地喃喃自语："你的身躯很庞大，但你的生命需要的仅仅是一颗心脏！"罗斯顿的这句话，深深触动了在场的哈登院长，他流下了泪。为了表达对罗斯顿的敬意，同时也为了提醒体重超常的人，他让人把罗斯顿的遗言刻在了医院的大楼上。

1983年，一位叫默尔的美国人也因心肌衰竭住进汤普森急救中心。他是位石油大亨，两伊战争使他在美洲的十家公司陷入危机。为了摆脱困境，他不停地往来于欧亚美之间，最后旧病复发，不得不住进来。他在汤普森医院包了一层楼，增设了五部电话和两部传真机。当时的《泰晤士报》是这样渲染的：汤普森——美洲的石油中心。

默尔的心脏手术很成功，他在这儿住了一个月就出院了。不过他没回美国。他在苏格兰乡下有一栋别墅，他在那儿住了下来。

1998年，汤普森医院百年庆典，邀请他参加。记者问他为什么卖掉自己的公司，他指了指医院大楼上的那一行金字。

后来人们在默尔的一本传记中发现这么一句话"富裕和肥胖没什么两样，都不过是获得超过自己需要的东西罢了。"

伟大的人物往往有着旺盛的生命力，因而身体中焕发出的生命力量是巨大的。这种力量就是拿破仑24小时不离马鞍的精神，就是富兰克林70岁高龄还露营野外的执著，就是格莱斯顿在84岁高龄的时候还能紧握船舵，每天行走数公里，到了85岁时还能砍倒大树。

而有些年轻人还不到30岁，就已显得老态龙钟。刚开始时他们也有着巨大的"资本"——宝贵的脑力、才能和体格，这些东西别人无法控制，可还不到中年，他们就把自己巨大的资本挥霍一空，把自己的身体弄得像生了锈的机器。

有人把票子、房子、车子、位子等用"0"来表示，你的"0"越多说明你的个人价值或者说社会地位越高，我们姑且不管这一说法的科学性，但健康的身体可以用"1"来表示。没有"1"，后面有再多的"0"也毫无意义。

在第一台蒸汽机的轰鸣声中，人类进入了工业时代。这个时代以速度为尊，一切追求快节奏、高效率，只有竞争、只有不断"搏出位"才能获得短暂的"安全感"。可是，这却让老年疾病年轻化，人类病谱复杂化，死亡的降临神速化。

2002年1月22日，澳大利亚年纪最大的寿星洛基特欢庆了他的111岁生日，家人为他举行了隆重的庆祝活动。1891年出生的洛基特曾在欧洲参加过第一次世界大战，多次负伤，是目前澳大利亚健在的一战老兵中年纪最大的一位。洛基特有三子一女，年龄都在70岁以上，和父亲一样，他们的身体也都十分健康。洛基特被他所居住的城市看做是"镇城之宝"。在他111岁生日的庆祝活动上，身体依然十分硬朗的洛基特希望自己能够成为世界上最长寿的人。当人们问到他长寿的秘诀时，洛基特毫不犹豫地说："保持乐观，永远都不要着急！因为忧虑会令你折寿。"

英国时间专家格斯勒曾说："我们正处在一个把健康变卖给时间和压力的时代。"这种变卖是不需要任何契约的，是以一种自愿的方式把健康甚至幸福抵押出去。

这就是我们这个时代的主旋律，在这样的社会大环境下，各个年龄阶段的人都无一幸免，不知不觉被卷进"快餐生活"的大潮。可是我们很快就发现快餐生活危害健康。

一只小老鼠路上拼命奔跑，乌鸦问它："小老鼠，你为啥跑得那么急？歇歇腿吧。"

"我不能停，我要看看这条道的尽头是个啥模样。"小老鼠回答，继续奔跑。一会儿，乌龟问："你为啥跑得这么急？晒晒太阳吧。"小老鼠依旧回答："不行，我急着去路的尽头，看看那里是啥模样。"一路上，问答反复。

小老鼠从来没有停歇过，一心想到达终点。直到有一天，它猛然撞到了路尽头的一个大树桩，才停下来。

"原来路的尽头就是这个树桩！"小老鼠喟叹道。

更令它懊丧的是，它发现此时的自己已经老迈："早知这样，好好享受那沿途的风景，该多美啊……"

紧张而繁忙的都市生活让现代人将自己像根绳子一样紧紧地绑在一个地方，久而久之，精神变得萎靡不振。事实上，乐观的心境与健康的身体离我们并不远，只要我们懂得张弛有度的生活，就能获得它的垂青。现代都市人想要健康少病，在日常生活中注意一个"慢"字是非常重要的，在一定程度上可以说是养生保健的关键。

医学家预言：大约在2015年，发达国家和发展中国家的人的死亡原因大致相同——生活方式疾病将成为人类头号杀手！这个预言唤起了大众对生活方式与生命长度之间关系的关注。

意大利山区有一个叫坎普迪米里的小村庄，那里的居民以长寿著称。当地人认为，健康不需刻意追求，长寿的经验就是生活简单。在该村的850名居民中，有10人超过100岁，50多人在90岁以上，还有很多超过80岁的老人，仍显得格外健康和精力充沛。据说20年前，当地曾有一家医院，因10多年没有一个病人上门而被迫关门。

有人认为当地人长寿的原因可能与当地清新的空气和水源有关。因为坎普迪米里数百年来都以矿泉水闻名，这些矿泉水可以预防血管硬化。还有人认为当地人长寿与他们的健康饮食有关，他们常吃的食品主要包括橄榄油及新鲜的自制面包、意大利粉、胡萝卜、洋葱、西红柿、海鲜、橄榄油炒蜗牛、青豆、豌豆等。103岁的玛吉说："避免喝碳酸饮料、咖啡和任何含有烟碱和咖啡因的物质，每天坚持锻炼。我在早饭前和早饭后都要慢走1. 6公里，并在健身房骑车大约10公里，还坚持举5磅重的哑铃。"当地居民普遍认为，他们没有刻意追求长寿，只是简单的山区生活习惯使他们健康长寿。一位104岁的老人表示："我们只是呼吸新鲜的空气，饮用清纯的泉水，进食健康的食物，过着非常平静的生活，享受子孙满堂的安乐日子。"热爱生活和劳动也是他们长寿的原因之一。

瑞士一家研究机构通过对荷兰1000名老年人进行的调查显示，生活方式可决定寿命长短。健康长寿的秘诀在于心态乐观、饮食均衡和生活有规律。

生活方式因素，又称为健康行为因素，它包括嗜好（如吸烟、酗酒等这些生活方式因素）、饮食习惯、风俗、运动、精神紧张、劳动与交通行为等。

吸烟、喝酒是人们常见的不良生活习惯，由于长期吸烟使烟毒有害因子的破坏作用累积，引起肌体免疫功能低下，自由基增多而诱发各种疾病。曾有研究表明：吸烟者比不吸烟者患慢性支气管炎的危险性高2.8倍，肺气肿高4.2倍，恶性高血压高3倍，吸烟人群呼吸系统和心脑血管疾病的发病率明显高于不吸烟者，而饮酒则更易患肾炎、胃溃疡、肝炎、肝硬化等疾病。

消闲方式也直接影响到人们的身心健康。患慢性病较多的人如果注重进行一些健身性的休闲活动，建立良好的个人生活方式，并保持愉悦的心理状态及较为广泛的人际关系，就会大大减少患病的机会。

　　懂得休息的人，才知道生活的真正意义；懂得休息的人，才有充沛的激情和体力，体验人生中的激情，到达人生的目的地。
　　　　　　　　　　　　　　　　　　　——腾讯网友空城旧梦

品味细节

> 朴实无华的风景是为大画家存在的，而奇特罕见的风景是为小画家存在的。也就是说，自然和人类的伟大事物必为其崇拜者中渺小、平庸、虚荣之辈辩护——而伟人则为质朴的事物辩护。
>
> ——尼采《曙光》

人们在做事时，凡事总不到位，表面上看似乎对整体影响不大，反正也差不多了，不在乎那么一点点的不到位。其实，做事不到位会给未来的工作留下隐患，一旦问题爆发出来，便使得事情变得困难，而且还要进行大量的补位工作。

耶稣带着他的门徒彼得远行，途中发现了一块儿破烂的马蹄铁，耶稣让彼得把它捡起来。不料彼得懒得弯腰，假装没听见。耶稣没说什么，自己捡起马蹄铁，用它从铁匠那儿换来3文钱，又用这钱买了18颗樱桃。

两人继续前行，经过的全是茫茫的荒野。耶稣猜到彼得一定很口渴，就让藏于袖中的樱桃掉出一颗，彼得一见，赶紧捡起来吃掉。耶稣边走边丢，彼得也就狼狈地弯了18次腰。耶稣笑了，对他说："如果当初你弯一次腰，就不会在后来没完没了地弯腰。第一次不把小事干好，将来就会在更小的事上操劳。"

这个故事给我们的启示是，做事做到位是我们做好任何一件事情的前提条件，只有我们将事情真正做到位了，事情才能呈现出最好的结果。

比利时有一出著名的基督受难舞台剧，演员辛齐格几年如一日在剧中扮演受难的耶稣，他高超的演技与忘我的境界常常让观众不觉得是在看演出，而似乎像真的看到了台上再生的耶稣。

一天，一对远道而来的夫妇在演出结束之后来到后台，他们想见见扮演耶稣的演员辛齐格，并合影留念。合完影后，丈夫一回头看见了靠在旁边的巨大的木头十字架，这正是辛齐格在舞台上背负的那个道具。

丈夫一时兴起，对一旁的妻子说："你帮我照一张背负十字架的相吧。"

于是，他走过去，想把十字架拿起来放到自己背上，但他用尽了全力，十字架仍纹丝未动，这时他才发现那个十字架根本不是道具，而是一个真正用橡木做成的沉重的十字架。

在使尽了全力之后，那位先生不得不气喘吁吁地放弃。他站起身，一边抹去额头的汗水，一边对辛齐格说："道具不是假的吗？你为什么每天都扛着这么重的东西演出呢？"

辛齐格说："如果感觉不到十字架的重量，我就演不好这个角色。在舞台上扮演耶稣是我的职业，和道具没有关系。"

的确，做事做到位不仅仅是做好每一件事情的客观要求，也是一个人做事态度的表现和他敬业精神的展现。

现代生活的节奏很快，在紧张与焦灼的节点下，心浮气躁、急于求成几乎成了现代人的特征。

刚刚大学毕业的小张是从农村出来的，开始走上工作岗位拿到的薪水还算不错。但是，他给自己施加的心理压力很大。他从小家境贫寒，父母终日在田地里辛苦耕作，用省吃俭用积攒下来的钱供他读书，因此他一直希望有朝一日能够在城里买房，接父母来住。虽然他生活已经很节约了，但是每月将房租、饭钱、交通费、通讯费等这些生活必需费用扣除之后，几乎所剩无几。而城里的房价飞涨，物价也在上涨，都使他心境难以平静。这就使他萌生跳槽的念头，于是他开始四处搜集招聘信息，希望能够跳到一家薪水更高的公司。可以想象，他萌生这个念头的时候，就很难专心工作。不久，上司就觉察出了他的问题。他做的方案漏洞百出、毫无新意，甚至出现很多错别字，可以明显看出是在敷衍了事，没有用心去做。于是，上司找他谈话，小张不仅没有承认自己的问题，反而质问上司："你给我这么点的薪水，还希望我能做出什么高水平的方案来！"上司这才意识到，小来的情绪源于薪水低。他并没有生气，反而平静地告诉小张："公司里的薪水并不是一成不变的，只要你做出了业绩，薪水自然会上去的。真正决定你薪水的不是公司、不是老板。而是你自己。"但是，小张根本听不进去，一怒之下，刚工作不到半年的他毅然决定辞职不干了。辞职后，他开始专心找薪水高的工作，凭着他的聪明才智，很快又应聘到另外一家公司，这家公司的薪水比之前的公司高出了1000元。这让小张庆幸自己跳槽非常明智。刚工作三个月，小张偶尔从同事那里了解到，同行业里的另一家公司薪水普遍要比现在的公司要高。这使小张本来平静的心又一次波动起来。他又开始关注这家公司的消息。本来他所在的公司打算委任他一项重要的项目，要出差到外地的分公司半年，虽然辛苦，但是能够为以后在公司的晋升奠定基础。但是，小张一心想要跳到另一家公司，根本无心继续待下去，拒绝了这个在别人看来千载难逢的好机会。于是，小张在公司老板的眼里就留下了不思进取的印象。在金融危机袭来的时候，公司裁员，小张不幸被裁掉。当他再去找工作的时候，几乎所有的面试官都会问他同一个问题："为什么你在不到一年的时间就换了三份工作？"

小张为自己设定了一个远大的目标，目标本身并没有错，而且值得鼓励。但是，实现目标的过程并不是一蹴而就的，要有一个厚积薄发的过程。即使面临着很多诱惑，有的甚至触手可及，但是要让自己耐得住寂寞，就必须让脚步走得扎扎实实，稳扎稳打，才会有更大的成功。

拿破仑是一位传奇人物，这位军事天才一生之中都在征战，曾多次创造以少胜多的著名战例，一些战例至今仍被各国军校奉为经典教例。然而，1812年的一场失败的战役却改变了他的命运，法兰西第一帝国从此逐渐走向衰亡。

1812年5月9日，在欧洲大陆上取得了一系列辉煌胜利的拿破仑离开巴黎，率领60万大军浩浩荡荡地远征俄国。法军凭借先进的战备长驱直入，在短短的几个月内直捣莫斯科。然而，当法国人入城之后，市中心燃起了熊熊大火，莫斯科的1/4被烧毁，6000幢房屋化为灰烬。俄国沙皇亚历山大采取了坚壁清野的措施，使远离本土的法军陷入粮荒之中，即使在莫斯科，也找不到干草和燕麦，大批军马死亡，许多大炮因无马匹驮运而被迫毁弃。几周后，寒冷的天气给拿破仑大军带来了致命的重创。在饥寒交迫下，1812年冬天，拿破仑大军被迫从莫斯科撤退，沿途又有大批士兵被活活冻死，到12月初，60万大军只剩下不到1万人。

关于这场战役失败的原因众说纷纭，但又有谁能想到小小的军装纽扣也是使其失败的元凶之一呢？原来，拿破仑征俄大军的制服，采用的都是锡制纽扣，而在低于13.2摄氏度的寒冷气候中，白色的锡制纽扣（β锡）就会慢慢变成松散的灰色粉末（α锡）。由于衣服上没有了纽扣，数十万拿破仑大军在寒风暴雪中形同敞胸露怀，许多人被活活冻死，还有一些人因受寒得病而死。

一位伟人曾经说过："轻率和疏忽所造成的祸患将超乎人们的想象。"许多人之所以失败，往往不是因为他们不够聪明，而是因为他们马虎大意、鲁莽轻率。这个细节可能只是一个标点、一个螺丝，但在关键时刻却能决定事情的成败。

建筑时一个小小的误差，可以使整幢建筑物倒塌；不经意抛在地上的烟头，可以使整幢房屋甚至整个村庄化为灰烬。世界上每年因为"不小心"所造成的身体伤害和财产损失，有谁能统计清楚呢？一台拖拉机有五六千个零部件，要几十个工厂进行生产协作；一辆福特牌小汽车有上万个零件，需上百家企业生产协作；一架"波音747"飞机，共有450万个零部件，涉及的企业更多……在这么多的环节当中，只要任何一个环节出了问题，都会影响到最终的结果。可以说，没有一个细节是无关紧要、可以忽略的。

老子曾说："天下难事，必作于易；天下大事，必作于细。"很多事情看起来庞大复杂、无法可解，但只要我们稍加留心、勤于思考，我们就会发现，问题就出在细节上面。一个重视细节的人必定是个高度负责、留心生活的人，也是个精益求精、追求卓越的人。一个重视细节的人能够在工作中交上令人满意的答卷，为老板所赏识。

有3个人去一家公司应聘采购主管，他们当中一人是某知名管理学院毕业的，一名毕业于某商院，而第三名则是一家民办高校的毕业生。在很多人看来，这场应聘的结果是很容易判断的，然而事情却恰巧相反。应聘者经过一番测试后，留下的却是那个民办高校的毕业生。

在整个应聘过程中，他们经过一番测试后，在专业知识与经验上各有千秋，难分伯仲。随后招聘公司总经理亲自面试，他提出了这样一个问题，题目为：

假定公司派你到某工厂采购4999个信封，你需要从公司带去多少钱？

几分钟后，应试者都交了答卷。第一名应聘者的答案是450元。

总经理问："你是怎么计算的呢？"

"就当采购5000个信封计算，可能是要400元，其他杂费就50元吧！"

应者对答如流，但总经理未置可否。

第二名应聘者的答案是415元。

对此他解释道："假设采购5000个信封，大概需要400元，另外其他杂费可能需用15元。"

总经理对此答案同样没表态。但当他拿起第三个人的答卷，见上面写的答案是419.42元时，不觉有些惊异，立即问："你能解释一下你的答案吗？"

"当然可以，"该同学自信地回答道，"信封每个8分钱，4999个是599.92元。从公司到某工厂，乘汽车来回票价11元；午餐费5元；从工厂到汽车站有一里半路，请一辆三轮车搬信封，需用3.5元。因此，最后总费用为419.42元。"

总经理会心一笑，收起他们的试卷，说："好吧，今天到此为止，明天你们等通知。"想必你也猜出来了：重视细节的第三个人胜出了。

这道题显然是专门用来考察求职者细节的。在这里，一个不经意的细节就决定了面试的成败。西点毕业生、国际电话电报公司总裁兰德·艾拉斯科曾说过："每一个管理者都是从底层做起的，世界上没有人天生就具有管理才能，可以掌管大局、处乱不惊。唯有从小事做起，从细节抓起，才能训练出卓越的管理人才。"

每个人所做的工作，都是由一件件小事构成的，但不能因此而对工作中的小事敷衍应付或轻视责任。所有的成功者，他们大多与我们做着同样简单的小事，唯一的区别就是，他们从不认为他们所做的事是简单的小事。西点人从不在小事、细节上有所疏忽。

只要你留心观察，就会发现我们身边有许多这样的人：他们不见得有很高的学历、聪明的头脑和过硬的后台，但他们谦虚、低调，留意生活的每一个细节，善于观察与思考，从别人的点点滴滴中学到有益的东西。就是这些看似不起眼的细微之处决定了他们跟其他人的距离。

某年7月，青岛遭遇了百年不遇的高温，空气中充满了热气、湿气、汗水和焦躁的声音……许多市民都耐不住高温，打算购买空调，他们最关心的问题是空调能否马上安装。

海尔商用空调事业部临时抽调20名设计安装人员在雅泰商场现场待命：即买即安，天气热但不让用户等！

这时，超市里电话铃又急促地响起来。忙得满头大汗的直销员刘玉华接起电话，又是一名要求购买并安装空调的客户，但细心的刘玉华发现了这位客户的特殊性，因为电话里有孩子的哭声。

"昨天我和丈夫去看过，就是选购那套MRV一拖三，能马上给安装吗？我丈夫不在家，我的孩子老是热得直哭！"电话里的女主人急切地问。

"放心吧，半小时之内赶到。"放下电话，刘玉华马上安排送货，并安排好了上门安装的专业人员，最后，细心的刘玉华又带上了一个备用书包。

20分钟后，海尔的设计安装人员到了用户的住处，他们轻轻敲开了用户家的门。

"你们马上安装吧，真受不了了！"女主人一边擦着汗一边说。屋子太热了，高温使人们感到有些窒息。正要工作时，设计安装人员发现敞着门的卧室里孩子睡熟了。

"把孩子抱到阳台上去吧，别吵醒了他！"刘玉华说，"我来帮您抱孩子！"她这时又发现孩子的后背长满了痱子。于是刘玉华快速地打开书包，那里面有一盒崭新的痱子粉。她打开粉盒，在女主人的帮助下，轻轻地给孩子擦上了痱子粉，其余的放在了孩子床头。大概是痱子粉让孩子舒服了许多，在安装空调的过程中，孩子始终睡得很香甜。

刘玉华的贴心服务，深深感动了女主人。她感激地说："我本来只是想买一套空调，可是你们却给我带来这么多关照……"

瘫子粉的故事很快传开了，有人专门到她家来参观，他们都被海尔的工作人员细微服务的精神打动了。最后，他们的家中都安装了海尔空调。

一位老石匠曾经说过，"小石块要一块一块砌结实，才能支撑住那些大石块。如果撤去这些小石块，大石块没有了支撑，自然也就垮下来了。"任何一个细微之处都有可能是关键环节，都不可小视，因为它有可能关系到产品与服务的优劣，关系到企业声誉的好坏，关系到个人的职业道德，也关系到个人在行业中的发展前景。小的事情往往能成为大事情的基础，所以只有持之以恒，用一种坚忍不拔的态度把小事情做好，才能成就一番大事业。

前任西点校长潘莫将军说过："细枝末节最伤脑筋。"他的意思是说，即使是最聪明的人设计出来的最伟大的计划，执行的时候还是必须从小处着手，整个计划的成败就取决于这些细节。细节决定成败，我们必须学会观察细节，用精准的细节精神来做事情。这样的话，无论是企业还是个人，都会在成功的路上走得稳一些。

1851年，为了让不识字的工人区别肥皂和蜡烛箱，一个码头装卸工人在宝洁公司的蜡烛包装箱上涂上了黑色的十字。不久，另一个有艺术细胞的工人将黑字改成一个圆圈套着一颗星，再后来又有人用一组星星替代了原来的一颗星，最后又加上了一轮残月和一个人的侧影。

此事被宝洁公司知道后，为方便工人和用户识别，决定将所有的蜡烛箱上都画了星星和月亮的图案。

后来宝洁公司的管理者认为，蜡烛箱上"月中人"的图案是没有必要的，于是就把它涂掉了。但是没过多久，宝洁公司收到了一封来自北卡罗来纳的信，一个批发商拒绝接受一批宝洁公司蜡烛的交货，因为这些箱子缺少完整的"星星和月亮"的图案，被认为是仿制的。宝洁公司立即意识到了"星星和月亮"图案的价值，并将它作为注册商标重新使用。

这样做了之后，包括北卡罗来纳批发商在内的许多客户，才继续与宝洁公司保持业务往来。

作为公司的管理者，宏观调控确实很重要，但对细节的微观把握更不可少。琐碎简单的事情最容易被忽略，最容易错漏百出。无论企业有怎样辉煌的目标，但在执行过程中有一个细节处理不到位，就会导致最终失败。"大处着眼，小处着手"，狠抓细节，才能达到管理的最高境界。

海尔的管理层经常说的一句话就是："要让时针走得准，必须控制好秒针的运行。"我们要发现问题的关键，提高解决问题的能力，必须坚持从细节入手。

一天，美国福特公司客服部收到一封客户抱怨信，上面是这样写的：

"我们家有一个传统的习惯，就是我们每天在吃完晚餐后，都会以冰激凌来当我们的饭后甜点。但自从我买了一部你们公司的车后，在我去买冰激凌的这段路程上，问题就发生了。每当我买的冰激凌是香草口味时，我从店里出来车子就发动不起来。但如果我买的是其他的口味，车子发动就顺利得很。为什么？为什么？"

很快，客服部派出一位工程师去查看究竟。当工程师去找写信的人时，对方刚好用完晚餐，准备去买冰激凌。于是，工程师一个箭步跨上车。结果，这位客户买好香草冰激凌回到车上后，车子果然又发动不起来了。

这位工程师之后又依约来了三个晚上。

第一晚，巧克力冰激凌，车子没事。

第二晚，草莓冰激凌，车子也没事。

第三晚，香草冰激凌，车子发动不起来了。

……

这到底是怎么回事？工程师忙了好多天，依然没有找到解决的办法。工程师有点气馁，想放弃，转而接受退车的现实。

最后，神圣的职业使命感使工程师静下心来，开始研究种种详细资料，如时间、车子使用油的种类、车子开出及开回的时间……不久，工程师发现，买香草冰激凌所花的时间比买其他口味用的时间要少。因为，香草冰激凌是所有冰激凌中最畅销的口味，店家为了让顾客每次都能很快地拿取，将香草口味特别分开陈列在单独的冰柜，并将冰柜放置在店的前端。

现在，工程师所要知道的疑问是：为什么这部车会因为从熄火到重新激活的时间较短就发动不起来？原因很清楚，绝对不是因为香草冰激凌的关系，工程师很快地由心中浮现出答案：应该是"蒸汽锁"。买其他口味的冰激凌由于花费时间较多，引擎有足够的时间散热，重新发动时就没有太大的问题。但是买香草口味时，由于时间较短，引擎太热以至于还无法让"蒸汽锁"有足够的散热时间。

在此事件中，购买香草冰激凌虽然与发动机熄火并无直接联系，但购买香草冰激凌确实和汽车故障存在着逻辑关系。问题的症结点在一个小小的"蒸汽锁"

上，这是一个很小的细节，而且这个细节被细心的工程师发现，从而找到了解决问题的关键。

俗话说："在商场上，每一笔生意都是独一无二的。"成功的执行者能够针对具体环境巧妙设计出解决问题的细节，这一些细节体现着一个人处理问题的原创性和想象力，这是这个时代最稀缺、最宝贵的东西。

在北京，入住香格里拉大饭店的施密斯先生早晨起来一开门，一名漂亮的中国小姐便微笑着和施密斯打招呼："早，施密斯先生。""你怎么知道我是施密斯？""施密斯先生，我们每一层的当班小姐都要记住每一个房间客人的名字。"施密斯心中很高兴，乘电梯到了一楼，门一开，又一名中国小姐站在那儿："早，施密斯先生。""啊，你也知道我是施密斯，你也背了上面的名字，怎么可能呢？""施密斯先生，上面打电话说你下来了。"施密斯这才发现她们头上挂着微型对讲机。

接着，这位小姐带施密斯去吃早餐，餐厅的服务人员替施密斯上菜时，都尽量称呼他为"施密斯先生"。这时来了一盘点心，点心的样子很奇怪，施密斯就问她："中间这个红的是什么？"这时施密斯还注意到一个细节，那个小姐看了一下，就后退一步回答那个红的是什么。"那么旁边这一圈黑的呢？"她上前又看了一眼，又后退一步回答那黑的是什么。这个后退一步就是为了防止她的唾沫溅到菜里。

施密斯退房离开的时候，刷卡后服务生把信用卡还给他，然后再把施密斯的收据折好放在信封里，还给施密斯的时候说："谢谢你，施密斯先生，真希望第五次再看到你。"施密斯这才想起，原来这是他第四次入住这家酒店。

3年过去了，施密斯再没去过北京。有一天他收到一张卡片，发现是北京的香格里拉大饭店寄来的："亲爱的施密斯先生，3年前的5月20号您离开以后，我们就没有再看到您，公司全体上下都很想念您，下次经过中国一定要来看看我们。"下面写的是"祝您生日快乐"。原来那天是施密斯的生日。

现在，施密斯先生只要去北京出差，一定会入住香格里拉大饭店，并会介绍他的朋友、合作伙伴也选择香格里拉大饭店。香格里拉大饭店的服务真正做到了顾客的心坎里。

注重细节，达到精益求精的程度，这是职业人士的态度。追求完美的细节精神是寻求成功的卓越表现，也是生命中的成功品牌。一个人做事精确的良好习惯要远远超过他的聪明和专长。

在人才高度同质化的今天，能够做大事的人才固然能够引起老板的注意，但在平凡岗位上能够把细节做好的员工同样能引起老板的注意。能够在细节上做足功夫，通过细节凸显自己，也是获得成功的一个办法。

苏伦刚进公司时只是一名普通的业务员，但他仅用了3年的时间就攀升为区域营销总监。他的成功之处就是在细节上做足功夫。

苏伦的细节处理体现在日常习惯、工作方式和工作态度上。

在日常习惯方面，苏伦首先从形象上体现自己的细节。苏伦不仅有"洁癖"，而且还很善于"包装自己"。比如，他和客户或上司见面时，头发总是梳理得整齐而亮洁，皮鞋总是擦得锃亮，深蓝色的西服套装搭配协调的领带，总是那么引人注目。此外，他还练就了"推销之神原一平"价值百万的微笑，他知道微笑能缩短人与人之间的距离，尤其是能够缩短与上司之间的心理距离，使自己能在一个会心的微笑和一个善意的眼神中获得领导的肯定与赏识，无形中增强自身的亲和力。

其次，在气质上，苏伦通过细节处理也凸显了自己。苏伦通过学习，不断提升自己的思想及素质修养，比如，通过职业道德、营销规则等学习，强化自己的营销人意识；又通过外在的一些"物化"的东西，提高自身内在的含金量，比如，谈话时的幽默感，懂得赞美等；他还强化自己良好的职业习惯，比如，塑造和提升自己的执行力，完成上司交办的各项任务等。即使在日常习惯中也体现了他的组织性和纪律性。

最后，无论遇到多么重大的事情，苏伦从没有请过假，总能身先士卒地冲锋在市场一线，总能在公司需要、业务员需要、客户需要时出现在第一现场，这些不但感动了上司，也得到了上司的厚爱。

许多人在工作细节上做得很好，却往往忽视了日常习惯中的细节，殊不知，日常习惯是自己真性情的流露，其中的细节更能够体现一个人的性格。苏伦没有忽视这些细节，得体的着装、不凡的举止、上司的关注，这些都让他信心倍增。通过外在形象与内在气质的完美结合，苏伦不仅得到了良好的口碑，还让上司对他刮目相看，从而获得了更多的发展机会。

在工作方式和态度上，苏伦也不放过任何细节。

首先，他事事积极参与，显示出自信和乐观的态度。在上司眼中，苏伦是一个乐观的人。无论在生活或工作中，他处处流露出积极、自信的心态，极少能看到他灰心丧气的表情。

其次，勇于探索，并付诸行动，不时提出自己的独到观点。比如有一次，当厂家和经销商在招商过程中纷纷感到效果不大或无计可施时，苏伦却提出"招商下沉，直接针对终端进行招商"的建议，并详细地进行了分析和论证，在说服了上司进行有效的组织和实施后，招商会竟然大获成功，现场收款就达50万元。苏伦也因此声名远扬。

最后，苏伦对自己上报的材料很认真。相对于许多员工的敷衍了事，苏伦却不断将自己的心得体会、意见和见解形成文字，落实到书面上，然后提交给公司。通过这种方式，能够让老板更直接地了解自己，更直观地评价和提携自己。

苏伦通过抓细节，在日常习惯和工作细节上都做足功夫，既提升了自己，又向同事和老板展示了自己的能力和信心，所以才能从一个普通的业务员迅速成长为销售总监。他的成功历程，处处闪耀着细节的光辉。

现代公司里，同样要注重对细节的执行，这已经变得越来越重要了。公司的失败不外乎两条：一是高层的决策失败，二就是中下层在细节执行上出了大问题。说到底，公司里每一个员工都是组成公司的一个细胞。他们能否把各项执行落实在细节上，将决定公司的命运。"大事留给上帝去抓吧，我们只能注意细节。"一部名为《细节》的小说在题记中如是说。作者还借小说主人公的话为这句话做了注脚："这世界上所有伟大的壮举都不如生活中一个真实的细节来得有意义。"我们不妨这样理解，正因为上帝在抓大事，所以魔鬼才藏身于细节之中，我们必须注意细节才能揪出这些魔鬼，这样，我们的工作才能做得更加完美。

国王查理三世准备拼死一战了。里奇蒙德伯爵亨利带领军队正迎面扑来，这场战斗将决定谁统治英国。

战斗进行的当天早上，查理三世派了一个马夫去备好自己最喜欢的战马。

"快点给它钉掌，"马夫对铁匠说，"国王希望骑着它打头阵。"

"你得等等，"铁匠回答，"我前几天给国王全军的马都钉了掌，现在我得找点儿铁片来。"

"我等不及了。"马夫不耐烦地叫道，"国王的敌人正在推进，我们必须在战场上迎击敌兵，有什么你就用什么吧。"

铁匠埋头干活，从一根铁条上弄下四个马掌，把它们砸平、整形，固定在马蹄上，然后开始钉钉子。钉了三个掌后，他发现没有钉子来钉第四个掌了。

"我需要一两个钉子，"他说，"得需要点儿时间砸出两个。"

"我告诉过你我等不及了，"马夫急切地说，"我听见军号了，你能不能凑合？"

"我能把马掌钉上，但是不能像其他几个这么牢实。"

"能不能挂住？"马夫说。

"应该能，"铁匠回答，"但我没把握。"

"好吧，就这样，"马夫叫道，"快点，要不然国王会怪罪到咱俩头上的。"

两军交上了锋，查理国王冲锋陷阵，鞭策士兵迎战敌人。"冲啊，冲啊！"他喊着，率领部队冲向敌阵。远远地，他看见战场另一头几个自己的士兵退却了。如果别人看见他们这样，也会后退的，所以查理国王策马扬鞭冲向那个缺口，召唤士兵调头战斗。

他还没骑到一半，一只马掌掉了，战马跌翻在地，查理国王也被掀在地上。国王还没有再抓住缰绳，惊恐的马就跳起来逃走了。理查环顾四周，他的士兵纷纷转身撤退，敌人包围了上来。

他挥舞宝剑，"马！"他喊道，"一匹马，我的国家倾覆就因为这一匹马。"

他没有马骑了，他的军队已经分崩离析，士兵们自顾不暇。不一会儿，敌军俘获了理查，战斗结束了。

从那时起，人们就说：

少了一个铁钉，丢了一只马掌，

少了一只马掌，丢了一匹战马。

少了一匹战马，败了一场战役，

败了一场战役，失了一个国家。

所有的损失都是因为少了一个马掌钉。

任何事情都是由无数的细节构成的，疏忽了一个细节，就会带来一系列的连锁反应。让人不安的是，很多连锁反应都特别的可怕。一环做错环环错。

当巴西海顺远洋运输公司派出的救援船到达出事地点时，"环大西洋"号海轮已经消失了，21名船员不见了，海面上只有一个救生电台有节奏地发着求救的信号。救援人员看着平静的大海发呆，谁也想不明白在这个海况极好的地方到底发生了什么，从而导致这条最先进的船沉没。这时有人发现电台下面绑着一个密封的瓶子，打开瓶子，里面有一张纸条，21种笔迹，上面这样写着：

一水理查德：3月21日，我在奥克兰港私自买了一个台灯，想给妻子写信时照明用。

二副瑟曼：我看见理查德拿着台灯回船，说了句这小台灯底座轻，船晃时别让它倒下来，但没有干涉。

三副帕帝：3月21日下午船离港，我发现救生筏释放器有问题，就将救生筏绑在架子上。

二水戴维斯：离岗检查时，发现水手区的闭门器损坏，用铁丝将门绑牢。

二管轮安特尔：我检查消防设施时，发现水手区的消防栓锈蚀，心想还有几天就到码头了，到时候再换。

船长麦凯姆：起航时，工作繁忙，没有看甲板部和轮机部的安全检查报告。

机匠丹尼尔：3月23日上午理查德和苏勒的房间消防探头连续报警。我和瓦尔特进去后，未发现火苗，判定探头误报警，拆掉交给惠特曼，要求换新的。

机匠瓦尔特：我就是瓦尔特。

大管轮惠特曼：我说正忙着，等一会儿拿给你们。

服务生斯科尼：3月23日13点到理查德房间找他，他不在，坐了一会儿，随手开了他的台灯。

大副克姆普：3月23日15点半，带苏勒和罗伯特进行安全巡视，没有进理查德和苏勒的房间，说了句"你们的房间自己进去看看"。

一水苏勒：我笑了笑，也没有进房间，跟在克姆普后面。

一水罗伯特：我也没有进房间，跟在苏勒后面。

机电长科恩：3月23日14点，我发现跳闸了，因为这是以前也出现过的现象，没多想。就将闸合上，没有查明原因。

三管轮马辛：感到空气不好，先打电话到厨房，证明没有问题后，又让机舱打开通风阀。

大厨史若：我接马辛电话时，开玩笑说，我们在这里有什么问题？你还不来帮我们做饭？然后问乌苏拉："我们这里都安全吗？"

二厨乌苏拉：我也感觉空气不好，但觉得我们这里很安全，就继续做饭。

机匠努波：我接到马辛电话后，打开通风阀。

管事戴思蒙：14点半，我召集所有不在岗位的人到厨房帮忙做饭，晚上会餐。

医生莫里斯：我没有巡诊。

电工荷尔因：晚上我值班时跑进了餐厅。

最后是船长麦凯姆写的话：19点半发现火灾时，理查德和苏勒房间已经烧穿，一切糟糕透了，我们没有办法控制火情，而且火越烧越大，直到整条船上都是火。我们每个人都犯了一点错误，但酿成了人毁船亡的大错。

看完这张绝笔纸条，救援人员谁也没说话，海面上死一样的寂静，大家仿佛清晰地看到了整个事故发生的过程。

每个人都只错了一点点，但是结局却是毁灭。细节的力量就这么大，1%的错误会导致100%的失败。

商家在产品推广与营销的过程中更要把握细节的处理。

当宝洁公司刚开始推出汰渍洗衣粉时，市场占有率和销售额以惊人的速度向上飙升，可是没过多久，这种强劲的增长势头就逐渐放缓了。宝洁公司的销售人员非常纳闷，虽然进行过大量的市场调查，但一直都找不到销量停滞不前的原因。

于是，宝洁公司召集了很多消费者开了一次产品座谈会，会上，有一位消费者说出了汰渍洗衣粉销量下滑的关键，他抱怨说："汰渍洗衣粉的用量太大。"

宝洁的领导们忙追问其中的缘由，这位消费者说："你看看你们的广告，倒洗衣粉要倒那么长时间，衣服是洗得干净，但要用那么多洗衣粉，算计起来更不划算。"

听到这番话，销售经理赶快把广告找来，算了一下展示产品部分中倒洗衣粉的时间，一共3秒钟，而其他品牌的洗衣粉，广告中倒洗衣粉的时间仅为1.5秒。

也就是在广告上这么细小的一点儿疏忽，对汰渍洗衣粉的销售和品牌形象造成了严重的伤害。美国绝大部分企业家会知道一些十分精确的数字，比如全国平均每人每天吃几个汉堡包、几个鸡蛋。之所以要了解得这么清楚，是因为他们想确保细节上多方面的优势，不给竞争者可乘之机，哪怕是一些细枝末节的漏洞。

在产品和服务越来越同质化的今天，细节的完美是企业竞争的制胜一招。有一家公司的墙上贴着这样一句格言："苛求细节的完美。"如果每个人都能恪守这一格言，我们的自身素质无疑会有大幅度的提高，也会避免很多失误与叹息。个人如此，一个企业更是这样。管理市场运作、管理销售团队、管理财金事务都要有这种苛求细节完美的精神，起点低不要紧，关键是认真对待每一件小事，把寻常的事做得不寻常。如果忽视了那1%的细节，那么你面临的很可能是100%的失败。

凯斯特是一家公司的采购部经理。一天，他看到公司的圆珠笔异常精美，便不断地拿些回家，给他上学的女儿使用。这些东西被女儿的老师看见了，而该老师的丈夫，恰好正是与这家公司有业务往来的高级主管。该高级主管了解这件事后，说道："这家公司的风气太坏了，公司的员工只想着自己而不是公司，这样的公司怎么能有诚意做好生意呢？"于是他中止了与该公司的合作计划。

谁会想到计划的中断，竟是由一些圆珠笔造成的呢？在数学上"100-1"等于99，而在日常生活和工作中，在企业经营中，"100-1"却可能等于0。如果企业中的每一名员工都能清醒地认识到"1%的错误导致100%的失败"，并严格地规范自己的行为，把工作做到"零缺陷"，那么很多不必要的遗憾就不会产生。

"企业应该在任何时候都没有激动人心的事发生。"这是张瑞敏"不追求传奇"理念的直接表述。他认为："没有激动人心的事发生，就说明企业运行过程中时时处于正常状态。"

的确，当你走进偌大的海尔工业园，看不到激动人心的场面，听不到激动人心的声音，一切都是那样宁静、有序，每年数十亿的优质产品在高效、系统、严密的运动中，从这里流下生产线，走向大市场，又将利润返回到海尔大楼。

对于海尔人来说，没有激动人心的大事发生，一切似乎都是小事，但生意是怎么得来的？不过是细心一点，勤快一点，认真一点，精明一点，小事做好一点，等等。"一点"的事情很小，但随时随地做好又很难。

对公司管理者而言，熟知细节是最佳的训练，尤其是面对紧急、影响重大的事情，这些细节就更为重要。

在公司管理中，作为一个管理者，除了掌控宏观的管理计划外，还应事无巨细，洞悉公司的所有细节问题。对于员工来说，工作无小事，认真对待每一个细节都算是做大事，固守自己的本分和岗位，就是作出了最好的贡献。

没有哪一件工作是没有意义的，每一个过程都成就了另一个过程，只有环环相扣，整体才会和谐美好。每个人各就各位，努力尽责并扮演好自己的角色，我们才可以顺利地完成一份共同的责任。完整的工作才有意义，就像一部零件齐全的车才能在路上奔驰。我们不能想象一辆只有三个车轮的宝马汽车能在大马路上飞速行驶。

西点前校长潘莫将军说过："最聪明的人设计出来的最伟大的计划，执行的时候还是必须从小处着手，整个计划的成败就取决于这些细节。"

乔治·福蒂在《乔治·巴顿的集团军》中写道："1943年3月6日，巴顿临危受命为第二军军长。他带着严格的铁的纪律驱赶第二军就像'摩西从阿拉特山上下来'一样。他开着汽车转到各个部队，深入营区。每到一个部队都要训话，诸如领带、护腿、钢盔和随身武器及每天刮胡须之类的细则都要严格执行。巴顿由此可能成为美国历史上最不受欢迎的指挥官。但是第二军发生了变化，它不由自主地变成了一支顽强、具有荣誉感和战斗力的部队……"

巴顿一次次地训话，强调诸如领带、护腿、钢盔和随身武器及每天刮胡须之类的细则，虽然让士兵们厌烦，但是却在不知不觉中，使他们由细节开始转变，并最终改头换面，我们不得不说巴顿强调这些细节是有原因的。

我们都很敬佩已故总理周恩来的胆识和谋略，但他那种关照小事、成就大事的本领，更值得我们学习和借鉴。

当年，尼克松访华的时候就敏锐地发现，周恩来具有一种罕见的本领，他对一些事情的细节非常认真。因为他发现，周恩来总理在晚宴上为他挑选的乐曲正是他所喜欢的那首《美丽的阿美利加》。

后来，在来访的第三天晚上，客人被邀请去看乒乓球和其他体育表演。当时天已下雪，而客人预定第二天要去参观长城。周恩来总理得知这一情况后，离开了一会儿，通知有关部门清扫通往长城路上的积雪。

周恩来总理做事是精细的，同时他对工作人员的要求也是异常严格的，他最容不得"大概"、"差不多"、"可能"、"也许"这一类的字眼。有次北京饭店举行涉外宴会，周恩来总理在宴会前了解饭菜的准备情况时，他问："今晚的点心什么馅？"一位工作人员随口答道："大概是三鲜馅的吧。"这下可糟了，周恩来追问道："什么叫大概？究竟是，还是不是？客人中如果有人对海鲜过敏，出了问题谁负责？"

周恩来正是凭着一贯提倡注重细节、关照小事的作风，赢得了人们的称赞。

生活其实是由一些小得不能再小的事情构成的，可我们总是倾心于远大的理想和宏伟的目标，总觉得那些微不足道的小事不过是秋天飘落的一片片树叶，没有声响，我们总是忽略了不该忽略的小事情、小细节，从而在接踵而至的小事面前穷于准备，忙于应付。事实上，随着经济的发展，专业化程度越来越高，社会分工越来越细，细微环节的作用日益突显。

多数人所做的工作还只是一些具体的、琐碎的、单调的事，它们也许过于平淡，也许鸡毛蒜皮，但这就是工作，是生活，是成就大事不可缺少的基础。所以无论做人、做事，都要注重细节，从小事做起。一个不愿做小事的人，是不可能成功的。要想比别人优秀，只有在每一件小事上比功夫。日本狮王牙刷公司的员工加藤信三就是一个活生生的例子。

有一次，加藤为了赶去上班，刷牙时急急忙忙，没想到牙龈出血。他为此大为恼火，上班的路上仍是非常气愤。

回到公司，加藤为了把心思集中到工作上，还是硬把心头的怒气给平息下去了。他和几个要好的伙伴提及此事，并相约一同设法解决刷牙容易伤及牙龈的问题。他们想了不少解决刷牙造成牙龈出血的办法，如把牙刷毛改为柔软的狸毛、刷牙前先用热水把牙刷泡软、多用些牙膏、放慢刷牙速度等，但效果均不太理想。后来他们进一步仔细检查牙刷毛，在放大镜底下，发现刷毛顶端并不是尖的，而是四方形的，加藤想："把它改成圆形的不就行了！"于是他们着手改进牙刷。

经过实验取得成效后，加藤正式向公司提出了改变牙刷毛形状的建议，公司领导看后，也觉得这是一个特别好的建议，欣然把全部牙刷毛的顶端改成了圆形。改进后的"狮王牌"牙刷在广告媒介的作用下，销路极好，销量直线上升，最后占到了全国同类产品的40%左右，加藤也由普通职员晋升为科长，十几年后成为公司的董事长。

牙刷不好用，在我们看来都是司空见惯的小事，所以很少有人想办法去解决这个问题，机遇也就从身边溜走了。而加藤不仅发现了这个小问题，而且对小问题进行细致的分析，从而使自己和所在的公司都取得了成功。

看不到细节，或者不把细节当回事的人，对工作缺乏认真的态度，对事情只能是敷衍了事。这种人无法把工作当做一种乐趣，而只是当做一种不得不接受的苦役，因而在工作中缺乏热情。而考虑到细节、注重细节的人，不仅认真地对待工作，将小事做细，并且注重在做事的细节中找到机会，从而使自己走上成功之路。

一天下午，日本东京奥达克余百货公司的售货员彬彬有礼地接待了一位来买唱机的女顾客。售货员为她挑了一台未启封的"索尼"牌唱机。事后，售货员清理商品发现，原来是错将一个空心唱机货样卖给了那位美国女顾客，于是立即向公司警卫作了报告。警卫四处寻找那位女顾客，但不见踪影。

经理接到报告后，觉得事关顾客利益和公司信誉，非同小可，马上召集有关人员研究。当时只知道那位女顾客叫基泰丝，是一位美国记者，还有她留下的一张"美国快递公司"的名片。据此仅有的线索，奥达克余公司公关部连夜开始了一连串近乎大海捞针的寻找。先是打电话，向东京各大宾馆查询，毫无结果。后来又打国际长途，向纽约的"美国快递公司"总部查询，深夜接到回话，得知基泰丝父母在美国的电话号码。接着，又给美国挂国际长途，找到了基泰丝的父母，进而打听到基泰丝在东京的住址和电话号码。几个人忙了一夜，总共打了35个紧急电话。

第二天一早，奥达克余公司给基泰丝打了道歉电话。几十分钟后，奥达克余公司的副经理和提着大皮箱的公关人员，乘着一辆小轿车赶到基泰丝的住处。两人进了客厅，见到基泰丝就深深鞠躬，表示歉意。除送来一台新的合格的"索尼"唱机外，又加送著名唱片一张、蛋糕一盒和毛巾一套。接着副经理打开记事簿，宣读了怎样通宵达旦查询基泰丝住址及电话号码，及时纠正这一失误的全部记录。

这时，基泰丝深受感动，她坦率地陈述了买这台唱机，是准备作为见面礼，送给东京外婆的。回到住所后，她打开唱机试用时发现，唱机没有装机心，根本不能用。当时，她火冒三丈，觉得自己上当受骗了，立即写了一篇题为《笑脸背后的真面目》的批评稿，并准备第二天一早就到奥达克余公司兴师问罪。没想到，奥达克余公司纠正失误如同救火，为了一台唱机，花费了这么多的精力。这些做法，使基泰丝深为敬佩，她撕掉了批评稿，重写了一篇题为《35次紧急电话》的特写稿。

《35次紧急电话》稿件见报后，反响强烈，奥达克余公司因一心为顾客着想而声名鹊起，门庭若市。

20世纪世界最伟大的建筑师之一密斯·凡·德罗，在被要求用一句话来描述他成功的原因时，他只说了5个字："魔鬼在细节"。他反复地强调，如果对细节的把握不到位，无论你的建筑设计方案如何恢弘大气，都不能称之为成功的作品。也就是所谓"一叶一菩提，一花一世界"，生活的一切原本都是由细节构成的，如果一切归于有序，决定成败的必将是微若沙砾的细节，细节的竞争才是最终和最高的竞争层面。

美国已逝的总统罗斯福曾说过："成功的平凡人并非天才，他资质平平，但却能以平平的资质，创造出超乎平常的事业。"每个人都想展示自己的不平凡。商店的售货员将每一件商品擦得干干净净，公交车司机让自己的车保持整洁，书店的营业员把书架上的书摆放得整整齐齐，这样的小事，天天坚持下来，就会变成一种习惯。

当你习惯了把自己工作中的每一个细节做得完美的时候，你可能就已经找到了通过从平庸到杰出的天堑之间的通途。因为工作中的细节看起来毫不引人注意，却恰恰是一个人工作态度的最好证明。那些很关注现在工作的员工，总能认真对待工作的任何细节，将工作做到细致入微。也正是由于他们的工作态度，才使他们获得了比别人更多的成长和发展的机会。

松下公司组织一次公关活动，为了增加互动性，他们在现场设置了客户提问的环节，原来的做法是让文员裁几张白纸了事。可是，在现场，老板看到的却是一沓整齐漂亮的便签，上面还印了公司的标志，措词礼貌。那次活动举办得十分成功，客户的反应也很好。而功劳自然少不了文员这个注重细节的举动。这件琐碎的小事让这个文员深得老板的赏识，后来，在公司需要新的办公室主任时，老板第一个想到的就是这个文员。

每一个人在工作中都会遇到这样那样的琐事，而多数人都采取敷衍了事的态度。也正是因为如此，成功的总是那些对待小事仍然斤斤计较的人。所以，要想成为一个好员工，细化工作，把每个环节都做到完美是至关重要的。

我们说把每个环节做到完美是工作的重中之重，是不无道理的，如果工作中的任何一个环节出现一个小小的纰漏，那对全局的影响是巨大的。

同样，在工作中如果不经意地忽略一些细节，也可能付出沉重的代价。

现代职场竞争激烈，每一位员工都面临着"优胜劣汰"的残酷现实，对细节的疏忽就可能导致被淘汰出局。从这个意义上说，注重细节的能力正是一个职业人士在职场中的竞争力。

马克曾是美国西里克肥料厂的一名速记员。尽管他的上司和同事均养成了偷懒的恶习，但马克仍保持认真做事的良好习惯，重视每一项工作。

一天，上司让马克替自己编一本老板西里克先生前往欧洲用的密码电报书。马克不像同事那样，随意地编几张纸完事，而是编成一本小巧的书，用打字机很清楚地打出来，然后又仔细装订好。做好之后，上司便把这本书交给了西里克先生。

"这大概不是你做的吧？"西里克先生问。

"呃……不……是……"马克的上司战栗地回答，西里克先生沉默了许久。

过了几天，马克取代了以前上司的职位。

小小一本电报书，开启了一扇通往成功的门，有时候，决定一个人成败的，不是他做了什么惊天动地的大事，而取决于他有没有把小事做好。小事成就大事，细节铸就完美。于细微之处用心、于细微之处着力，这样日积月累，你的工作才能渐入佳境。

> 一件很小的东西里可能隐藏着很大的道理，一件很平凡的事情里也可能隐藏着大智慧。生活中再平凡不过的点滴，只要静下心来细细品味，都会发现其所蕴涵的独特的美。
>
> ——网易网友独自过活

远观人生

> 我觉得独处时看我的朋友，比起与他们共处时更清楚、更美，而当我最爱音乐、最受其感动时，我是远离音乐而生活的。看来，我需要远看，以便更好地思考事物。
>
> ——尼采《曙光》

法水清净明澈，能洗涤众生罪业，所以比大海之水更加有力、充沛。而世间之最美，皆由内心出发。美丽的容颜无法历久不衰，美丽的心却能永远动人，唯有心善、心真、心慈，显现于外的相貌、举止、气质才让人动心。慈悲，是修佛之人心中永含的一念，佛祖割肉喂鹰，正是慈悲的真实体现。历来修佛者，无不以慈悲为怀。

佛陀降生于古印度，成道后，四处游化，阐释着人生的真理，广说佛法之要，教化了无数的弟子。他就像是慈父，也如同黑暗中的一盏明灯。

这一天，佛陀亲自巡视弟子的房间，看见一位比丘躺在床上，于是问道："你的身体是否安好，心中是否有烦恼？"比丘很想向佛陀恭敬地礼拜，于是努力地想撑起身子，但是因为疲惫不堪，所以根本无法起身。佛陀见状，慈悯地来到比丘身旁慰问："你怎么病得这么重，却无人照顾呢？"比丘说："出家至今，我生性懒散，看见病人也不曾细心照料、关怀他人，所以自己生病了，也就没有人愿意前来关心，我真是感到惭愧啊！"佛陀听完后，便亲自清理比丘的排泄秽物，把比丘的房间打扫得干干净净。

帝释天看到佛陀的慈心，也用水洗浴比丘的身体，而佛陀也以手轻轻地抚摸比丘。顿时，比丘身心安稳、全身舒畅，一切苦痛顿时化为乌有。佛陀这时对比丘说："你出家至今甚为放逸，不知勤求出离生死、解脱烦恼，所以才会身染疾苦，希望你从今天起，要精进用功。"比丘听后，便至诚地向佛陀顶礼忏悔："佛啊！承蒙您的探望与庇佑，如果不是佛光普耀、慈悲摄受，恐怕弟子早已身亡，轮回六道了。弟子从今日起，一定会发大心，上求佛道、普度群迷。"比丘真心忏悔并且精勤办道，后来即得证阿罗汉果。

佛陀不畏劳苦、不避污秽的行为感动了比丘，让他从内心深处产生一种向佛的力量，正是这种力量，敦促他修成正果。播下慈悲的种子，世人都可享用丰硕的果实；留下几句仁爱的语言，世间都将充满温暖的和风。种子探头笑，和风拂柳枝，此中风情，此间美丽，都令人心中漾满欢喜。

世人也应当怀有一颗真善之心，对世间的种种事物持平等和宽厚的态度。不要过于苛责别人，不要轻易迁怒于人，不要故意伤害他人。人生天地间，要存一颗怜悯之心，无论是对他人，还是对各种生物，毕竟我们生活在一个地球上，是同命运、共呼吸的伙伴。一个人拥有再多的外在华丽，皆不如内心慈善来得美好，它能让人散发无与伦比的内秀，得到世人的爱戴和尊重。

提起霍金，人们就会想到这位科学大师那永远深邃的目光和宁静的笑容。世人推崇霍金，不仅因为他是智慧的英雄，更因为他还是一位人生的斗士。

有一次，在学术报告结束之际，一位年轻的女记者面对这位已在轮椅上生活了30余年的科学巨匠，深表敬仰之余，她又不无悲悯地问："霍金先生，卢枷雷病已将你永远固定在轮椅上，你不认为命运让你失去太多了吗？"这个问题显然有些突兀和尖锐，报告厅内顿时鸦雀无声，一片静谧。霍金的脸庞却依然充满恬静的微笑，他用还能活动的手指，艰难地叩击键盘，于是，随着合成器发出的标准伦敦音，宽大的投影屏上缓慢而醒目地显示出如下一段文字：我的手指还能活动，我的大脑还能思维；我有终生追求的理想，有我爱和爱我的亲人与朋友；我还有一颗感恩的心……

掌声雷动。人们纷纷拥向台前，簇拥着这位非凡的科学家，向他表示由衷的敬意。这个世界不缺少善良，也不缺少感动，在人人都急功近利地追求着自己的梦想时，有几个人能想到"感谢"这个词语？

感恩是一种心态，是对生活的一种发自内心的热爱。无论处在多么恶劣的境地，感恩者都会记住自己拥有的"半碗水"，珍惜他生命里拥有的财富。

一个寺院的方丈，曾立下一个奇怪的规矩：每到年底，寺里的和尚都要面对方丈说两个字。第一年年底，方丈问新和尚心里最想说什么，新和尚说："床硬。"第二年年底，方丈又问新和尚心里最想说什么，新和尚说："食劣。"第三年年底，新和尚没等方丈提问，就说："告辞。"方丈望着新和尚的背影，自言自语地说："心中有魔，难成正果。"

"魔"，就是心里没完没了的抱怨。像新和尚这样的人在现实生活中有很多，他们总是怨气冲天，总觉得别人欠他的，社会欠他的，从来感觉不到别人和社会为他所做的一切。这种人不会有所成就。而对生活常怀有一颗感恩之心的人，即使遇上再大的灾难，也能熬过去，因为在他们的眼里，每天都充满着无尽的希望。

生命的整体是相互依存的，每一样事物都会依赖其他事物而存在。无论是父母的养育、师长的教诲、爱人的关爱、他人的服务……人自从有生命起，便沉浸在恩惠的海洋里。如果一个人真正意识到这一点，那么，他就会感恩大自然的福佑、感恩父母的养育、感恩社会的安定、感恩衣食饱暖、感恩花草鱼虫、感恩苦难逆境。

感恩是一种处世哲学，是生活中的大智慧。人生在世，不可能一帆风顺，种种失败、无奈都需要我们勇敢地面对。当挫折、失败来临时，是一味地埋怨生活，从此变得消沉、萎靡不振，还是对生活满怀感恩，跌倒了再爬起来？英国作家萨克雷说："生活就是一面镜子，你笑，它也笑；你哭，它也哭。"感恩不纯粹是一种心理安慰，也不是对现实的逃避，更不是阿Q的"精神胜利法"，而是一种歌唱生活的方式，它来自对生活的爱与希望。它使我们的生活充满芳香和阳光。

感恩节一年只有一天，但一天有365天，是不是一年只在那一天感恩呢？感恩与否，是一个人的人生态度。如果你学着每天都在感恩，以感恩的态度面对每一件事，连不如意的事也会变得没什么了。风来了，我们感恩它吹走了落叶；雨下了，我们感恩它滋养了土地。

一只老鼠掉进了一只桶里，怎么也爬不出来。老鼠吱吱地叫着，它发出了哀鸣，可是谁也听不见。可怜的老鼠心想，这只桶大概就是自己的坟墓了。正在这时，一只大象经过桶边，用鼻子把老鼠吊了出来。"谢谢你，大象。你救了我的命，我希望能报答你。"大象笑着说："你准备怎么报答我呢？你不过是一只小小的老鼠。"过了一些日子，大象不幸被猎人捉住了。猎人们用绳子把大象捆了起来，准备等天亮后运走。大象伤心地躺在地上，无论怎么挣扎，也无法把绳子扯断。突然，小老鼠出现了。它开始咬着绳子，终于在天亮前咬断了绳子，替大象松了绑。

我们每个人都会得到别人的帮助，接受他人的恩惠。我们应该用心记住这些，并且用感恩之情回报这个世界，生活会因此在我们眼里变得越来越美好。如果你想要拥有美好的人生，那就常怀一颗感恩的心吧！想一些令你觉得心怀感激的事，让自己全心全意地浸润其中。令你心怀感谢的或许是孩子的健康平安；或许是朋友对你从不间断的关爱。也许你会为早晨能从舒适的床上悠悠醒来，并且有早餐可吃而心存感激；也许你经历了长久以来种种自我毁灭的行径之后，仍能存活至今而谢天不已。不要保留、不要抗拒。人的快乐就在其中。

"吃饭是为了活着，但活着绝不是为了吃饭。"这句话告诉我们：人生需要一个鲜明的意义。有的人追求爱情，为爱情百折不回、无怨无悔；有的人追求金钱，为金钱殚精竭虑、夙兴夜寐；有的人追求友情，为朋友两肋插刀、赴汤蹈火；有的人追求名誉，为名誉立身持正、两袖清风……

人生在世，都有自己的追求，追求的本身便是自己给自己设立的人生意义。倘若没有追求、没有渴望，人生就没有意义。

子曰："不曰'如之何，如之何'者，吾未如之何也已矣！"南怀瑾先生解释这句话时说，孔子的意思是，一个不说"怎么办？怎么办"的人，我真不晓得他该怎么办了。不懂得提出疑问，只是糊里糊涂地过，做一天和尚，撞一天钟，这样的人生连圣人都不知该怎么办了。

在一所很有名望的大学里，著名作家毕淑敏正在演讲。从演讲一开始就不断地有纸条递上来。纸条上提得最多的问题是——"人生有什么意义？请你务必说实话，因为我们已经听过太多言不由衷的假话了。"

她当众把条上内容念了出来，念完纸条内容以后台下响起了掌声。她说："你们今天提出这个问题很好，我会讲真话。我在西藏阿里的雪山之上，面对着浩瀚的苍穹和壁立的冰川。如同一个茹毛饮血的原始人，反复地思索过这个问题。我相信，一个人在他年轻的时候是会无数次地叩问自己：'我的一生，到底要追索怎样的意义？'我想了无数个晚上和白天，终于得到了一个答案。今天，在这里，我将非常负责地对你们说，我思索的结果是：人生是没有任何意义的！"

这句话说完，全场出现了短暂的寂静，但是，紧接着就响起了雷鸣般的掌声。这可能是毕淑敏在演讲中获得的最热烈的掌声。

她接着又说："大家先不要忙着给我鼓掌，我的话还没有说完。我说人生是没有意义的，这不错。但是，我们每一个人要为自己确立一个意义！是的，关于人生意义的讨论，充斥在我们的周围。很多说法，由于熟悉和重复，已让我们从熟视无睹滑到了厌烦,可是这不是问题的真谛。真谛是,别人强加给你的意义,无论它多么正确,如果它不曾进入你的心理结构,它就永远是身外之物。例如,我们从小就被家长灌输过人生意义的答案。在此后漫长的岁月里,谆谆告诫的老师和各种类型的教育,也都不断地向我们批发人生意义的补充版。但是有多少人把这种外在的框架当成自己内在的标杆,并为之下定了奋斗终生的决心?"

讲演结束之后,所有听演讲的同学最大的收获是明白了人生没有意义,要你为之确立一个意义。

人生需要我们为之确立一个意义。生活若缺少了意义,就缺少了乐趣,一个人就会变得浑浑噩噩,感到空虚和麻木。

给人生一个鲜明的意义。这个意义,要经得起时间的考验,随着时间的流逝,你不会为之感到后悔;这个意义,能赶走生命的颓废和空虚,带来愉快和欣喜;这个意义,能永远璀璨、不会变质,值得为之舍弃很多其他东西。

著名作家刘墉小时候很喜欢画马。某日,他完成了一张描绘猎人骑马登山的画面,正得意中,母亲走过来对他说:"马背上的人坐得太挺了,你要知道:当骑马人上坡的时候,身子要向前俯,否则人跟马都容易翻倒。"

不久之后,他又画了一张"骑马下山"的画面,母亲看了还是不满意地说:"这次你画中的人物又画得太俯了,骑马下坡时,马固然往下走,人却要坐得挺,如果人也跟着马向前倾,就容易滑下去。"

遭到批评,刘墉有些懊恼地说:"为什么有这么多规矩呢?反正人骑马,爱怎么骑就怎么骑!"

"你讲的是不错,但是要想骑得平稳、快速、不颠簸、不倾倒、不被摔下马背、不致滚落山崖,就一定要讲究方法。"母亲说,"这就好比处世一样,当马向高处爬时,仿佛是你得意的时刻,愈得意愈要谦恭,所以人要向前俯;至于下山,则仿佛失意时,固然周遭的情况是往下坡走,我们却反而要坐得挺,伸得直。"

后来,不论画马还是处世,母亲的那两句话总是指引着他。

当我们为一件事而沾沾自喜,甚至兴奋地过了头时,就应该提醒自己,不要得意忘形,要谦恭,这样才会不断进步。失意时,不要一味地情绪低落,抬起头来,就能把失落赶跑,使我们获得新生。

一个小男孩,几乎认为自己是世界上最不幸的孩子。因为患脊髓灰质炎而留下了瘸腿和参差不齐且突出的牙齿,他很少与同学们游戏或玩耍,老师叫他回答问题时，他也总是低着头一言不发。

在一个平常的春天，小男孩的父亲向邻居家讨了一些树苗，他想把它们栽在房前。他叫他的孩子们每人栽一棵。父亲对孩子们说，谁栽的树苗长得最好，就给谁买一件他最喜欢的礼物。小男孩也想得到父亲的礼物，但当看到兄妹们蹦蹦跳跳提水浇树的身影时，不知怎么的，他突然萌生出一种阴冷的想法：希望自己栽的那棵树早点死去。因此，在浇过一两次水后，他再也没去搭理它。

几天后，小男孩再去看他种的那棵树时，惊奇地发现它不仅没有枯萎，而且还长出了几片新叶子，与兄妹们种的树相比，显得更嫩绿、更有生气。父亲兑现了他的诺言，为小男孩买了一件他最喜欢的礼物，并对他说，从他栽的树来看，他长大后一定能成为一名出色的植物学家。

从那以后，小男孩慢慢变得乐观向上起来。一天晚上，小男孩躺在床上睡不着，看着窗外那明亮皎洁的月亮，忽然想起生物老师曾说过的话：植物一般都在晚上生长。何不去看看自己种的那棵小树呢？当他轻手轻脚地来到院子里时，却看见父亲用勺子在向自己栽种的那棵树下泼洒着什么。顿时，他一切都明白了，原来父亲一直在偷偷地为自己栽种的那棵小树施肥！他返回房间，任凭泪水肆意地奔流。

几十年过去了，那瘸腿的小男孩虽然没有成为一名植物学家，却成为了美国总统。他的名字叫富兰克林·罗斯福。爱是生命中最好的养料，哪怕只是一勺清水，也能使生命之树开出精彩之花。

有一位智者广收门徒。每日里，智者教他们修身养性，习文练武。弟子们珍惜这难得的机会，大都刻苦研习，几年后，都有了一技之长，声名远播。只有一人不服管教，整日里招惹是非，打搅师兄弟们的学业，于是众弟子要求智者把这浑浑噩噩的家伙开除掉；但是老师不答应，弟子们再三请求，老师还是不答应。众弟子说如果再留这个家伙，我们就走，但老师还是不答应。众弟子纷纷离去。

在智者的努力下，十几年后，那个浑浑噩噩的家伙，终于修成正果。

"为什么为了一个捣蛋鬼得罪众弟子？"有人不解。

有人点化："你有一百只羊，走失了一只，你会去找哪只？"

"当然是丢失的那只。"

"是的，丢失的那只是最需要你去寻找和帮助的，智者的智慧就在于他帮助了那个最需要帮助的人。"

帮助人是在做善事，但不是见谁帮谁，帮助人也要讲究原则。这个原则就是：帮助最需要帮助的人。因为，这样的帮助才是最有价值的。帮助最需要帮助的人，是智者的一大智慧。

不知从什么时候开始，生活在钢筋水泥堆砌而成的城市里的人们为了适应越来越快的生活节奏而疲于奔命。站在人潮汹涌的大街上，常常会看到形形色色的人迈着姿态各异的脚步南来北往，忙碌似乎已成为我们生命的主旋律，伴随而来的压力使我们没有时间去慰藉自己的心灵……很多人都说，是生活，剥夺了我们快乐的权利。

叔本华说："最大的快乐源泉是自己的心灵。"的确如此，获取快乐、回归平和的心境没有什么秘方，我们缺少的正是我们最需要的——平常心。生活不总是一帆风顺，也正因为如此，我们的生活才有滋有味，才多姿多彩。保持一颗平常心最为重要。不以物喜，不以己悲，宠辱不惊，去留无意，临危不惧，泰然处之，在平淡中给自己一个动力，在昂扬中留给自己一份淡薄，在匆忙中懂得适时地给心灵一次释放，在喧闹中为自己找一份宁静。

一个秀才模样的人悠闲地走在满是尘土的路上，这个秀才背着诗词，摇着脑袋，满是惬意的模样。秀才出门已经一年多了，他原先是进京赶考的，但是考场失利，名落孙山，心情黯淡中度过了几个月的黑色时光，整日借酒消愁，以泪洗面。后来，他和几个朋友共游兰若寺，与一禅师相谈，秀才倒出了心中的苦闷，禅师听后，说道："昨天早上与你说话的第一个人是谁？"秀才回道："这个已经忘了。""那明天你会遇到什么人？""这个我哪里知道，明天还没来。""此时此刻，你面前有谁？"秀才愣了一下，说："我面前当然是禅师您啊。"禅师轻轻点头道："昨天之事已忘却，明日之事尚未来，能把握的唯在此刻，施主又何必对过去之事耿耿于怀，因为明天不可知，昨日已过去，不如放下挂念，平淡对之，你并没失去什么，不过是重新开始。"秀才瞪大双眼，等着禅师继续说下去，他似乎听懂了禅师话中的意思。禅师说道："既然又是新的开始，又何来执著于以前？如潺潺溪水，偶被沙石所阻，但终究万里波涛始于点滴。施主可曾明白了？"秀才微笑着点点头，此刻的他，已经有了新的打算。

常人说，我们害怕失败，是因为我们想得太多，想得太多是因为情绪太盛。秀才考场失败后，人生顿觉颓唐，也是同样的道理，好在他及时醒悟，心境归于平淡，目标得以重新确立。在这个秀才身上，我们看到的并不是放弃后的心如止水，而是再度追逐后的豁然，因为这种豁然，我们不再对过去的遗憾耿耿于怀，不再对未知的将来做不肯定的畅想，我们的心落在了此时此刻。从这个角度来说，平淡生活倒不一定是平静淡雅，因为内心永远充满着激情，只不过这份激情用一种更为实在的方式表现出来，正因如此，在生活的节奏一如既往地向前推进的同时，我们才能风吹而不动，地动而不陷。

心安人静，却依然能做出大事情来，这是因为他们有自己独特的人生观，不媚俗，懂追求，不以世俗的观念影响自己的选择。

> 适当保持距离的远看是必要的，只有这样你才能保持更清醒的头脑，才能更好地思考事物，才能从中发现真正的美与丑。
>
> ——新浪网友空虚几度

净化内心

> 我们若非完全在梦中，便是以一种有趣的态度在做梦。因此，必须去学习在时尚的潮流中保持清醒——若非不完全，便付之以一种有趣的态度。
>
> ——尼采《快乐的科学》

强大的凝聚力与美好心灵如影随形，一个人只要具有一颗质朴而美丽的心灵，那么他必然具有强大的人格魅力，这种影响力会像影子一样，一生追随着他。

世界上有两种人，一种人像水一样，随着地势的起伏改变着自己的形态，另一种人则像水晶，内心晶莹透彻，但却锐利坚硬。第一种人只能让自己随着世界变化，而第二种人则会让世界因自己而改变。

有一个6岁的加拿大男孩，曾经用一颗单纯的心改变了世界。

他曾被评选为"北美洲十大少年英雄"，甚至被人称为"加拿大的灵魂"，他就是曾经接受过加拿大国家荣誉勋章的瑞恩·希里杰克。

1998年，6岁的瑞恩第一次听说在非洲有很多孩子因为喝不上干净的水而死去，于是，为非洲的孩子捐献一口井成了他的梦想。

当他向妈妈要70加元时，妈妈告诉他："你可以通过自己的劳动凑齐这一笔钱，比如打扫房间、清理垃圾，我会给你报酬。"瑞恩迟疑了一下，最终答应了。于是，他开始通过自己的劳动挣钱。

瑞恩得到的第一个任务是吸地毯，干了两个多小时后他得到了两块钱的报酬。几天之后，当全家人去看电影时，瑞恩一个人留在家里擦了两个小时窗子，赚到第二个两块钱。全家人都以为瑞恩不过是心血来潮，他却坚持了下来。

4个月后，当瑞恩把辛苦积攒的钱交给有关组织时却得知，70元只够买一个水泵，挖一口井实际需要2000加元，他并没有放弃，反而更加卖力了，因为他只有一个想法，就是要尽自己的能力让更多非洲的小朋友喝到水。

渐渐地，大家都知道了瑞恩的这个梦想。于是爷爷雇他去捡松果；暴风雪过后，邻居们请他去帮忙捡落下的树枝；瑞恩考试得了好成绩，爸爸给了他奖励；瑞恩从那时起不再买玩具……所有这些钱，都被瑞恩放进了那个存钱的旧饼干盒里。

后来，他的故事被媒体报道了，他的名字传遍了整个国家。一个月后，在他家的邮筒里出现了一封陌生的来信，里面有一张50万元的支票，还有一张便条："但愿我可以为你和非洲的孩子们做得更多。"如果你以为这是故事的结尾，那就错了，因为这只是事情的开始。接下来，在不到两个月的时间里，又有上千万元的汇款支持瑞恩的梦想。

2001年3月，"瑞恩的井"基金会正式成立。瑞恩的梦想成为千万人参加的一项事业。

事后有人问瑞恩："你为什么要这样做呢？"

瑞恩说："没有为什么，我只是想让他们喝到干净的水。"

"没有为什么"，一切就是如此简单，他只是听从了自己的召唤，并随着善良灵魂的高歌起舞而已。那一支心灵的舞蹈，却令整个世界为之倾倒。

心灵纯净的人，往往是精神潜能真正觉醒的人。他们那些美好的梦想和执著的信念具有强大的感召力，所以能四两拨千斤般创造奇迹。他们强大的影响力与单纯的个人魅力常常形成一种怪异的对比，那天真烂漫的生活和无忧无虑的心态使他们宛若孩童，但思想的感染力和举手投足间的伟人风范却令人心生羡慕。

很多时候，我们的内心都为外物所遮蔽、掩饰，浮躁占领了我们的整颗心，因此在人生中留下许多遗憾。

现代社会快节奏的生活、巨大的压力容易使人心境失衡，如果患得患失，不能以宁静的心灵面对无穷无尽的诱惑，就会感到心力交瘁或迷惘躁动。一位长者问他的学生：你心目中的人生美事为何？学生列出"清单"一张：健康、才能、美丽、爱情、名誉、财富……谁料老师不以为然地说：你忽略了最重要的一项——心灵的宁静，没有它，上述种种都会给你带来可怕的痛苦！唯有宁静的心灵，才不羡慕权势显赫，不奢望金银成堆，不乞求声名鹊起，不羡慕美宅华第，因为所有的奢望、乞求和羡慕，都是一厢情愿，只能加重生命的负荷，加速心灵的浮躁，而与豁达康乐无缘。

我们很忙，行色匆匆地奔走于人潮汹涌的街头，浮躁之心油然而生，这也是我们不留心去倾听内心声音的一个缘由。我们找不到一个可以冷静驻足的理由和机会。现代社会在追求效率和速度的同时，使我们作为一个人的优雅在逐渐丧失。那种恬静如诗般的岁月对于现代人来说，已成为最大的奢侈和梦想。内心的声音，便在这些繁忙与喧嚣中被淹没。物质的欲望在慢慢吞噬人的性灵和光彩，我们留给自己的内心空间被压榨到最小，我们狭隘到已没有"风物长宜放眼量"的胸怀和眼光。这一切清清楚楚地告诉我们：浮躁心理是多么可怕。既然如此，我们又该怎样摆脱这种浮躁的心理状态呢？我们应该想办法让自己心灵宁静下来。

北大著名"未名湖畔三雅士"之一的张中行先生青年时代有着强烈的求知欲望，他无休止地探寻：生命有意义吗？如何生存才是合理的？什么是"存在"？"存在"是顺从意志的必然，还是顺应天运的必然？张先生最后求证的结论就是保持心灵的宁静。即使有人批评他，他也只是沉默，他说："其一，这类过去的事，在心里转转无妨，翻来覆去地去说就没有意思了。其二，我没有兴趣，也不愿意为爱听张家长、李家短的闲人供应茶余饭后的谈资。其三，最重要的，是人生实不易，不如意事十常八九，老了，余年无几，幸而尚有一点点忆昔的力量，还是想想那十之一二为是。"

他的这种省悟，是原原本本的，像李叔同坐禅时的冥想，也似丰子恺那样远离尘海时的冷观，同时又如闻一多、朱自清那样直面人生。我们要像理性所要求的那样做一切事情。一个人每做一件事时都应当问问自己：这是不是一件必要的事情。这样，心灵家园中的最初的宁静就会归来。

现在很多人常常自作聪明地遮蔽自己的错误，不仅不肯认错，还会为自己所犯的错误寻找各种各样的借口。

"没有任何借口"是美国西点军校奉行的最重要的行为准则。它强调的是，要为成功找理由，不为失败找借口。一个人做任何事，如果出现了差池，只要他愿意，总能找到完美的借口，但借口和成功却不在同一屋檐下。

美国西点军校有一个久远的传统，遇到学长或长官问话，新生只能有四种回答：

"报告长官，是！"

"报告长官，不是！"

"报告长官，没有任何借口。"

"报告长官，不知道。"

除此之外，不能多说一个字。比如长官问："你认为你的皮鞋这样就算擦亮了吗？"新学员的第一个反应肯定是为自己辩解："报告长官，刚才排队时有人不小心踩到了我。"

但是这种下意识的辩解并不在四个"标准答案"里，是不能令长官满意的，学员只能回答："报告长官，不是。"

长官又问："为什么没有擦亮？"

学员没有任何选择，只能正视着长官的眼睛，回答说："报告长官，没有任何借口。"然后接受任何形式的惩罚。

一个善于反省的人往往能及时发现自己的错误，也明白老老实实认错是最明智的做法，而不是想方设法找理由为自己辩护。借口不过是一个人做错事的挡箭牌，是敷衍别人、原谅自己的护身符，是掩饰弱点，逃避责任的百验灵丹。而这些，只会让一个人越来越糊涂，从而将所有的缺点自我屏蔽，以至于不知不觉间在泥潭中越陷越深。

懂得自省的人，能虚心接受别人的指正，改正自己的过失，便能够如无瑕的白壁一般，获得高洁的人格。在我们自以为是、为自己寻遍理由时，自省就像一道清泉，将浅薄、浮躁、自满洗涤一空，重现清新、昂扬、雄浑和高雅的旋律，让生命重放异彩、生气勃勃。

一个东西，用秤称过，才知道它的轻重，用尺量过，才知道它的长短。世间万物，都要经过某些标准的衡量，才知道究竟。而一个人更应该如此，经常反观自省，才能认识自己、改善自己。自省，简而言之就是自我反省、自我检查，以能"自知己短"，从而弥补短处，纠正过失。上帝在每个人的肩上都挂了两个袋子，一个在胸前，一个在背后。前面的袋子装着自己的优点，后面的袋子则装着自己的缺点。结果，每个人只要一睁开眼睛，看见的就是自己的优点和别人的缺点。所以，每个人都认为自己最优秀，而别人最愚蠢，因而对别人总是求全责备，对自己总是肯定赞扬。

有位哲学家在晚年的时候刺瞎了自己的双眼。别人都不理解他的这一举动。他说，我只是为了更好地看清自己。"知人者智，自知者明。"真正的聪明人必须具备自知之明。何谓自知之明？孔子说："知之为知之，不知为不知，是知也。"孔子的学生曾子也强调："吾日三省吾身。"圣人都有自知之明，是因为他们时刻审视着自己，这样的人，一般都很少犯错，因为他们会时时考虑：我的缺点有哪些？为什么失败？

有一个年轻人，在街角的小店借用电话。他用一条手帕，盖着电话筒，然后说："是王公馆吗？我是打电话来应征做园丁工作的，我有很丰富的经验，相信一定可以胜任。"电话的接线生说："先生，恐怕你弄错了，我家主人对现在聘用的园丁非常满意，主人说园丁是一位尽责、热心和勤奋的人，所以我们这儿并没有园丁的空缺。"年轻人听罢，便有礼貌地说："对不起，可能是我弄错了。"接着便挂了电话。小店的老板听了年轻人的话，便说："年轻人，你想找园丁工作吗？我的亲戚正要请人，你有兴趣吗？"年轻人说："多谢你的好意，其实我就是王公馆的园丁。我刚才打的电话，是用以自我检查，确定自己的表现是否合乎主人的标准而已。"

> 我们似乎总是在现实的压力与繁忙中奔波，总是在不停地运用自己的智慧和能力追求物质利益，然而我们往往忽略了对生活和自我本身的审视。
>
> ——新浪网友风干迷茫

活在当下

> 人总免不了一死，所以在面对死亡的时候，我宁愿选择慷慨赴死。人的生命总有一天要终结，所以我会选择全力以赴向前冲。时间总是只有那么一点点，所以我选择把握此时此刻的瞬间。至于唉声叹气，就留给那些演员吧。
>
> ——尼采《权力意志》

佛家常劝世人要"活在当下"。何谓"活在当下"？看似深奥的道理实际上很简单：吃饭就是吃饭，睡觉就是睡觉，没有过去拖着你的脚步，亦没有未来拉扯你的目光，你全部的能量都集中在这一刻，集中在"现在"的人和物上面，生命因此生长出一种强烈的张力。然而，世俗之中又有多少人都无法专注于当下，无数个问号纠缠着他们：我在过去存在，还是不存在？过去我曾是谁？我曾怎么样？后来我又曾如何？我于未来将存在还是不存在？未来我会是谁？我会怎么样？背负着过去，忧虑着未来，却对眼前的一切视若无睹，便永远到不了心灵的净土。

宇宙每一瞬都在改变，我们只有一瞬，只活在当下。生活从来不在远处。

一位哲学家途经荒漠，看到很久以前的一座城池的废墟，哲学家想在此休息一下，就顺手搬过来一个石雕坐下来。望着被历史淘汰下来的城垣，想象曾经发生过的故事，不由得感叹了一声。忽然，有人说："先生，你感叹什么呀？"他四下里望了望，却没有人，正在他疑惑的时候。那声音又响起来，端详那个石雕，原来那是一尊"双面神"的神像。哲学家好奇地问："你为什么有两副面孔呢？"双面神回答说："有了两副面孔，我才能一面察看过去，牢牢地汲取曾经的教训；另一面又可以瞻望未来，去憧憬无限的美好的蓝图啊。"哲学家说："过去只是现在的逝去，再也无法留住，而未来又是现在的延续，是你现在无法得到的。你不把现在放在眼里，即使你能对过去了如指掌，对未来洞察先知，又有什么意义呢？"双面神听了哲学家的话，不由得痛哭起来，他说："先生啊，听了你的话，我至今才明白，我落得如此下场的根源。"哲学家问："为什么？"双面神说："很久以前，我驻守这座城池时，自诩能够一面察看过去，一面又能瞻望未来，却唯独没有好好地把握住现在，结果，这座城池被敌人攻陷了，美丽的辉煌都成了过眼云烟。我也被人们弃于废墟中了。"

世界上有三种人：第一种人只会回忆过去，在回忆的过程中体验感伤；第二种人只会空想未来，在空想的过程中不务正事；只有第三种人注重现在，脚踏实地，慢慢积累，一步一步踏踏实实地走向未来。"还有明天"，这是一个可怕的思想，它让人不思进取，蹉跎岁月，浪费生命。它成了人做事拖延的借口，也是许多人一事无成、无所事事的原因。

路就在脚下，现在不做，更待何时？来生的缘，可以是今生结下的；来生的果，可以是今生种下的。前世的债，今生正在还。还不清，来生还得继续，前世的缘，今生正在实现，好不容易盼到了，还不好好把握？过去的只是杂念，就让它在时间的沙河中淘尽；未来的只是妄想，请用淡然的心去等待；我们能够抓住的，只有此时此刻的心境；保护这份恬适，就是谨守自己当下的本分。

时间的过去、现在和未来是互相交错不可分割的，所以说过去就是未来，未来也就是过去，现在就是过去以及未来。但是我们很容易被时间蒙骗，以为过去的已经过去，未来的一定会来，现在的永远不变。在时间的脉络中，我们唯一能够把握的就是现在，所以，不要牵挂过去，不要担心未来，便能与过去和未来同在。

艾森豪威尔是美国历史上一位受人尊敬的总统。在他年少的时候，有一次和家里人一起玩纸牌游戏。几局下来，他抓的牌都不好，于是他就很不高兴。他的母亲看到这种情形，就认真地告诉他，不管你手中的牌如何，都只能用现在手里的牌继续玩下去。之后，母亲又语重心长地告诉他人生的哲理，人生同玩牌一样，不管有什么样的人生际遇都要接受现状，然后再竭尽全力争取最好的结果。母亲的一席话对他产生了很大的触动。此后，艾森豪威尔从没有对生活抱怨过，脚踏实地地做好当下的事情。

即使身处逆境，也不怨天尤人，而是以积极乐观的人生态度去把握当前的局面。他也经历了人生的飞跃，从一个出身平民家庭的孩子，到中校、盟军统帅，最后成为美国的第54任总统。

有人请教大龙禅师："有形的东西一定会消失，世上有永恒不变的真理吗？"大龙禅师回答："山花开似锦，涧水湛如蓝。"如锦缎般盛开的鲜花，虽然转眼便会凋谢，但依然不停地奔放绽开，碧玉般的溪水，虽然映照着同样蔚蓝如洗的天空，却每时每秒都在发生变化。世界是美丽的，但似乎所有的美丽都会转瞬而逝。生命的意义在于过程，抓住瞬间消失的美丽，就是一种收获。时间像是一支弦上的箭，它是单向的，不能回头，所以我们要把握住现在、今朝，认真活在当下的每一分钟。

人生如白驹过隙。当擦肩而过的一些人或事远离我们的时候，想要去挽留、去弥补都是不现实的。我们能够把握的只有当下而已，如果不及时把握，当下的幸福也会匆匆而过。所以，要学会把握住当下，以后就能少一些叹息。

在新泽西州市郊的一座古老的小镇上有一所小学，在学校的教学楼最里面一间光线昏暗的教室里，26个孩子被编在同一个班。这二十几个孩子都有过不光彩的历史：有人进过管教所、吸过毒，有一个女孩子甚至在一年里堕胎3次。家长对他们束手无策，老师和学校也几乎对他们失去了信心。这个时候，一个叫腓娜的女教师被安排担任这个班的辅导老师。新学期开学第一天，腓娜没有像以前的老师那样，首先对这些孩子训斥一顿，给他们来个下马威，而是给孩子们出了一道题：

有这样3个候选人，他们分别是——

A：迷信巫医，有两个情妇，嗜酒如命，有多年的吸烟史。

B：曾经两次被从办公室赶出来，每天要到吃午饭时才起床，每天晚上都要喝许多白兰地，而且曾经吸食过鸦片。

C：曾获国家授予的"战斗英雄"称号，有良好的素食习惯，有艺术天赋，偶尔喝点酒，青年时代从没做过违法的事。

腓娜给大家的问题是："倘若我告诉你们，在上面这3人中间，有一位会成为名垂青史的伟人，你们认为最可能是谁？猜想一下，这3个人将来可能会有怎样的命运？"

对于第一个问题，可以想象，孩子们一致把票投给了C；第二个问题，大家也几乎一致认为：A和B将来肯定不会有好的结局，要么成为人人唾弃的罪犯，要么成为需要社会照顾的寄生虫。而C呢，必定是一个品德高尚的人，肯定会成为伟大的人物。

然而，腓娜的答案却大大出乎孩子们的意料。"你们的结论也许符合一般的判断，"她说，"但实际上，你们都错了。这3个人大家都不陌生，他们是'二战'时期的3个大名鼎鼎的人物——A是富兰克林·罗斯福，他身残志坚，是美国历史上唯一一位连任四届总统的伟大人物；B是温斯顿·丘吉尔，拯救了英国的著名首相；C的名字同学们也很熟悉，他是阿道夫·希特勒，一个夺去了几千万无辜生命的法西斯头目。"孩子们都听得目瞪口呆，简直不敢相信自己的耳朵。

"孩子们，"腓娜继续说，"你们的人生才刚刚迈出第一步，过去的错误和耻辱只能说明过去，真正能代表人一生的，是他现在和将来的作为，没有人会是完人，连伟人也会犯错。走出旧日的阴影吧，从今天开始，努力做自己最想做的事情，你们都将成为人人景仰的杰出人才……"

腓娜的这番讲话，使26个孩子一生的命运得以改变。多年过去，这些孩子都已长大成人，他们中有的做了法官，有的做了心理医生，有的当了飞机驾驶员。

"原来我们都觉得自己已经无药可救，因为几乎所有的人都这样看我们。是腓娜老师第一次让我们认清这一点：过去并不是最重要的，重要的是如何把握现在和将来。"孩子们长大后这样说。

每个人都有过去，有的甚至是失败的往事，即使是世界名人、伟人也无一例外。命运的熔炉会锤炼各种各样的人，只有能经受住考验的人才能得以"百炼成金"。过去的不能代表任何东西，我们只需抓住当下，着眼于未来。

汤冯士·卡莱里曾写过一句话："人的一生最重要的不是期望模糊的未来，而是重视手边清楚的现在。"

我们不知道自己的生命到底有多长，但我们却可以安排当下的生活。只要把握好现在，我们的人生就一定不会失色。

卓根是哥本哈根大学的学生。有一年暑假，他去当导游，因为他总是高高兴兴地做了许多额外的服务，因此几个芝加哥来的游客就邀请他去美国观光。旅行路线包括在前往芝加哥的途中，到华盛顿特区做一天的游览。卓根抵达华盛顿以后就住进"威乐饭店"，他在那里的账单已经预付过了。他这时真是乐不可支，外套口袋里放着飞往芝加哥的机票，裤袋里则装着护照和钱。

后来，这个青年遇到晴天霹雳。当他准备就寝时，发现皮夹不翼而飞。他立刻跑到柜台那里。"我们会尽量想办法。"经理说。次日一早，仍然找不到，卓根的零用钱连两块钱都不到。自己孤零零一个人待在异国他乡应该怎么办呢？打电报给芝加哥的朋友向他们求援？还是到丹麦大使馆去报告遗失护照？还是坐在警察局里干等？他突然对自己说："不行，这些事我一件也不能做。我要好好看看华盛顿。说不定我以后没有机会再来，但是现在仍有宝贵的一天待在这个城市里。好在今天晚上还有机票到芝加哥去，一定有时间解决护照和钱的问题。""我跟以前的我还是同一个人，那时我很快乐，现在也应该快乐呀。我不能白白浪费时间，现在正是享受的好时候。"于是他立刻动身，徒步参观了白宫和国会山，并且参观了几座大博物馆，还爬到华盛顿纪念馆的顶端。他去不成原先想去的阿灵顿和许多别的地方，但他看过的，他都看得更仔细。等他回到丹麦以后，这趟美国之旅最使他怀念的却是在华盛顿漫步的那一天——"现在"就是最好的时候，他知道在"现在"还没有变成"昨天我本来可以……"之前就把它抓住。

曾经有两位哲人游说于穷乡僻壤之中，对前来听教的人说了一句流传千古的话："不要为明天的事烦恼，明天自有明天的事。只要全力以赴地过好今天就行了。"在这个世界上，有许多事情是我们所难以预料的。你左右不了变化无常的天气，却可以调整自己的心情；我们不能控制机遇，却可以掌握自己；我们无法预知未来，却可以把握现在；我们不知道自己的生命到底有多长，但我们却可以安排当前的生活。只要把握好现在，我们的人生就一定不会失色。

有大修为的人常常讲究"活在当下，于现在开悟"，因为只有在这个过程中，人们才能提升自己。开悟，也称"生命动力开发"，是不同人格和心智模式的不同受力反应和突破现象，它以身心合一、财智双用、家业共荣为目的，以求当事人达到开心智、增心能、平心气、善心计的效果，也就是说，人们可以通过"开悟"提升自己的修为，增强自己的智慧。可是，如果一个人过于留恋自己的过去，被过去发生的事情所左右，那么他永远都不可能实现"开悟"的目的，因为他的心始终未在当下这一刻。

我们每一个人都有过去，都存在自己的过失。如果有了过失能够决心去修正，即使不能完全改正，只要继续不断地努力下去，也就可以问心无愧。徒有感伤而不从事切实的补救工作，那是最要不得的。

你有生命，你还有什么呢……失去的就永远失去了，这是毫无疑义的……所谓适当的生活是人们仍然有幸得到的时刻……生活吧！"

如果你也像托尔斯泰书中的伊凡·伊里奇那样回顾自己的一生，你将会减少很多没有必要的遗憾。

"如果我到目前为止的整个生活都是错误的，那该怎么办？"他忽然意识到以前在他看来完全不可能的事也许的确是真的——他也许真的没有按照他本应做的那样去生活。他忽然意识到，自己以前那些难以察觉的念头——尽管出现之后便随即被打消——或许才是真实的，而其他一切则是虚假的。他的职业义务、他的生活以及家庭的整个安排，还有他的一切社会利益和表面利益，也许完全都是虚无的。他一直在为这一切进行着辩解，然而现在，他蓦然感到自己的辩解是苍白无力的。没有什么值得辩解的……

如果你以自我挫败的方式度过现在的时光，就无异于永远地失去这一现时。因此，你现在应该去做的事情十分显然——行动起来，珍惜现在的时光，不放过一分一秒。

淑娟是某校一位普通的学生。她曾经沉浸在考入重点大学的喜悦中，但好景不长，大一开学才两个月，连续两次与同学闹别扭，功课也不能令她满意，她对自己失望透了。

她自认为是一个坚强的女孩，很少有被吓倒的时候，但她没想到大学开学才两个月，自己就对大学四年的生活失去了信心。她曾经安慰过自己，也无数次试着让自己充满希望，但换来的却只是一次又一次的失望。

以前在中学时，几乎所有老师跟她的关系都很好，很喜欢她，她的学习状态也很好，学什么像什么，身边还有一群朋友，那时她感觉自己像个明星似的。但是进入大学后，一切都变了，人与人的隔阂是那样的明显，自己的学习成绩又如此糟糕。她很无助，她常常这样想：我并未比别人少付出，并不比别人少努力，为什么别人能做到的，我却不能呢？她觉得明天已经没有希望了。

进入一个新的学校，新生往往会不自觉地与以前相对比，而当困难和挫折发生时，产生"回归心理"更是一种普遍的现象。淑娟在新学校中缺少安全感，不管是与人相处方面，还是自尊、自信方面，这使她长期处于一种怀旧、留恋过去的心理状态中，如果不去正视目前的困境，就会更加难以适应新的生活环境、建立新的自信。

不能尽快适应新环境，就会导致过分的怀旧。一些人在人际交往中只能做到"不忘老朋友"，但难以做到"结识新朋友"，个人的交际圈也大大缩小。此类过分的怀旧行为将阻碍着你去适应新的环境，使你很难与时代同步。回忆是属于过去的岁月的，而过去只存在你的印象里，不属于现实的生活。一个人要想在以后的生活里不断进步，就要试着走出过去的回忆，不管它是悲还是喜，不能让回忆干扰今天的生活。

在生活里，我们适当怀旧是正常的，也是必要的，但是因为怀旧而否认现在和将来，就会陷入病态。

不要总是表现出对现状很不满意的样子，更不要因此沉溺于对过去的追忆中。当你不厌其烦地重复述说往事，述说着过去如何如何时，你可能忽略了今天正在经历的体验。把过多的时间放在追忆上，或多或少都会影响你的正常生活。

我们需要做的，是尽情地享受现在。过去的美好或悲伤，毕竟已经因为岁月的流逝而沉淀。

如果你总是因为昨天错过今天，那么在不远的将来，你又会回忆着今天的错过。在这样的恶性循环中，你永远是一个迟到的人。

有个创意家，一直给人悠闲无事的感觉，但他的收入并不少。记者问他是怎么做到的，他说："做时间的主人，别让时间做你的主人。"

这句话的意思是说，你可以决定什么时间做什么事，而不是让时间来决定你应该做什么事。时间对他而言只是桥梁，通过它，可以找到更合适的生活方式，而不仅仅是谋取财富。在他看来，时间还有更重要的使命："有时间的人是活人，没有时间的人是死人。"

等待永远是美好的最大敌人。俄国作家赫尔岑认为：时间中没有"过去"和"将来"，只有"现在"才是现实存在的时间，才是实实在在的、最有价值和最需要人们利用的时间。在这点上，丘吉尔无疑是我们最好的榜样。

英国前首相丘吉尔平均每天工作17个小时，还使得10个秘书也整日忙得团团转。为了提高政府机构的工作效率，他在行动迟缓的官员的手杖上，都贴上了"即日行动"的签条。

"明日复明日，明日何其多。我生待明日，万事成蹉跎。"要想不荒废岁月，干出一番事业，就要克服拖拉，珍视今天。拖拉者的一个悲剧是，一方面梦想仙境中的玫瑰园出现，另一方面又忽略窗外盛开的玫瑰。昨天已成为历史，明天仅是幻想，现实的玫瑰就是今天。

钟表王国瑞士有一座温特图尔钟表博物馆。在博物馆里的一些古钟上，都刻着这样一句话："如果你跟得上时间步伐，你就不会默默无闻。"这句富有哲理的话，一定早已铭刻在许多成功者的心灵深处了。

珍惜生命，珍视"今天"，不放弃每天的努力，是成功者共同信奉的信条。

今天，如果你珍视每一分钟，你的生活又会是怎样呢？

拿出一本喜欢又被遗忘很久的书来阅读，多读一分钟，你会感到很惬意；

每天多留一分钟，看一看山水，看一看大海和天空，看一看星星和月亮，人生就会更加美妙多情些；

多陪孩子一分钟，你可以返璞归真，拥有童稚之心，拥有欢乐。

每天预留一分钟给家人，人生便多了许多一分钟的美好……人只要生下来，世界就有我们的一份。人人都应珍惜自己所拥有的一份，好好把握当下。世人之所以总是会有这样那样的烦恼，是因为人们总是在回忆过去或憧憬未来，而往往忽视了我们生活的"当下"。一个真正懂得"活在当下"的人，才能做到"快乐来临的时候就享受快乐，痛苦来临的时候就迎接痛苦"。在黑暗与光明中，既不回避，也不逃离，以坦然的态度来面对人生。

道家有一种说法：不忘记自己从哪儿来，也不寻求自己往哪儿去，承受什么境遇都欢欢喜喜。忘掉死生，像是回到了自己的本然，这就叫做不用心智去损害大道，也不用人为的因素去帮助自然。这就叫"真人"。活着是什么，即是对现有的生命坦然接受，天冷了就穿衣服，天热了就脱衣服。世间的因缘际会太多，一些时机被错过，因缘之路就会出现截然不同的方向。一旦有了机会，就应该牢牢把握、为此努力。

小张原本有一个青梅竹马的恋人，两人感情很好。不料到双方谈婚论嫁的时候，发生了变故。离结婚还有三个月的时候，小张的公司派他去外地出差。当时，正值南方雨季，洪涝灾害频发。小张出差所在的城市也遭到暴雨的袭击。在当地政府组织大家疏散的时候，小张与同事失去了联络。由于连续两个月的降水，小张所处的地方交通、通讯陷入瘫痪，无法与外界取得联系。女友误以为他已遇难，悲痛欲绝，在绝望之际接受了另外一个人的求婚。等小张回来后，发现昔日的女友已经成为他人的妻子。小张万念俱灰。后来，在别人的介绍下，与现在的妻子结婚。他一直对前女友念念不忘，而对现在的妻子非常冷淡，婚姻成了一副空壳。小张始终难以醒悟，不仅给自己戴上了心灵的枷锁，同时也给妻子、家人带来了痛苦。

小张经过大家的劝说，终于意识到，覆水难收，过去的事情已经不可能挽回。与其生活在过去的阴影中，倒不如去发现当下生活的美好。之后，小张逐渐开始发现妻子的优点了。昔日看起来相貌平平的妻子其实是相当温柔可人的，做事井井有条，把家里收拾得一尘不染。他这才逐渐体会到了家庭生活带给自己的幸福感。

人生的意义，不过是嗅嗅身旁每一朵芳香宜人的花，享受一路走来的点点滴滴而已。毕竟，昨日已成历史，明日尚不可知，只有"现在"才是上天赐予我们的最好的礼物。

活在当下，是一个人生命力的自然展现。活在当下，就是要专心做好眼前事，用心珍惜眼前人，将外界的嘈杂纷扰放到一边。

——搜狐网友微凉之夏